中职实用语文能力训练

李大洲　主编

北京师范大学出版集团
BEIJING NORMAL UNIVERSITY PUBLISHING GROUP
安徽大学出版社

图书在版编目(CIP)数据

中职实用语文能力训练 / 李大洲主编. —合肥 :安徽大学出版社，2014.7
ISBN 978-7-5664-0787-0

Ⅰ. ①中… Ⅱ. ①李… Ⅲ. ①语文课—中等专业学校—教学参考资料 Ⅳ. ①G634.301

中国版本图书馆CIP数据核字(2014)第145067号

中职实用语文能力训练

李大洲 主编

出版发行: 北京师范大学出版集团
安 徽 大 学 出 版 社
(安徽省合肥市肥西路3号 邮编230039)
www.bnupg.com.cn
www.ahupress.com.cn
经　　销: 全国新华书店
印　　刷: 合肥远东印务有限责任公司
开　　本: 184mm×260mm
印　　张: 17.25
字　　数: 371千字
版　　次: 2014年7月第1版
印　　次: 2014年7月第1次印刷
定　　价: 28.00元
ISBN 978-7-5664-0787-0

策划编辑: 朱丽琴
责任编辑: 李　君
责任校对: 程中业
装帧设计: 张同龙　李　军
美术编辑: 李　军
责任印制: 陈　如

前　言

近十年来，我国职业教育取得了很大的成绩，很多职业院校如雨后春笋般地发展起来，但事实上，人才培养的效果与市场需求之间仍存在很大的差异。根据调查发现，很多中职生在顶岗实习或者在就业的过程中表现出种种不适应社会需要、缺乏竞争力的现象。其实中职生适应能力差的现象与中职语文教学有着一定的关系。中职语文教学，要明确教育目的和任务。根据目前中职生的认知水平及能力，中职语文教学担负着培养中职生一般语文能力和从业实用语文能力的双重任务。中职生学习语文的目的是为了运用到生活中，用到职场上，能更好地工作、生活。所以，在语文教学中，尤其要加强听说、应用文写作等基本功的训练，这才是实现中职语文学习目标与职业目标的有效方法。

中职语文教材版本多样。为了能充分体现中职教育各专业的人才培养目标，以一定范围和深度的知识、技能、素养的体系，满足教师指导学生学习的需要，我们从省属中职学校选拔了一些既有语文理论功底、又富有中职语文教学实践经验的优秀教师，编写了这本教材。其特点如下：一是紧贴中职学生的就业准备，突出语文教学的实用性，在听、说、读、写等方面提高学生能力素质；二是着眼于中职学生的实际能力，以示例分析为主、理论讲解为辅的原则，提高教学的直观化；三是实施新的编排体例，以讲座的形式安排训练内容，把实践放在首位，全面提升学生的素质内涵；四是适应中职众多专业语文教学的实际需要，既可供教师因材施教，又可供学生课外阅读。

尽管我们已经做了很多努力，但由于我们的学识、经验有限，编写时间仓促，教材中不完善之处在所难免，敬请专家和使用本教材的师生及时提出宝贵意见。本教材由李大洲主编，并编写第一讲和附录；杨妍编写第二、第三讲；蒋蓉编写第四、第六讲；王忠编写第五、第七讲；王荣梅编写第八、第十二讲；陈丹飞编写第九、第十一讲；吴文胜编写第十讲。

目　录

上篇　汉字书写能力训练

第一讲　正确使用汉字

一、汉字的发展历程概述 ………………… 3

二、汉字书写的重要性 …………………… 4

三、汉字书写要正确规范 ………………… 5

四、熟语的运用…………………………… 7

五、句子完整、具体、通顺、连贯 ……… 9

示例借鉴 ………………………………… 12

综合训练 ………………………………… 18

第二讲　硬笔楷书书写训练

一、钢笔楷书的基本笔画书写要领 … 29

二、钢笔楷书的主要偏旁部首及写法 … ………………………………………… 42

三、钢笔楷书的结构组合规则 ……… 52

示例借鉴 ………………………………… 55

综合训练 ………………………………… 58

第三讲　硬笔行书书写训练

一、钢笔行书的基本笔画书写要领 … 62

二、偏旁部首书写要领 ………………… 66

三、钢笔行书的连笔规则与技巧 …… 73

示例借鉴 ………………………………… 76

综合训练 ………………………………… 78

中篇　口语表达能力训练

第四讲　普通话基础训练

一、普通话语音基础 …………………… 85
二、普通话水平测试 …………………… 88
示例借鉴 ………………………………… 89
综合训练 ………………………………… 94

第五讲　辩论讨论训练

一、辩论 ………………………………… 106
二、讨论 ………………………………… 109
三、辩论与讨论的不同 ………………… 110
示例借鉴 ………………………………… 111
综合训练 ………………………………… 116

第六讲　朗读与演讲训练

一、朗读 ………………………………… 119
二、演讲 ………………………………… 120
示例借鉴 ………………………………… 122
综合训练 ………………………………… 130

第七讲　职场口语训练

一、求职 ………………………………… 140
二、解说 ………………………………… 143
三、主持 ………………………………… 145
示例借鉴 ………………………………… 148
综合训练 ………………………………… 151

第八讲　社交口语训练

一、介绍与交谈 ………………………… 153
二、拜访与接待 ………………………… 155
三、赞美与批评 ………………………… 157
示例借鉴 ………………………………… 158
综合训练 ………………………………… 164

下篇　实用写作能力训练

第九讲　日常文书写作训练

一、条据 …………………………… 173
二、启事 …………………………… 174
三、书信 …………………………… 175
四、求职信 ………………………… 178
五、竞聘演讲稿 …………………… 179
示例借鉴 ………………………… 180
综合训练 ………………………… 191

第十讲　事务文书写作训练

一、通知 …………………………… 199
二、计划 …………………………… 200
三、总结 …………………………… 201
四、记录 …………………………… 202
示例借鉴 ………………………… 203
综合训练 ………………………… 208

第十一讲　宣传文书写作训练

一、消息 …………………………… 212
二、广播稿 ………………………… 215
示例借鉴 ………………………… 219
综合训练 ………………………… 222

第十二讲　专业文书写作训练

一、诉讼文书 ……………………… 226
二、经济合同 ……………………… 229
示例借鉴 ………………………… 230
综合训练 ………………………… 235

附　录

附录一　容易读错的字一览表 …… 243
附录二　经典励志名人名言 ……… 249
附录三　标点符号正确使用方法大全 ………………………………… 251

参考答案

参考答案 ………………………… 257

上篇　汉字书写能力训练

第一讲　正确使用汉字

【实训导航】

汉字是中国特有的文字，是记录汉语、传递信息的重要工具。作为一名中职生，在了解汉字发展演变的同时，更要学会准确、规范地使用和书写汉字。本讲的训练方向是让学生牢固树立用字规范化的意识，掌握现行规范汉字的笔画、笔顺、结构、章法等基本内容。正确理解与运用常见的词语，联系上下文理解词语的意思，体味和推敲重要词语在具体语言环境中的意义及表达效果。

克服语句上的缺陷，最重要的是要注意词语在句子中的先后顺序，注意合乎事理，把句子写具体，就是在句子主要成分的前后，加上一些恰当的修饰或补充说明的词语，使句子表达的意思更加清楚明白、更加生动形象。

【知识探究】

一、汉字的发展历程概述

历史的长河奔涌不息、滚滚向前，磨砺出许多璀璨夺目的文明遗产，中国的汉字便是其中的佼佼者。

结构复杂且表意深刻的汉字，熔铸了中国人的智慧，是内涵丰富的中华传统文化的一个缩影。追根溯源，新石器时代很多遗址中出土的陶器上的刻画符号，虽然至今仍不能解读，但已经算是现代汉字的雏形。如此算来，汉字已经有六七千年的历史了。

我国有文字可考的历史是从商朝开始的。那时，出现了比较成熟的甲骨文。“甲”，即龟甲，通常是龟的腹甲，也有的是背甲；“骨”，即兽骨，通常是牛骨，也有少数羊、猪、鹿等其他动物的骨头，基本上都是肩胛骨，俗称“扇子骨”。甲骨文的发现，颇为偶然。1899年的一个夏日，学者刘鹗到北京达仁堂中药店为患疟疾的朋友王懿荣买药。这副药中有一味“龙骨”。看着药店伙计把“龙骨”捣碎，刘鹗惊讶地发现，“龙骨”上竟有类似汉字的刻纹。待王懿荣病情好转后，两位先生立即行动，将北京各家药店库存的“龙骨”悉数买下，经过仔细研究，一共发现上面刻有1058个奇怪的古文字。因此，“龙骨”的产地河南安阳小屯村，一下子蜚声海内外。原来，这里就是商朝第20代王盘庚东迁之后的国都殷墟的遗址。商王很迷信，坚定不移地相信自己死去祖先的灵魂在苍天神灵的周围，通过甲骨占卜，便可以与这些灵魂取得联系，在诸如征战、狩猎、建筑、祭祀、天气、收成、梦兆以及生老病死等问题上，得到祖先灵魂的赐教和庇佑。卜官先磨光一块“甲”或“骨”，在上面挖一排深槽，然后大声地向祖先喊出想问的问题，同时将一块烧得通红的铜棒放到槽里。因为铜棒太热，甲骨就会出现裂纹并发出清脆的响声，人们称作甲骨“说话”。卜官就是从裂纹中读出答案。事后，他们将问题及答案都用刀子刻在所用的“甲”和“骨”上，由专人仔细保存，这就是我们今天看到的甲骨文。

新中国成立后，在陕西岐山县凤雏村（周朝的发祥地岐邑）一带又出土了290多片刻字的甲骨，为了与殷商甲骨文相区别，学术界将这些甲骨称之为“周原卜甲”。

几乎与甲骨文同时代，还存在着另一种字体的汉字。由于这种汉字是铸刻在青铜器上的，所以名曰“金文”。金文虽然上承甲骨文，且与甲骨文在商末周初并存过一段时间，但它的应用年代则远远长于甲骨文。金文是先雕刻在模子上再浇铸成型的。因此，金文不是“写”出来的，而精工细作“铸”出来的。早期金文的象形字比甲骨文更形象，有的甚至是一幅栩栩如生的画，后期金文更是有明显的美术化倾向。汉字正是从金文开始，走上了一条实用性和艺术性兼善并美的发展之路。

春秋战国时期，诸侯纷争，汉字也随时局一起跌宕起伏，形体不一，标准混乱。秦始皇一统天下，“书同文”成为其巩固统一的重要举措之一，李斯等人创造了小篆，作为官方规定的标准字体，推广使用。

我们现在能见到的小篆，主要有两个来源，一个是秦代文字，另一个就是东汉许慎所著的《说文解字》。我们今天能认识小篆，甚至说我们今天能认识甲骨文、金文等古文字，几乎都要归功于许慎和他的《说文解字》。许慎是我国文字学的开山鼻祖，他的《说文解字》则是汉字学的奠基之作。

秦汉之交，下层百姓往往草写小篆，把笔画拉直，长圆体变成扁方体，这样，就有了“隶书”。有了隶书，后来才可能产生草书、楷书和行书，汉字逐渐有了今天的样子。

魏晋南北朝以后，汉字发展成为书法艺术。历朝历代，书法大家层出不穷，传世力作令人敬仰，给中国传统文化注入了鲜活的灵气和勃勃的生机。篆刻、对联、谜语等由汉字派生出来的艺术形式，与书法相得益彰，交相辉映，构成中国特色的文化现象。

汉字及其文化现象，是中华民族的瑰宝，维系着中华文明的血脉，从古到今，薪火传承，生生不息。因此，我们应倍加珍惜，将其发扬光大。

二、汉字书写的重要性

“今天，你还会写字吗？”这个原本不是问题的问题，如今却成了问题。近几年来，很多人都有这样的经历：发现在写文章时，经常提笔忘字，不是用手机拼一下，就是用电脑打出来。

随着手机、电脑的日渐普及，汉字书写脱离日常生活正成为一种趋势，汉字书写水平下降已成为一个不争的事实。“喷嚏、饕餮、鳏寡、羸弱、逶迤、针砭时弊、沆瀣一气等常用词，很多人可能会读，但多少人能正确书写？”北京大学博士生导师李伯谦说，“现在提笔忘字的大有人在。”

曾几何时，写一手漂亮汉字是令人无比羡慕的技能。如今，当不少人写不出“尴尬”二字时，中国人的汉字书写能力正遭遇前所未有的尴尬。

汉字书写在20世纪急速滑向低谷，最直接的原因是两拨“换笔潮”，悄悄改变了我们的书写传统。

第一拨是传统的毛笔换为自来水笔、圆珠笔、铅笔之类的“硬笔”。这拨换笔，虽然笔已变种，但汉字还要一笔一画写出来，“书写”传统犹在。第二拨换笔发生在20世纪90年代，以往日常笔写之事渐渐被计算机取代，连“书写”动作也换掉了。汉字书写的灵巧动作简化为两种简单垂直的操作：键盘上的“敲”，鼠标上的“点”。

但新技术的冲击绝非导致当下汉字境遇的唯一原因。造成手写水平下降更深层次的原因在于我们对汉字缺少一份应有的珍视，对民族传统文化缺少一份应有的敬重。我们或许已忘记了汉字中还蕴藏着丰富的中华文化与艺术，已忽视了手书汉字也是传承汉字文化极具生命力的方式。

汉字自诞生以来，一直是传承华夏文明的重要载体，并非仅是一种表意符号和交流工具。在光明网的调查中，高达96.4%的被调查者认为，“书法是中华民族的传统艺术瑰宝，决不能放弃”。

令人欣慰的是，书写退化的趋势已经引起国家相关部门足够的重视。现行的《基础教育课程改革纲要(试行)》中明确规定：“在义务教育阶段的语文、美术课中要加强写字教学。”《国家中长期教育改革和发展规划纲要》中也提出“全面提高基础教育质量”、“规范汉字书写”，再次强调了写字教学的重要性。

重视汉字书写的重要性，仅仅依靠感慨和呼吁，或是一两条难以施行的法令是不够的，必须让能写一手好字重新成为实用追求，甚至让手书汉字不仅成为一项技能，更成为一种普遍认同的美的享受。就如同现代社会节奏再快，也挡不住大家坐下来享受慢慢喝杯茶的兴致。

三、汉字书写要正确规范

汉字是形、音、义的统一体，因此，形、音、义被称为“汉字三要素”。字形是汉字的基础，离开了形体，音、义也就无所寄托，而且每一个汉字都有独特的形体。

在日常应用中，大多数错误都表现为字形错误，因此，参加汉字应用水平测试(以下简称“汉字测试”)，应当特别重视字形。《汉字应用水平等级及测试大纲》(以下简称“《大纲》”)对与汉字字形相关的问题有如下规定。

(一) 字形正误的判断标准

汉字测试判断字形正确与否的标准是《现代汉语通用字表》。任何不符合该字表的字形在测试中都评定为错误。字形测试作为汉字测试的一个重要组成部分，《大纲》除了对字形的评判标准和字量范围做了具体规定外，还根据不同等级对字形的辨识和使用提出了相应的要求。要求应试者能够辨别和使用字表中汉字的规范字形，用正楷正确书写规范汉字，辨析并纠正书写和使用中的各类错误，尤其是常用字和常用字中容易写错的字。要求既包含应试者对汉字规范字形的把握，也包含他们对国家相关规范标准的了解和掌握。

(二)书写的基本要求

1.使用正楷书写

虽然汉字的字体多种多样，但是只有楷书既能反映汉字形体的基本结构与特征，同时又是汉字最常见的一种书体。例如“未”和“末”、“力”和“刀”、“天”和“夭”等字组，他们各自的区别性特征完全凭笔画间的相对长度、位置关系和笔画形状的细微变化来体现。因此，测试中对书写的要求，最首要的就是基本笔画清楚准确，而不涉及个性、风格等复杂因素。

2. 书写格式要规范

测试字表中的一些汉字笔画繁多或结构复杂，应试者由于多种原因可能只写出一个大致轮廓，或者干脆把不太会写的部分涂写得模糊不清，这都给阅卷工作带来极大困难与麻烦。因此，必须要求应试者在书写过程中一笔一画、不要连笔。

（三）书写的测试目的

汉字测试既考查应试者准确辨识汉字读音、字形，根据语境选填汉字等能力，也考查他们正确书写汉字的能力。汉字最根本的书写要求有两个层次，一个是正确规范；另一个是工整美观。汉字测试着重的是前者，强调应试者最基本的汉字书写能力，而工整美观作为书写汉字的更高要求，则留待专题研讨，以探索专门的汉字书写测试。

（四）书写题的阅卷规则

判断应试者汉字书写是否正确，需要阅卷人员主观评定。因此，必须制定规范统一的评阅标准与规则。在绝大多数情况下，汉字书写的正误都可以依据客观标准和原则来判定，这需要根据汉字的整字、字形结构、部件和笔画等特征逐层梳理，并归纳出相应的评判规则。

一般来讲，手写汉字大致有楷书、行书、草书等比较通行的书写形式，使用哪种字体写汉字，属于书写者个人的权利和习惯。但是，从判断汉字书写对错的角度出发，针对楷书制定评判规则是最适宜的。具体评判规则大致如下：

1. 整字

人们在日常书写汉字过程中经常会出现不规范字形，主要是异体字和繁体字，例如在不适当的场合把“峰”写成“峯”、“军”写作“軍”等。此外还有二简字和自造字，或者繁简部件混用，例如把“鸡蛋”写成“鸡旦”，“国”写成“口”，“轮”写成左“車”右“仑”等。因此，评判规则针对这些情况制定了相应的标准。

另外，别字实际上也属于整字层面的正误问题，因此，同样适用针对整字正误的评判标准予以评定。

2. 结构

汉字中除了少量独体字，绝大多数都是合体字，而合体字的结构类型有限，每个合体字都有固定结构。人们在书写过程中，有时容易把汉字结构写错，例如“感”是上下结构，而有的人常常把第二笔“撇”写得过长，把“心”包含在“戊”字框里面，这样一来，就把这个字写成了半包围结构。此外，在书写合体字过程中，写得正确与否有时还与各部件的相对位置及大小有关，有些部件位置颠倒、大小比例严重失调，也都会造成错字或间架结构怪异的字，例如“晰”的“日”与“木”位置颠倒，“器”写成极小的“犬”淹没在四个大“口”之中。

3.部件

部件使用正确与否是人们书写汉字过程中一种比较明显而且容易判断的问题，例如把"鼻"字下边的"丌"写成"廾"、"礻""衤"混淆等，这些都是典型的部件误用。此外，有些部件出现在合体字的不同位置时，其形体有明显差异，例如"足"出现在"趸"和"跟"等字中，形体就不一样。因此，评判规则就要从部件书写是否正确以及个别部件的变形是否正确等几方面制定。

4.笔画

笔画是构成汉字的最基本单位。汉字在笔画方面的区别性特征主要有形状、数量和相对位置关系。因此，评判时主要从笔画形状是否正确、笔画数是否正确、笔画之间的组合关系是否准确方面制定标准和要求。例如，"天"和"夭"只有一笔之差，"修"和"翰"应当注意笔画增减问题，"聿"第二笔的右端应出头，等等。这些内容既是评判标准，同时也为提高书写正确性奠定了基础。

人们在书写汉字过程中出现这样或那样的问题，一方面是由于对汉字形体的若干细微之处记认不清、把握不准；另一方面也有书写习惯等原因，而且出现的问题具有一定普遍性。了解汉字测试书写方面的评判标准，是提高汉字书写能力、提高汉字应用水平的一条有效途径。

四、熟语的运用

熟语是语言中经过长期习用而定型化的短语和句子。例如："同仇敌忾"、"众志成城"、"千里马"、"顺风耳"、"雨夜观天象——无心"、"抓住荷花摸到藕——寻根究底"、"洞房花烛夜，金榜题名时"、"大意失荆州，骄傲失街亭"等。这些从古代就一直沿用到现在的短语和句子，形式凝练、内容丰富，具有结构定型化、意义整体化、性质和功能词化的特征。

现代语言的熟语，主要包括成语、惯用语、歇后语、谚语等。

（一）成语

成语是一种相沿习用的结构凝固、意义完整的固定语。

1.成语的特征

（1）结构定型。现代汉语的成语多以两两相对的四字格为主，形式均衡、音韵和谐，一般不容许变动词序或改换、增减其组成成分。例如："排山倒海"不能改为"倒海排山"，也不能变为"排山又倒海"；"点石成金"也不能改成"点石成银"或"化石成金"。就此而言，成语具有使语言表达简洁、精练的语用效果。

（2）意义完整。现代汉语成语的意义大多是在组成成分意义的基础上抽象概括出来的，语义凝练、生动形象。例如："指鹿为马"不是"指着鹿，说是马"的意思，而是比喻故意颠倒是非，混淆黑白。甚至有许多成语，本身就隐含了一个故事、传说或典故。例如："揠苗助长"就是通过古代寓言故事比喻违反事物发展的客观规律，急于求成，反而把事情弄糟。只有少数成语的意义可以直接从字面获得。例如："专心致志"、"门庭若市"、"赏心悦目"、"毋庸置疑"、"颠沛流离"等。

2.成语的来源

(1)神话寓言。我国古代文献记载了丰富多彩的神话寓言故事,这些故事寓意深刻,给人以启发教育,因此被人们概括后以成语的形式固定下来,相沿习用,例如:“鹬蚌相争”、“东施效颦”、“塞翁失马”、“自相矛盾”等。

(2)历史故事。这部分成语出自历史事件、历史传说,是这些事件、传说的概括。例如:“画蛇添足”、“完璧归赵”、“一字千金”、“初出茅庐”等。

(3)古代诗文。这部分成语是通过摘录或改造古代诗文形成的。例如:“白驹过隙”、“高朋满座”、“世外桃源”、“毕恭毕敬”等。

(4)民间口语。这些成语主要来自于古代俚语和后世口语。例如:“风平浪静”、“说三道四”、“人云亦云”、“唇亡齿寒”。

此外,现代汉语中还有少数成语来自外语或属于现代新创。例如:“五体投地”、“昙花一现”、“心花怒放”等,源于佛经;“火中取栗”、“象牙之塔”、“多米诺骨牌”等,源于西方语言;“糖衣炮弹”、“求同存异”、“中西结合”等,属于现代新创。

(二)惯用语

惯用语是人们口头上经常使用的结构短小、固定的短语。惯用语一般以三字格为主,少数由四个或四个以上的音节组成。例如:“鸿门宴”、“走过场”、“捅马蜂窝”、“唱对台戏”、“说曹操曹操到”、“生米煮成熟饭”、“井水不犯河水”、“打开天窗说亮话”等。

现代汉语的惯用语具有三个方面的特征:

1.结构灵活

惯用语和成语不同,其构成成分大多可以拆分、增加或替换,结构比较自由灵活。例如:

A类:半瓶醋　墙头草　B类:捅娄子　兜圈子

A类惯用语不能拆开使用,但B类惯用语的前后两部分是述宾关系,中间可以插入其他成分。例如:“捅娄子”可以说成“捅了个娄子”、“捅了个大娄子”;“兜圈子”也可以说成“兜兜圈子”、“兜一个大圈子”等等。但需要注意的是,惯用语虽然结构自由灵活,但这种灵活是相对的,其前提是不能从根本上改变惯用语的愿意。例如:“赶鸭子上架”就不能说成“赶大鹅上架”。

2.意义完整

惯用语的意义是在组成成分意义的基础上,通过比喻、引申抽象概括出来的,所以,其意义是概括完整的,并非字面意义的简单相加。例如:“戴高帽”不是“戴一顶高帽子在头上”,而是“表示不合实际的奉承和恭维”。由于惯用语常常运用比喻来说明道理,因此,具有生动形象、风趣幽默的语用功能。

3.口语色彩浓郁

惯用语多来源于日常生活用语,通俗易懂,具有浓郁的口语色彩。例如:“蜻蜓点水”比喻做事不深入、不踏实;“皮笑肉不笑”比喻口是心非,表里不一。

(三)歇后语

歇后语是采用比喻、谐音等方法,将前后两个部分联系起来说明道理的固定语句。例如:“茶杯上放鸡蛋——靠不住”;“徐庶进曹营——一言不发”。

歇后语的前后两个部分,相当于谜语的谜面和谜底,前一部分说出一种事物、现象或一个比喻,后一部分则是由前一部分引出的道理。

现代汉语的歇后语主要包括两种类型:

1.比喻型歇后语

前一部分是个比喻,后一部分对前一部分进行解释说明。例如:“周瑜请蒋干——别有用心”;“黄连甘草挑一担——一头苦来一头甜”等。

2.谐音型歇后语

后一部分在解释说明前一部分的基础上,通过谐音双关来委婉含蓄地表达语义。例如:“半边铃铛——响(想)不起”;“孔夫子搬家——尽是书(输)”等。

歇后语是汉语特有的一种语言形式。它寓意深刻,耐人寻味,具有较强的民族文化特色,而且由于使用的是比喻、谐音的方法,所以形象生动,含蓄诙谐,具有很好的表达效果。

(四)谚语

谚语是广泛流传于人们口头的具有传授经验、教训劝诫功能的固定语句。谚语多数是句子,在运用中,可以充当句子的一个成分,也可以独立成句,或者充当复句中的分句,但它主要还是语言的备用单位,性质和作用相当于词。例如:“寒从脚起;病从口入”;“西北起黑云,雷雨必来临”;“强扭的瓜不甜”;“磨刀不误砍柴工”。

谚语是人们长期生活经验的总结,它通过判断推理或引申比喻,寓深刻道理于浅近的语言中,具有通俗生动、富于哲理性的特点。

五、句子完整、具体、通顺、连贯

会写文章,善于写文章,需要若干个条件,其中一个条件就是练好基本功。在基本功各项练习中,打好写句基础,练好写句基本功,又是首屈一指的。一篇文章,无论长与短,总都是由若干句子连缀而成的。因此,句子是文章的骨干。这就要求同学们在作文时,必须要把这一个一个的句子都写通顺、明白。只有做到这一点,全篇文章才会通顺、明白。一篇文章有若干个不通顺、让人难以明白的句子,无论如何是称不上一篇好文章的。

打好写句基础,练好写句基本功,要从写完整、通顺、具体、连贯这几方面做起。

(一)学会把句子写完整

怎样的句子才算是完整的呢?读读下面几组句子:

1.我们劳动。　　　　(谁,干什么)

2.小蚂蚁运送食物。　　(什么,干什么)

3.小明摔倒了。　　　(谁,怎么样)

4.小树摇晃着。　　　(什么,怎么样)

5.哥哥是一名共青团员。　　　（谁，是什么）

6.青蛙是益虫。　　　　　　　（什么，是什么）

由上面几组句子不难看出：在一般情况下，句子是由两部分组成的，前半部分交代“谁”或“什么”，后半部分交代“做什么”、“怎么样”或者“是什么”。前后两部分说全了，句子才算完整。

用完整句子的“标准”衡量下面几个句子：

1.吃完晚饭，就玩起了藏猫猫。

2.地球上的光明和温暖，都是送来的。

3.一下课，同学们在宽阔的大操场上。

显然，第一句话应在“就”字前面写清“谁”；第二句话应在“送”字的前面写清“谁”或“什么”；第三句话应在“上”字后面写清“干什么”或“怎么样”。

需要强调说明的是：知道什么是完整句，怎样的句子才算完整，这只是一个知识性的问题；落实在行动上，即平日在说每一句话、在写每一句话时，认真思考，反复斟酌，提高“完整”意识，不写残缺的句子，这是最重要的。

（二）学会把句子写具体

句子要完整，这是首要的。但在许多时候，句子只做到“完整”并不能准确地表达意思，还要做到“具体”。怎样的句子才算是具体的呢？读读下面几组句子：

1.爸爸做工。爸爸在工厂里做工。（写清在哪儿）

2.小蜜蜂飞来。夏日，一只金色的小蜜蜂从远处嗡嗡地飞来。（写清什么时候、有多少、什么样、从哪儿、怎么样）

3.教室里很安静。教室里很安静，连同学们均匀的呼吸声都能听清。（写清达到了什么程度）

由上面几组句子可以看出：在句子主要成分的前面或后面，写清什么时候（时间）、有多少（数量）、在什么地方或从哪儿（地点）、什么样（形状或颜色）、怎么样（态势）、达到什么程度（情境）等，就写清了事物外形特点、活动特点，就把自己要准确表达的意思写出来了。这就叫作把句子写具体。这样的句子就算是完整、具体的句子。学习把句子写具体，这是一项极为重要的技能，这需要同学们抓住人物或事物特点，准确运用词语，进行持久的练习。

（三）学会把句子写通顺

句子通顺，就是句意明白，读得顺口。具体讲，句子通顺，要求包括以下六个方面：

1.用词要准确，经得起推敲。例如：

(1)我们把门口的泥土消除掉了。

(2)我们庆祝王红评上了三好学生。

第一句话中，“泥土”不能“消除”，只能“清除”掉。第二句话中，“庆祝”一词多用在庆祝节日或庆祝国家重大活动方面，此处改为“祝贺”才准确。

2.句中词语排列的次序要合理，符合现代人说话的习惯。例如：

(1)正在花上，有几只漂亮的蝴蝶翩翩起舞。

(2)我们班获得了小足球冠军比赛。

第一句话中，现代人习惯说成“有几只漂亮的蝴蝶，正在花上翩翩起舞。”第二句话中，将“冠军”与“比赛”两词对调，句子就通顺了。

3.词语使用搭配要得当。例如：

(1)公园里生长着各种树木和五颜六色的鲜花。

(2)小华怀着愉快的心情和轻松的步子向学校走去。

第一句，“生长”和“鲜花”两词搭配不当，应改为“公园里生长着各种树木，盛开着五颜六色的鲜花。”第二句话中，“怀着”与“步子”两词不能搭配使用，应改为“小华怀着愉快的心情，迈着轻松的步子向学校走去”。

4.句中各词语的意思不相矛盾。例如：

(1)我断定他大概是王小刚的哥哥。

(2)这学期我们班差不多根本没有考试不及格的现象。

第一句话中，“断定”与“大概”两词矛盾，应删掉“大概”一词，或将“断定”一词改为“估计”。第二句话中，“差不多”和“根本” 两词矛盾，应删去一个。

5.关联词语的使用恰到好处。例如：

(1)只有天下雨，地才会湿。

(2)爸爸身体很好，因此能坚持参加体育锻炼。

“下雨”不是“地湿”的唯一条件，因此，第一句应改为：“只要天下雨，地就会湿。”第二句话中，把“身体很好”作为“能坚持参加体育锻炼”的原因不妥当，应改为：“爸爸身体很好，因为他能坚持参加体育锻炼。”

6.句意明白，合乎实际，符合情理。例如：

(1)博物馆里展出了五千多年前新出土的文物。

(2)老师表扬了班里的好人好事和李小民拾金不昧的好事。

第一句话中，说“五千多年前新出土的文物”不合实际，应改为：“博物馆里展出了新出土的五千多年前的文物。”第二句话中，“李小民拾金不昧的好事”包括在“班里的好人好事”之中，因此应该删去“和李小民拾金不昧的好事”，或把原句改为：“老师表扬了班里的好人好事，特别表扬了李小民拾金不昧的好事。”

(四)学会把句子写连贯

连贯，也可以说成“联贯”，即句子之间连接贯通。显然，把句子写连贯，这是指写几句话(又叫“句群”)来说的。翻开同学们的作文本，段落中上下句不连贯的现象是比较普遍存在的，主要表现在：句子之间无顺序，承接不紧密，跨度大；上下句之间，被描述的对象(即“主语”)重复出现，不会运用“他(她)”或者“它”这些人称代词。

怎样才能做到把句子写连贯呢？

1.合理安排顺序

有顺序，这是写几句意思连贯的话的最基本的要求。

合理安排顺序要求我们:在写几句话时,一定不能东一句、西一句,想到哪儿就写到哪儿;总要围绕既定的中心意思,按照一定的顺序,把相关的句子组织在一起,使句子前后连贯。例如:按照事情发展的先后顺序排列句子;按照时间先后的次序排列句子;按照空间位置转换(上→下、下→上,里→外、外→ 内,前→后、后→前,左→右、右→左,近→远、远→近)顺序排列句子;按照事物的不同类别或同一事物的不同方面的顺序排列句子; 按照"总→分"或"分→总"的顺序排列句子;按照"概括→具体"或"具体→概括"的顺序排列句子;按照"因→果"或"果→因"的顺序排列句子;当然有时候还可以把两种或几种"顺序"综合起来使用。

大家读读下面这几句话,想想是按什么顺序排列的:"雨越下越大。我透过玻璃窗向外望去,天地间像挂着无比宽大的珠帘,迷蒙蒙的一片。雨落在对面屋顶的瓦片上,溅起一朵朵水花,像一层薄烟笼罩在屋顶上。雨水顺着房檐流下来,开始像断了线的珠子,渐渐地连成一条线。地上的水越来越多,汇合成一条条小溪。"

这几句话,先"总"写雨大,再具体"分述"雨怎样大,大到什么程度。在具体"分述"时,作者又是按照"天地间→对面屋顶→房檐→地上"的顺序排列的。这几句话写得多么清楚、连贯啊!

2.学会运用人称代词

这就要求我们要学会引用"他(她)或""它"这些人称代词。读读下面这几句话,想想有什么毛病,怎样说才好:"妈妈的衣袖破了。妈妈赶忙从抽屉里拿出一个小布包。妈妈先从布包里拿出一根针、一条青线,用牙咬了咬线头儿,把线头儿穿过针眼儿。妈妈又从布包里找出一小块布,贴在破了的地方,然后一针一线地缝起来。"

读后,大家一定发现:这几句话写的对象是妈妈,主要写的是妈妈缝补衣服时所做的准备工作,是按事情经过的先后顺序排列的。只是由于这四句话的开头重复出现"妈妈"一词,因此读起来显得很拗口。如果把后面三句开头中的"妈妈"改成"她"字,这几句话就连贯多了。这就告诉我们:在几个句子里,如果写的只是一个人物(或事物),后面再指这个人物(或事物)时,就可以用"他(她)"或"它"来代替。

【示例借鉴】

一、容易写错的字一览表

(注:括弧内是正确用字)

1.安祥(详)
2.甘败(拜)下风
3.三步(部)曲
4.食不裹(果)腹
5.泊(舶)来品
6.按步(部)就班
7.指手划(画)脚
37.重迭(叠)
38.渡(度)假村
39.防(妨)碍
40.幅(辐)射
41.一幅(副)对联
42.天翻地复(覆)
43.言简意骇(赅)
73.粗旷(犷)
74.针贬(砭)
75.震憾(撼)
76.凑和(合)
77.脉博(搏)
78.迫不急(及)待
79.既(即)使
109.蜂涌(拥)
120.复(覆)盖
121.复(覆)灭
122.松驰(弛)
123.家俱(具)
124.欣尝(赏)
125.迷(谜)团

8.一愁(筹)莫展
9.穿(川)流不息
10.哈蜜(密)瓜
11.挖墙角(脚)
12.一诺千斤(金)
13.不径(胫)而走
14.做(坐)月子
15.不落巢(窠)臼
16.烩(脍)炙人口
17.洁白无暇(瑕)
18.死皮癞(赖)脸
19.兰(蓝)天白云
20.鼎立(力)相助
21.磬(罄)竹难书
22.入场卷(券)
23.声名雀(鹊)起
24.笑咪咪(眯眯)
25.常(长)年累月
26.公诸(之)于众
27.谈笑风声(生)
28.人情事(世)故
29.有持(恃)无恐
30.额首(手)称庆
31.旁证(征)博引
32.饮鸠(鸩)止渴
33.打破记(纪)录
34.名符(副)其实
35 灸(炙)手可热
36.宁缺勿(毋)滥
44.气慨(概)
45.一股(鼓)作气
46.悬梁刺骨(股)
47.再接再励(厉)
48.老俩(两)口
49.黄梁(粱)美梦
50.了(嘹)望
51.爱(艾)滋病
52.杀戳(戮)
53.痉孪(挛)
54.美仑(轮)美奂
55.罗(啰)唆
56.蛛丝蚂(马)迹
57.一如继(既)往
58.鬼鬼崇崇(祟祟)
59.金榜提(题)名
60.走头(投)无路
61.趋之若骛(鹜)
62.终身(生)事业
63.终生(身)受益
64.名不符(副)实
65.不能自己(已)
66.姿(恣)意妄为
67.雄奇俊(峻)拔
68.身体姿式(势)
69.了了(寥寥)无几
70.尤(犹)如猛虎下山
71.维(惟)妙维(惟)肖
72.可望不可及(即)
80.追朔(溯)
81.草管(菅)人命
82.娇柔(揉)造作
83.萎糜(靡)不振
84.沉缅(湎)
85.名(明)信片
86.默(墨)守成规
87.大姆(拇)指
88.沤(呕)心沥血
89.凭(平)添
90.出奇(其)不意
91.修茸(葺)
92.亲(青)睐
93.弦(旋)律
94.膺(赝)品
95.渲(宣)泄
96.寒喧(暄)
97.竭泽而鱼(渔)
98.滥芋(竽)充数
99.世外桃园(源)
100.脏(赃)款
101.回(迥)然不同
102.弹(殚)精竭虑
103.张惶(皇)失措
104.泰(淡)然处之
105.床第(笫)之私
106 老声(生)常谈
107 开天劈(辟)地
108.一杯(抔)黄土
126.精萃(粹)
127.偶而(尔)
128.善(擅)长
129.迁徒(徙)
130.打腊(蜡)
131.殒(陨)石
132.颂(诵)读
133.人材(才)
134.座(坐)落
135.雾淞(凇)
136.精减(简)
137.增殖(值)
138.蹚(趟)水
139.装祯(帧)
140.发韧(轫)
141.夜霄(宵)
142.元霄(宵)
143.九宵(霄)
144.萤(荧)光
145.急燥(躁)
146.坐阵(镇)
147.就序(绪)
148.九洲(州)
149.俏(悄)然
150.峻(竣)工
151.编篡(纂)
152 格(恪)守
153 蜇(蛰)伏
154.表帅(率)

二、名著中成语的精彩运用

(一) 摘自《孔乙己》　(作者:鲁迅)

孔乙己喝过半碗酒,涨红的脸色渐渐复了原,旁人便又问道,“孔乙己,你当真认识字么?”孔乙己看着问他的人,显出不屑置辩的神气。他们便接着说道,“你怎的连半个秀才也捞不到呢?”孔乙己立刻显出颓唐不安模样,脸上笼上了一层灰色,嘴里说些话;这回可是全是之乎者也之类,一些不懂了。在这时候,众人也都哄笑起来:店内外充满了快活的空气。

简析:“不容置疑”这个成语的运用非常精彩。它将孔乙己虽然已经穷困潦倒,但仍然死抱着以读书人的身份不放,以读书人自居,并引以为傲;其竭尽全力保持读书人的“清高”,端着读书人的架势;其性格中的虚伪和看不起劳动人民的轻蔑态度只用了这一个成语就表现得淋漓尽致,活灵活现。被腐朽的文化思想侵害而不知悔改的落魄文人的形象也因此被刻画得入木三分。

(二)摘自《山地回忆》　(作者:孙犁)

从阜平乡下来了一位农民代表,参观天津的工业展览会。我们是老交情,已经快有十年不见面了。我陪他去参观展览,他对于中纺的织纺,对于那些改良的新农具特别感兴趣。临走的时候,我一定要送点东西给他,我想买几尺布。

为什么我偏偏想起买布来?因为他身上穿的还是那样一种浅蓝的土靛染的粗布裤褂。这种蓝的颜色,不知道该叫什么蓝,可是它使我想起很多事情,想起在阜平穷山恶水之间度过的三年战斗的岁月,使我记起很多人。这种颜色,我就叫它“阜平蓝”或是“山地蓝”吧。

他这身衣服的颜色,在天津是很显得突出,也觉得土气。但是在阜平,这样一身衣服,织染既是不容易,穿上也就觉得鲜亮好看了。阜平土地很少,山上都是黑石头,雨水很多很暴,有些泥土就冲到冀中平原上来了——冀中是我的家乡。

简析:作者运用明喻、隐喻和高度概括的手法,用“穷山恶水”这个成语,指出了阜平地区自然环境的恶劣,同时也象征着三年如同恶劣的自然环境一般艰苦卓绝的战斗岁月,以及在我党领导下,广大军民所克服的重重困难。作者在此不但用简练的语言表现出要表现的内容,而且使文章内容主次分配得当,明白晓畅。

(三)摘自《硕士今天答辨》　(作者:毕淑敏)

事情就坏在那套水蓝色的真丝裙上

中文系女研究生林逸蓝是这座全市最大的图书馆的常客。图书馆是不许带包进阅览室的。她先把笔记本等从包里拿出来,把旧书包推向存包处柜台里的服务员,接了号码牌要走。

“喂!瞅瞅东西拿全了没有?甭转眼工夫又回来折腾!今儿就我一个人,没耐心专门为你一个人服务!”女服务员无缘无故恶狠狠地说。

“都拿全了。绝不会再来麻烦你。”林逸蓝说着矜持地离开了存包处。她不认识这女人,不知道她为什么对毫不相干的人这么大的火气。躲远点吧,林逸蓝今天要为自己刚选定的硕士论文题目搜集资料,不愿为了这点小事破坏情绪。

“要是一会儿就回来折腾,收一块钱!”女服务员憋着劲要跟人吵架,见没拱起林逸蓝的火,不依不饶地追加了一句。

“放心好了,我到吃午饭的时候才会再来麻烦你。我得拿了钱到咖啡厅买吃的。”林逸蓝笑嘻嘻地说,同宿舍的晚平说过,她这副模样时最气人。

"什么？你的包里有钱？我们这里不存现金！拿走！拿走！"服务员像逮到了贼赃，高兴得大喊大叫。

其实很多人的存包里都有钱，彼此心照不宣就是了。逸蓝一时疏忽，把秘密抖了出来，服务员就得了理。

简析："无缘无故、毫不相干、不依不饶"这几个成语用客观的眼光，把一个情绪不良、正在找机会发泄的女服务员的无理取闹与胡搅蛮缠行为描写得既合情合理，又真实生动，形象惟妙惟肖，读来仿佛亲眼见到当时场景一般。

（四）摘自《连环套》　　（作者：张爱玲）

我初次见到赛姆生太太的时候，她已经是六十开外的人了。那一天，是傍晚的时候，我到戏院里买票去，下午的音乐会还没散场，里面金鼓齐鸣，冗长繁重的交响乐正到了最后的（禁止），只听得风狂雨骤，一阵紧似一阵，天昏地暗压将下来。仿佛有百十辆火车，呜呜放着汽，开足了马力，齐齐向这边冲过来，车上满载摇旗呐喊的人，空中大放焰火，地上花炮乱飞，也不知庆祝些什么，欢喜些什么。欢喜到了极处，又有一种凶犷的悲哀，凡哑林的弦子紧紧绞着，绞着，绞得扭麻花似的，许多凡哑林出力交缠，挤榨，哗哗流下千古的哀愁；流入音乐的总汇中，便乱了头绪——作曲子的人编到末了，想是发疯了，全然没有曲调可言，只把一个个单独的小音符丁零当啷倾倒在巨桶里，下死劲搅动着，只搅得天崩地塌，震耳欲聋。

简析：作者运用成语来形容听音乐的感觉和感触。"风狂雨骤"、"摇旗呐喊"这两个成语，一个是描写自然的声音；一个是描写人类的声音，在此同时表现音乐让听众产生的感觉。"天崩地塌"、"震耳欲聋"都是描写自然界的声音给人类带来的感觉，在此表现音乐给听众带来的影响。四个成语，让读者仿佛听到了音乐的真实声音，犹如身临其境。把音乐的感染力和爆发力表现得淋漓尽致。

（五）摘自《写给女儿的信》　　（作者：曹禺）

天才是"牛劲"，是夜以继日的苦干精神。你要观察，体会身边的一切事物、人物，写出他们，完全无误，写出他们的神态，风趣和生动的语言。不断看见，觉察出来，那些崇高的灵魂在文字间怎样闪光的。必须有真正的思想。没有思想便不成其为人，更何况一个作家。其实向往着光明的思想才能使人写出好东西来。卑污的灵魂是写不出真正让人称赞的东西的。

生活中往往有许多印象，许多憧憬，总是等写到节骨眼儿就冒出来了。要我说明白是不可能的，现在不可能，写的时候也不可能。

我的话不是给木头人、木头脑袋瓜写的。你要常想想，揣摩一下，体会一下，看看自己相差多远。杰克·伦敦的勇气志气与冲天干劲，百折不回的"牛劲"是大可学习的。你比起他是小毛虫，你还不知道苦苦修改，还不知道退稿再写，再改。再改，退了，又写别的，写，写，写不完地写，那怎么行？

简析：作者诠释了“天才”之所以成功，是因为他要有“夜以继日”的苦干精神，同时这也是作者想要表达的中心论点。“冲天干劲”、“百折不回”：作者在表述论点时引用了杰克·伦敦的事例，并说明他的成功就是因为有了冲天的干劲和百折不回的精神。

三、病句实例分析

（一）语序不当

1.句子成分语序不当

例如：她是一位优秀的有20多年教学经验的国家队的篮球女教练。

病因：多项定语次序不当。

方法：多项定语的次序排列顺序为：

（1）表领属性的时间或处所；

（2）指称或数量的短语；

（3）动词或动词短语；

（4）名词或名词短语；

（5）形容词或形容词短语。

改正：她是国家队（领属性）的一位（数量）有20多年教学经验（名词短语）的优秀（形容词短语）的篮球女教练。

又如：在休息室里许多老师昨天都同他热情地交谈。

病因：多层状语语序不当。

方法：复杂状语排列的次序是：表目的或表原因的介词短语＋表时间或处所的＋表语气（副词）或对象的（介词短语）＋表情态或程序的。另外，表示对象的介宾短语一般紧挨在中心语前。

改正：许多老师昨天（时间）在休息室里（处所）都（范围）热情地（情态）同他（对象）交谈。

2.虚词次序不当

例如：如果趁现在不赶快检查一下农具，过一阵子就来不及了。

病因：副词“不”的位置不恰当。

改正：如果不趁现在赶快检查一下农具，过一阵子就来不及了。

3.主语和关联词次序不当

例如：他如果不能实事求是，事业就会受到损失。

病因：关联词要放在主语前边。

方法：两个分句同一个主语时，关联词语在主语的后面；不同主语时，关联词语在主语的前面。

改正：如果他不能实事求是，事业就会受到损失。

（二）搭配不当

1.主语与谓语搭配不当

例如：我国棉花的生产，过去不能自给。

病因："生产"与"自给"搭配不当。

改正：我国生产的棉花，过去不能自给。

2.动词和宾语搭配不当

例如：这部作品塑造了几个共产党员的英雄事迹。

病因："塑造"与"事迹"搭配不当。

改正：这部作品塑造了几个共产党员的英雄形象。

3.主语与宾语搭配不当

例如：我国人口是世界上最多的国家。

病因："人口"与"国家"搭配不当。

改正：我国是世界上人口最多的国家。

4.关联词语搭配不当

例如：一场比赛的胜利，不仅仅关系到个人的得失，而是关系到祖国的荣誉。

病因：关联词"不仅"与"而是"搭配不恰当。

改正：一场比赛的胜利，不仅仅关系到个人的得失，而且关系到祖国的荣誉。

5.一面与两面搭配不当

例如：思想内容健康，是衡量作品好坏的重要标准。

病因："健康"与"好坏"搭配不恰当。

改正：思想内容健康与否，是衡量作品好坏的重要标准。

6.修饰语和中心词的搭配不当

例如：今天，各公司对网络信息交换了广泛的意见。

病因："广泛"与"意见"搭配不当。

改正：今天，各公司对网络信息广泛地交换了意见。

（三）成分残缺

1.主语残缺

例如：当匪徒偷袭解放军时，被解放军反包围，歼灭了无数匪军。

病因："谁"被解放军反包围，"谁"歼灭了无数匪军，缺少主语。

改正：当匪徒偷袭解放军时，匪徒被解放军反包围，解放军歼灭了无数匪军。

2.宾语残缺

例如：我们要响应"保护地球"。

病因："响应"什么？缺少宾语。

改正：我们要响应"保护地球"的号召。

3.谓语残缺

例如：一个人民教师必须忠诚党的教育事业的好思想。

病因："必须"怎样？缺少谓语。

改正：一个人民教师必须具有忠诚党的教育事业的好思想。

（四）成分多余

例如：人口问题不久将是将来最严重的问题。

病因："不久将是"和"将来"语义重复。

改正：人口问题不久将是最严重的问题。

（五）不合逻辑

1.自相矛盾

例如：我国的人口是世界上最多的国家之一。

病因："最多"与"之一"矛盾。

改正：我国是世界上人口最多的国家。

2.分类不当

例如：解放军战士奋不顾身地抢收着小米、高粱和各种粮食。

病因："小米、高粱"和"粮食"是逻辑上称为种属关系的包含和包含于的关系，这种关系的事物是不能并列在一起的。

改正：解放军战士奋不顾身地抢收着小米、高粱等各种粮食。

3.否定不当

例如：孔繁森的优秀事迹，怎能不使我不感动得流泪呢？

病因：原意是说"孔繁森的优秀事迹，使我感动得流泪。"但是反问句本身具有否定的作用，"不使""不"又否定两次，三重否定正好和原意相反。

改正：孔繁森的优秀事迹，怎能不使我感动得流泪呢？

4.指代不当

例如：小强和小民赛跑，他比他跑得快。

病因："他比他跑得快。"究竟谁比谁跑得快？指代不明确。

改正：小强和小民赛跑，小强比小民跑得快。

（六）感情色彩不恰当

例如：他那种刻苦学习的精神，值得我们每个同学效尤。

病因："效尤"是贬义词，含义为"学坏样子"，根据句子的意思应该用褒义词。

改正：他那种刻苦学习的精神，值得我们每个同学学习。

【综合训练】

一、正确书写现代常用规范汉字训练。

1.下列各句中，没有错别字的一项是（　　）

A.最令人焦灼的莫过于腐败的大肆蔓延，时刻都在消蚀着社会公正的根基，蚕食着人的良知，使人陷进对是非善恶的无休止的冷漠和麻木之中。

B.四川省汶川八级特大地震过去了，一些地质学家经过现场勘查，再次对龙门山地震带上岷江上游修建众多水电站置疑，同时也怀疑紫坪铺水坝是诱发大地震的导火线。

C. 这是一块创新的热土，创业的福地，7000 年的悠久文明养育了勤劳善良的宁波人民，辉煌的历史文化，发祥了经世致用的东方哲学。坚韧不拔、务实创新，成就了今天的辉煌。

D. 温家宝总理以即将在人大二次会议所作的政府工作报告为蓝本，敬请大家在危机时刻不失信心，共赴时艰。

2. 下列各句中，没有错别字的一项是（　　）

A. 作者将每一块雨花石都画得十分精彩，七大八小的雨花石，块块都有不同的颜色、纹路、机理，仿佛引人进入一个奇妙的色彩世界。

B. 中青年平均每晚睡眠不足 6 小时的人患高血压的几率比睡眠充足的高一倍多，即便考虑肥胖与糖尿病等因素，睡眠不足与高血压仍有重要联系。

C. 当层层迭迭的葱绿涌入胸怀的时候，雪山突然从缥缈的云雾中显现，神秘如幻影，圣洁如处子，庄严而慈蔼地望着你，使你止不住地怦怦心跳。

D. 作为应对金融危机的措施，国内多数拍卖公司对拍卖的规模和拍品的质量都作了相应的调整，以轨避急剧萎缩的成交量带来的风险。

3. 下列词语中，没有错别字的一组是（　　）

A. 啰嗦　百叶窗　立杆见影　卑躬屈膝

B. 蛰居　辩证法　歪门斜道　雍容华贵

C. 糟蹋　杀风景　婉转悠扬　筚路蓝缕

D. 璀璨　荧光屏　知书达礼　暗度陈仓

4. 下列词语中，没有错别字的一组是（　　）

A. 观摩　闭门羹　首屈一指　真人不露像

B. 屏障　拌脚石　作壁上观　朽木不可雕

C. 遨翔　穷折腾　真知灼见　物以稀为贵

D. 厮杀　出洋相　川流不息　高义薄云天

5. 下列词语中，没有错别字的一组是（　　）

A. 殆工　不假思索遐想　后发治人

B. 凌厉　誓不两立商榷　马番人仰

C. 湛蓝　群英汇萃肴馔　积毁消骨

D. 忸怩　咬牙切齿诙谐　图穷匕见

6. 下列词语中，没有错别字的一组是（　　）

A. 沉湎　恶梦　出其不意　明修栈道，暗度陈仓

B. 坐落　影碟　美轮美奂　前事不忘，后世之师

C. 精粹　糅合　融会贯通　桃李不言，下自成蹊

D. 针砭　脉搏　不胫而走　言者无罪，闻者足诫

7. 下列各组词语中，没有错别字的一组是（　　）

A. 光彩　过河卒　根深蒂固　为山九仞，功亏一匮

B. 印象　股份制　事必恭亲　一言既出，驷马难追

C. 安详　放相机　宁缺无滥　万事俱备，只欠东风

D. 赝品　莫须有　买椟还珠　物以类聚，人以群分

8. 下列词语中，有错别字的一组是(　　)

A. 投缳　丫嬛　无上光荣　礼尚往来

B. 诛杀　株连　共商国是　文过饰非

C. 荟萃　国粹　惨不忍睹　再接再励

D. 慷慨　气概　形似骷髅　镂骨铭心

9. 下列各组词语，书写有误的一组是(　　)

A. 琐碎　帷幕誊写　萍水相逢

B. 账簿　喝彩气概　冠冕堂皇

C. 诀窍　躁热眷顾　挺身而出

D. 木讷　亲昵服帖　日薄西山

10. 下列词语中，没有错别字的一组是(　　)

A. 亲怩　伏罪湎怀　居心叵测

B. 痉孪　霎那砥砺　爱屋及乌

C. 悭吝　要挟安详　立竿见影

D. 揣摩　惬意去逝　登峰造极

11. 下列各组词语中，没有错别字的一组是（　　）

A. 睿智　池塘　绵里藏针　变本加利

B. 干涸　寒暄　兴高彩烈　哄堂大笑

C. 暴躁　楹联　怨天尤人　世外桃源

D. 矫情　证券　走头无路　川流不息

12. 下列句子中，没有错别字的一项是(　　)

A. 由于南极冰川融化的速度大大超过降雪的速度，人们担心如果南极西部冰盖开始崩蹋，海平面将上升 1～1.5 米。

B. 劣质节能灯寿命特别短，浪费了大量工业原料；玻璃壳里的汞金属，造成了环境污染；劣质灯还存在一定幅射，破坏人体生理系统，造成情绪不稳，甚至发生病变，诱发癌症。

C. 江南出芳草鲜花、才子佳人，出缠绵悱恻的爱情故事；但江南又是英雄倍出的地方，古往今来，这里孕育出诸多骁勇的斗士。

D. 我坐在开罗“岛屿之宫”旅店的阳光下，俯瞰平静的尼罗河。河上有白色三角帆的木船，静静地行驶，好像在玻璃般的水面上漂行。

13. 下列各组词语中，没有错别字的一组是（　　）

A. 翕动订婚　臭哄哄　直言不讳

B. 缨珞图象　炒鱿鱼　铤而走险

C. 障蔽更迭　打嘴仗　针砭时弊

D. 煤炭装帧　敲竹杠　佶屈聱牙

14. 下列词语中，没有错别字的一组是(　　)

A. 瘐毙坟茔　阜盛　掎角之势

B. 亵渎纨绔　委糜　恬退隐忍

C. 誊写婉转　谲诈　良晨美景

D. 精粹喧哗　诡辩　自惭形秽

15. 下列各组词语中，有两个错别字的一组是(　　)

A. 烦言交响乐　妙对迭出　歃血为盟

B. 厮打兑换卷　飞扬拔扈　米珠薪桂

C. 座位百纳衣　姿意妄为　绿草如荫

D. 银圆园珠笔　铤而走险　骈拇枝指

二、成语的运用训练。

1. 下列各句，画线的成语使用不恰当的一句是(　　)

A. 白求恩同志以医疗为职业，对技术精益求精。

B. 北京复兴门立交桥上下两层桥面巧妙地连接在一起，形成了一幅错落相连并行不悖的交通网。

C. “崇尚科学文明，反对迷信愚昧”图片展，将伪科学暴露得淋漓尽致。

D. 俄罗斯马戏团在上海豫园精彩纷呈、抑扬顿挫的表演，倾倒在场所有观众。

2. 选出下列画线的成语使用不当的一项(　　)

A. 我们这些学生便络绎不绝地走到钱先生的书屋门前，围坐在他的周围。

B. 我们利用统筹方法指导生产，是不无裨益的。

C. 如果能够掌握科学的学习方法，就会收到事倍功半的效果。

D. 刚刚说他是“今”是“现在”，他早已风驰电掣一般，已成为“过去”了。

3. 选出成语使用不当的一项(　　)

A. 中国为加入 WTO 进行了坚苦卓绝的多边会谈，朱镕基总理的一句“头发都谈白了”道出无限感慨。

B. 许多科幻书对地球前景抱着一种悲观的态度，这并非杞人忧天，如果我们不注意保护环境，科幻就会成为可怕的现实。

C. 挨门挨户的查煤气、收费是体力和脑力的双重劳动，年轻人自然能够胜任，而对老年人来说，就有些力不从心。

D. 光明中学被命名为“环境教育基地”后，全校师生更加自觉，垃圾分类、旧电池收集，校园绿化等环保活动循序渐进地展开。

4. 指出下列句子中画线成语使用恰当的一项(　　)

A. 水力资源与祖国的建设息息相关，因而十分宝贵。

B. 对于投机倒把分子，我们不能采取自由主义的态度，让它随波逐流。

C. 许多寄生植物叶片的形状和寄生物大致相似，容易鱼目混珠。

D. 在世界杯足球赛上，南美队的高超技艺，欧洲队的粗犷、勇猛，非洲队的灵巧、迅速，无不表现得炉火纯青。

5. 下列句中成语使用恰当的一项是(　　)

A. 我们班长做事是非分明，为人正直，心胸坦荡如砥，身受大家好评。

B. 瑞士洛桑市奥林匹克博物馆的展厅，布置的别具匠心，突出了体育与文化的互相渗透影响的特征。

C. 香山的秋林是迷人的，那色彩缤纷、姹紫嫣红的景色使我又惊又喜。

D. 他明知难以抵赖，但是表面却从容不迫地抽着烟，看着审讯人员。

6. 下列成语使用正确的一项(　　)

A. 他(指著名学者冯友兰先生)长须飘胸，道貌岸然。

B. 小家伙(指小鲸鱼)从鲸妈妈体内脱颖而出。

C. 孩子撇着嘴说，不，没有谁爱我。我大惊，循循善诱道，你看，妈妈工作这么忙，还要为你洗衣做饭。

D. 1964 年，我国第一颗原子弹爆炸成功，蒋介石闻讯后坐立不安，惊恐万分。

7. 下列成语使用正确的一项(　　)

A. 胜利的消息让指挥部的首长长舒一口气，这真是一个如雷贯耳的好消息。

B. 同学们就搞好班集体工作发表了许多很好的意见，其中不乏令人眼花缭乱的至理名言。

C. 小明和蔼可亲的对老师说：“你身体不好，就少讲一点吧！”

D. 爸爸终于同意了王冬参加“重走长征路”活动的请求，王冬不由得笑逐颜开。

8. 选出符合题意的一组成语

啄木鸟要想吃虫子，就应该飞到树上去，而它却飞到刚刚架好的电线杆上。其结果是永远吃不到虫子，这正是(　　)

A. 粗心大意 见异思迁　　B. 南辕北辙 缘木求鱼

C. 碌碌无为 痴心妄想　　D. 并行不悖 徒劳无力

9. 下列各句中，画线的成语使用恰当的一项是(　　)

A. 世界卫生组织的官员说，“非典”疫苗在最近几个月内问世是不言而喻的。

B. 6 月 1 日，三峡工程下闸蓄水了，人们通过电视转播目睹了这一前所未有的壮观。

C. 他无论在什么场合说话都咬文嚼字，这种认真的态度是值得提倡的。

D. 走进书店，各种各样的中考辅导资料令考生和家长应接不暇。

10. 句中画线的成语使用不恰当的是(　　)

A. 等得不耐烦的父亲对儿子说：“看你妈出个门还得打扮半天，真是麻烦——让她深居简出还挺不容易！”

B. 竹筏在湍急的河流中，就像一只漂浮于水面的甲虫，船工小心翼翼地撑着筏子，唯恐它被巨浪打翻。

C. 五岁的小侄子戴着大檐帽，别着玩具枪，煞有介事地在房间里巡视，那模样真是让人忍俊不禁。

D. 为了筹建南极长城站，他呕心沥血；长城站落成时，这位钢铁般的汉子也流泪了。

11. 下列句子中画线的成语使用正确的一项是(　　)

A. 对他不负责任的态度，单位领导决定铺张扬厉，在会上公开批评。

B. 大家认为他提出的这条建议很有价值，都随声附和表示赞成。

C. 这些伪劣药品造成的危害骇人听闻，药品市场非整顿不可。

D. 最近几年，各种各样的电脑学习班越来越多，简直到了汗牛充栋的程度。

12. 下列句子中画线的成语使用正确的一项是(　　)

A. 他办事不与人商量，喜欢自出心裁，不考虑后果，常常妨害大家的利益。

B. 吴垠在当选班长那天的班会上，振振有词地发表就职演说，受到大家的一致好评。

C. 学校篮球队在区内取胜后，又在市里夺冠，现在已经偃旗息鼓，回到了学校。

D. 我们严正警告吕秀莲：莫以为挟洋就可以妄自尊大。就能够肆无忌惮地分裂祖国。

13. 在下面语段的横线上填入词语恰当的一项是(　　)

重庆今年“一会一节”展厅的现场表演________。精通摩托集团展位前香港影视红星成奎安的演唱________；长安集团的展位前一时云雾缭绕，四位着白色衣裙的“仙女”款款走来，婉转的歌声使人________；广州豪剑集团的展位前一位黑皮肤的南非人用流利的中文主持现场有奖问答，吸引了不少宾客驻足，参展商可谓________，出奇制胜。

A. 精彩纷呈　激情澎湃　心悦诚服　别具匠心

B. 美轮美奂　袅娜多姿　心悦诚服　别具匠心

C. 精彩纷呈　激情澎湃　心旷神怡　自出心裁

D. 美轮美奂　袅娜多姿　心旷神怡　自出心裁

14. 下列句子中画线的成语使用不当的一项是(　　)

A. 河坊街成了步行街之后，行人从早到晚川流不息。

B.《哈里波特》这部影片，情节曲折，人物形象生动，确实引人入胜。

C. 正因为他具有自命不凡的崇高理想，才在工作中取得了出色的成绩。

D. 虽然我取得了一些进步，但我不能骄傲，要再接再厉。

15. 句中画线词语使用不恰当的是(　　)

A. 听到敲门声，我和妈妈不约而同地跑去开门。准是爸爸出差回来了！可开门一看，是查水表的王叔叔。

B. 学习成绩的提高得有个循序渐进的过程，想一口吃成个胖子，那是不切实际的。

C. 目前，一些厂商在广告上弄虚作假，对自己的产品大事渲染，以此误导群众，骗取不义之财，这也是一种违法行为。

D. 日本军国主义者所发动的侵华战争给中国人民带来了深重的灾难，可是日本文部省却别具匠心地一再修改日本中小学课本，掩盖战争罪行。

21. 2014 年是农历马年，请写出有“马”字的成语 10 个。

22. 请写出形容秋天的成语 8 个。

23. 请写出描写人物外貌的成语 10 个。

三、辨析病句强化训练。

1. 下列各项中，没有语病的一项是（　　）

A. 10 月 22 日，中国正式开始实施国家发改委公布的基本药物指导价格，从全国各地执行情况来看，不少地方未作价格调整，公众则反映价格普遍优惠小，部分药品更是莫名“失踪”。

B. 目前，正值冬季征兵工作即将正式开展之际，有关部门联合举办毕业生应征入伍政策网上咨询，旨在通过在线问题解答，帮助毕业生充分了解相关政策。

C. 上海“钓鱼执法”成为舆论关注的焦点，并遭无数人口诛笔伐。让人意想不到的是，钓鱼执法成为某些人的“榜样”，行政执法人员不但不以此自省，反而认为是正常之举。

D. 一场决赛是否精彩的原因，很大程度上取决于最终失利的一方在比赛过程中能不能充分发挥自己的水平，与对手共同奉献极具竞争性和观赏性的好戏。

2. 下列各项中，没有语病的一项是（　　）

A. 新能源的开发和利用，零排放、混合动力、纯电动汽车的研制和壮大，让人类看到了克服汽车弊病的希望。

B. 大遗址就是指那些年代跨度长、占地面积广、价值重大，在文明发展历程中具有特殊或重大意义的大型遗址或遗址群。

C. 一些分析师认为，出动“死神”无人机虽能发挥预警和保护过往船只，但治标难治本，索马里海盗问题的根本还在其国内。

D. 在世界高科技领域能否占有一席之地，是一个国家科技实力的重要体现，也是中科院几代科学家的共同梦想。

3. 下列各项中，没有语病的一项是（　　）

A. 我国自主研制的全天候、多传感器空中预警指挥机，主要用于监视、跟踪、识别空中及海面目标，指挥空中飞机执行作战任务。

B. 陆川导演的电影《南京！南京！》4 月 22 日起在国内公映，日前正在北京、杭州等地紧张试映之中。

C. 由于《数理化通俗演义》很有特色，自出版以来的几年间，受到了广大读者特别是青年学子的欢迎。

D. 我国已步入使用多波束测深系统、深海拖曳观察系统等海洋高新科技的先进国家，成功地进行了我国自行设计制造的 7000 米水下机器人的深海试验。

4. 下列各项中，没有语病的一项是(　　)

A. 国家电网能源研究院副总工程师蒋莉萍在参加中国无锡国际新能源产业峰会时表示，中国的智能电网和国外的完全不一样，主要原因是因为中国的自然环境因素所造成的。

B. 尽管中国猪肉的生产已经完全实现自给，但每年仍需从美国、欧盟和加拿大三大主要猪肉出口国进口数量可观的猪肉。

C. 实施名牌战略，精心打造世界知名品牌，是加入 WTO 之后，面对机遇与挑战并存的形势，我国各大企业相继制定的发展策略。

D. 由于未来的创业板上市公司顶着“科技”、“创新”之类的光环，很可能吸引更多的投机资金，从而获得更高的估值水平。

5. 下列各项中，没有语病的一项是(　　)

A. 健康的主流文化能不能真正占领手机文化市场，能不能真正对公众产生影响，关键在于具有文化创新的思维，紧密结合新技术的特点展开文化创新。

B. 朝韩双方能够重新回到谈判桌前，靠的是两国政府的共同努力，中、俄、美、日四国政府从中积极不懈的斡旋取得的。

C. 成都“12・14”特大交通事故肇事司机孙伟铭“以危险方法危害公共安全罪”一审被判死刑。但在醉车横行因而杀机四伏的马路上，“危害公共安全罪”能否成为防止杀手的防火墙？

D. 近日，国家发改委和住建部联合发文，要求各地在推进水价改革过程中严格履行水价调整程序，充分考虑社会承受能力，尤其要做好低收入家庭的保障工作。

6. 下列各项中，没有语病的一项是(　　)

A. 在对高地价及高房价的调控，在整顿土地市场的同时，国土资源部开始从饱受争议的农村集体建设用地入手了。新的土地政策能否严厉执行，必将对楼市泡沫形成打压之势。

B. 目前，集市上出现了少数人欺行霸市，哄抬物价，甚至殴打工商管理人员，严重损害了广大群众的切身利益，因此，整顿集市秩序是当务之急。

C. 2009 年 11 月 21 日，黑龙江鹤岗发生矿难，这起矿难被视为近两年来最严重的矿难。权威人士强调：国内接连发生特大煤矿爆炸事件，各级各类主管部门必须加强防范意识，尽量防止此类事件不再发生。

D. 人们普遍担心，迟早要出现的克隆人将从根本上改变人类数百万年的两性生殖方式，使人类在伦理、道德、法律等方面遭遇巨大挑战。

7. 下列各项中，没有语病的一项是(　　)

A. 随着汽车消费的升温，交通事故也越来越多。为此，我们呼吁所有的驾驶员提高警惕，严格遵守交通规则，防止生命财产不受损失。

B. 中国政府及时加强宏观调控，决定实施积极的财政和适度宽松的货币。中国经济平稳较快发展本身就是对促进世界经济发展、维护国际金融稳定的重要贡献。

C. 韩朝离散家属中秋见面会不久将在金刚山地区举行，这些家属代表将互相倾诉半个多世纪以来积攒的亲情和思念。

D. 本届“模拟联合国”的成员，除了武汉市的选手外，还有来自省内其他城市的大学生、高中生乃至初中生也参加了竞选演说。

8. 下列各项中，没有语病的一项是(　　)

A. 黑龙江新兴矿难暴露出企业采掘布置不合理，井下现场管理和劳动组织混乱，超强度组织生产，通风系统复杂，抗灾能力弱，应急预案不完善等问题，是一起责任事故。

B. 能否形成学术打假的独立力量，这种独立力量应该包括教育和司法体制内的上层执行力量以及体制外的民间力量，这才是决定学术打假成功的另一个关键。

C. 近日，美国宇航局三大天文台观测到“蟹状星云”中的一颗中子星正在释放大量高能粒子，它的能量释放速率相当于太阳的 10 万倍以上。

D. 王宝东抨击美中经济与安全审查委员会年复一年地抛出一些不实指控“旨在误导美国民众”。众所周知，中国的军费只是美国的很小一部分。

9. 下列各项中，没有语病的一项是(　　)

A. 因租借期满，4 岁的熊猫“泰山”将于 2010 年初离开美国国家动物园回到中国。现在，一种离愁别绪弥漫在动物园的饲养员、管理员和工作人员之间。

B. 针对家长们对放宽小学入学年龄的诉求，教育部官员表示：各地教育行政部门应依法执行“年满 6 周岁入学”的规定，切实保障适龄儿童接受义务教育。

C. 胡锦涛在中央经济工作会上分析了当前国际国内经济形势，阐述了加快经济发展方式转变的重要性和紧迫性，提出了明年经济工作的总体要求和主要任务。

D. 由于对所接入网站疏于管理，致使大量低俗信息长期在网上传播，严重败坏社会风气、污染网络环境、损害广大青少年身心健康，11 家互联网接入服务商被曝光。

10. 下列各项中，没有语病的一项是(　　)

A. 处理好人与自然的关系，要靠政府的力量，同时也不能不发挥民间力量在舆论动员、监督检查等方面起到无可替代的作用。

B. 据《环球时报》报道，中国谈判代表连续两天在哥本哈根对美欧日进行了直接点名式的批评，一向在媒体面前低调的中国此次的直率受到关注。

C. 虽然在西方发达国家，中学校长向大学推荐优秀学生的现象很普遍，但在当下中国，把推荐的权力交给校长，谁又能确保他们是否为权钱而动？

D. 根据省劳动和社会保障厅近期发布的《2009 年江苏公共就业招聘服务网职业供求状况》显示，专业技术类、服务类和办公室行政类岗位成为三大热门岗位。

11. 下面语段中标序号的四个句子，没有语病的一句是（　　）

①一个半世纪的积淀，世博会历久而弥新，始终保持旺盛的生命力，不仅给人类留 下了宝贵的精神财富，而且极大地激发了人们创造物质财富的积极性和热情。②世博会始终顺应人类发展进步，不断与时俱进，演绎着人类对“进步”理念的最新诠释，这是世博事业能够长盛不衰的关键所在。③促进不同文化的碰撞和融合，加强交流与合作，是世博会一如既往的使命。④历史证明，世博会崇尚创新的精神无数次点燃人类智慧的火焰，帮助人们战胜各种困难和挑战，在推动世界经济社会发展中不可替代的发挥着作用。

A. ①　　　B. ②　　　C. ③　　　D. ④

12. 下列各项中，没有语病的一项是（　　）

A. 为进一步树立济宁“孔孟之乡・运河之都”旅游品牌，今年以来我市汶上宝相寺、曲阜石门山、邹城荒王陵等景区扩大建设力度，积极争创国家 A 级景区。

B. 新中国 60 周年国庆阅兵式，不仅是中国国防和军队现代化水平和自主创新能力的一次重要检阅，也是中国综合国力和核心竞争力的一次特殊展示。

C. 没有自己的鉴赏和审美，买进的是次品、赝品，这是大部分投机客梦断收藏市场的重要原因。由此我们可以看到，民间收藏重要缺失在于，收藏者本身有没有必要素养和心理。

D. 观众的追捧使得之前一直对票房保持低调的导演韩三平放出豪言：“《建国大业》内地票房有望超过 4.5 亿多元。”

13. 下列各项中，没有语病的一句是（　　）

A. 中国今后将继续在发展经济、消除贫困的过程中努力控制温室气体排放，为保护全球气候做出贡献，以实际行动表达应对气候变化。

B. 澳门特别行政区成立 10 周年成就展集中反映了澳门回归祖国以来取得的骄人成就，展示了在“一国两制”方针指引下澳门焕发的生机活力和呈现的美好前景。

C. 由著名作曲家孟文豪创作的《宝贝，你怎么能让我流泪》以其优美动听的格调和旋律，赢得了现场观众的阵阵掌声。

D. 2009 年我国南方地区的降水在持续减少的情况下，珠江口咸潮提早出现并且发生强度较往年明显增强，珠江三角洲等地供水形势十分严峻。

14. 下列各项中，没有语病的一项是（　　）

A. 全面提高学生素质，以适应社会各个行业对高素养人才的需求，是当前教育行政主管部门的当务之急。

B. 冬季来临，空调销售进入淡季，价格战愈演愈烈，有的品牌的促销价格甚至下降到原来的二分之一。

C. 只是到数年前，当高锟开始出现老年痴呆症状的时候，才再度引起学生、同事和朋友的关注和震惊。

D. 迪拜，一个贫瘠的沙漠小国，是在适当的机缘之下借助世界的财力与智能，在短期内完成让人艳羡。

15. 下列各项中，没有语病的一项是（　　）

A. 要想攒钱，最好的办法就是开源节流。她决定每天下班后，利用 19 点到 22 点的时间在小区门口摆摊卖手套、袜子等保暖用品。

B. 一些贪官锒铛入狱后，痛哭流涕，追悔莫及：我由于把自己等同于生活中的一个普通人，所以做出了违法乱纪的事。

C. 北京奥运会的成功，靠的是中国人民和世界各国人民共同努力所取得的，荣誉属于国际奥林匹克大家庭。

D. 今年春运期间，铁路部门将在广州、程度两地试行购买火车票实名制，目前铁路部门已经投入数亿元，做好实名制购票、验票的硬件准备。

第二讲　硬笔字——楷书书写训练

【实训导航】

楷书是汉字书法中最常见的一种字体，也是现代汉字手写体的参考标准。因此，汉字的楷书书写训练对于提高中职学生的书写能力具有十分重要的意义。本讲介绍了楷书的演变历史和钢笔楷书的特点，重点阐述钢笔楷书笔画、结构的书写要领，通过临摹强化训练，达到将字写端正、整齐、美观的要求。

【知识探究】

楷书始于汉末，通行至今，长盛不衰，是现在通行的汉字手写体的正体字，也叫正楷、真书。楷书由隶书逐渐演变而来，更趋简化，字形由扁改方，笔画中简省了汉隶的波势，横平竖直。《辞海》解释说它“形体方正，笔画平直可作楷模”，故名楷书。

钢笔楷书具有以下几个特点：一是讲究用笔。钢笔楷书的笔画有提顿、藏露、方圆、快慢等用笔方法。不同的用笔方法产生不同形态、质感的线条，不同的线条需要不同的用笔方法去体现。钢笔楷书字形较小，线条粗细变化不大，如果书写时用笔稍不注意，笔画就达不到要求，出现软弱无力、僵硬死板等问题。二是笔画分明。钢笔楷书每一个笔画的起笔和收笔都要交代清楚，工整规范，干净利落，不能潦草、粘连。但是笔画与笔画之间又要有内在的呼应关系，使笔画既起收有序、笔笔分明、坚实有力，又停而不断、直而不僵、弯而不弱、流畅自然。三是结构方整。钢笔楷书在结构上强调笔画和部首均衡分布、重心平稳、比例适当、字形端正、合乎规范。字与字排列在一起时要大小匀称、行款整齐。虽然也有形态上的参差变化，但从总体上看仍是整齐工整的。

【示例借鉴】

一、钢笔楷书的基本笔画书写要领

（一）横

横画要写平稳，因为横画在一个字中起平衡作用，横不平，则字不稳。横有长、短之横的写法，长横下笔稍重、行笔向右较轻，收笔略向右按一下，使笔画变重些，这样看起来才显得平稳。由于人的视觉错觉，整个笔画呈左低右高、向下俯势的形态。所以，人们常说的“横平竖直”，不是指横水平地书写，而是指看上去平稳的意思。

笔画	起笔	行笔	收笔	字例			
一	·	一	一	上	下	五	土

短横的写法是轻下笔，由轻到重向右行笔大约写到长横的一半时停笔即收。笔画稍向右上仰。

笔画	起笔	行笔	收笔	字例			
一	丶	一	一	三	二	土	王

（二）竖

竖画要写垂直，因为竖画在一个字中往往起着关键的支撑作用，竖不直，则字不正。竖有垂露、悬针和短竖之分。垂露竖的写法下笔稍重，行笔垂直向下较轻，收笔稍重。

笔画	起笔	行笔	收笔	字例			
丨	丶	丨	丨	个	川	书	开

悬针竖的写法同垂露竖，只是收笔时由重到轻，出锋收笔，笔画出尖。

笔画	起笔	行笔	收笔	字例			
丨	丶	丨	丨	十	平	丰	半

短竖写法同垂露竖，只是笔画较短，短竖要写得短粗有力。

笔画	起笔	行笔	收笔	字　　例			
丨	丶	丨	丨	口	旧	土	士

(三)撇

撇画在一个字中很有装饰性，写得自然舒展，会增加字的美感，同时还与捺画相对称起着平衡和稳定重心的作用。撇有斜撇、竖撇、短撇之分。斜撇的写法是下笔稍重，由重到轻向左下行笔，收笔时出尖。

笔画	起笔	行笔	收笔	字　　例			
丿	丶	丿	丿	人	八	入	友

竖撇，下笔稍重，由重到轻向下行笔，行至撇的长度三分之二处，向左下撇出，收笔时出尖。

笔画	起笔	行笔	收笔	字　　例			
丿	丶	丨	丿	月	用	舟	风

短撇写法同斜撇，只是笔画较短。短撇在字头出现时，笔画形态较平，如“千、反、禾、后、丢”等字。

笔画	起笔	行笔	收笔	字　例			
丿	丶	丿	丿	生	禾	失	朱

（四）捺

捺画粗细分明，书写难度较大。捺有斜捺和平捺之分。斜捺下笔较轻，向右下由轻到重行笔，行至捺脚处重按笔，然后向右水平方向由重到轻提笔拖出，收笔要出尖。

笔画	起笔	行笔	收笔	字　例			
㇏	丶	㇏	㇏	大	夫	火	木

平捺写法同斜捺，但下笔时先要写一小短横，然后再略向下方行笔。

笔画	起笔	行笔	收笔	字　例			
㇏	丶	㇏	㇏	之	边	这	近

（五）点

点画在一个字中就如同人的眼睛一样重要，是一个字的精神体现。点画有右点、左点、竖点和长点之分。右点，轻下笔，由轻到重向右下行笔，稍按后即收笔，不能重描，一次成形。

笔画	起笔	行笔	收笔	字例			
、	、	、	、	主	义	六	文

左点写法基本同右点，但行笔方向往下略向左偏一些，收笔时要顿笔。

笔画	起笔	行笔	收笔	字例			
丿	丿	丿	丿	小	怕	安	农

竖点实际上有些变形，当点在字头居中出现时，人们习惯将点的收笔处与下面笔画连接起来，因此这种点形态比较直。

笔画	起笔	行笔	收笔	字例			
丨	丨	丨	丨	京	定	空	室

长点是在右点的基础上变长，行笔应慢一些。

笔画	起笔	行笔	收笔	字例			
丶	丶	丶	丶	以	头	不	食

（六）提

提画下笔较重，由重到轻向右上行笔，收笔要出尖。提画在不同的字中角度和长短略有不同，书写时应注意区别。

笔画	起笔	行笔	收笔	字例			
㇀	丶	㇀	㇀	江	地	级	虫

（七）竖钩

下笔写竖，到起钩处稍停向左上钩出，出尖收笔，钩的尖角约为 45 度，出钩的部分要短一些。

笔画	起笔	行笔	收笔	字例			
亅	丶	丨	亅	小	水	寸	示

(八)弧弯钩

下笔稍轻，由轻到重向右下弧弯行笔，到起钩处略顿笔向左上钩出，收笔要出尖。书写时下笔处和起钩处上下应在一条垂直线上。

笔画	起笔	行笔	收笔	字　例			
				了	子	手	象

(九)戈钩

下笔稍重，向右下弧直行笔，到起钩处向上钩出，收笔要出尖。写戈钩的关键是要保持一定的弧度，太直、太弯都会影响整个字的美感。

笔画	起笔	行笔	收笔	字　例			
				民	氏	成	我

(十)卧钩

下笔稍轻，先向右下(笔画由轻到重)，再圆转向右水平方向行笔，到起钩处向左上钩出，钩要出尖，但不宜过大。

笔画	起笔	行笔	收笔	字　例			
				心	必	志	思

(十一)竖弯

下笔写短竖,再圆转向右水平方向写短横,收笔稍重。

笔画	起笔	行笔	收笔	字	例		
㇄	、	㇄	㇄	四	酉	西	尊

(十二)竖弯钩

在竖弯的基础上,收笔时向上方钩出,笔画比竖弯要长一些。

笔画	起笔	行笔	收笔	字	例		
㇟	丨	㇟	㇟	儿	元	见	也

(十三)竖提

下笔写竖,到适当处略顿笔向右上写斜提,一笔写成,收笔处出尖。

笔画	起笔	行笔	收笔	字	例		
㇙	丨	丨	㇙	长	民	良	衣

（十四）横钩

下笔向右写横，行笔至起钩处顿笔向左下轻快钩出。注意钩不宜太大，要把力量送到笔尖。

笔画	起笔	行笔	收笔	字例			
㇖	一	一	㇖	皮	欠	买	卖

（十五）横折

下笔从左到右写横，到折处稍顿笔再折笔向下写竖。注意横要平，竖要直，折要一笔写成，中间不可间断。折处不能写成尖角，也不能顿笔过大，形成“两个角”。

笔画	起笔	行笔	收笔	字例			
㇕	一	一	㇕	日	只	回	田

（十六）横折钩

下笔写短横，略顿笔后折向下，有时稍稍向左倾斜一点，到起钩处略顿笔后向左上方钩出，一笔写成。

笔画	起笔	行笔	收笔	字例			
㇆	一	㇆	㇆	习	司	句	匀

（十七）横撇

下笔写短横，略顿笔后向左下写撇。注意横要稍向右上斜一点，撇要出尖，一笔写成。

笔画	起笔	行笔	收笔	字例			
㇇	一	一	㇇	又	水	永	承

（十八）撇折

下笔写短撇，出尖顿笔后折向右上写提，注意折处要顿笔，收笔要出尖。

笔画	起笔	行笔	收笔	字例			
㇜	丶	㇓	㇜	去	云	参	私

（十九）撇点

下笔写撇，不出尖顿笔后折向右下写长点，收笔较重。注意上部撇和下部长点的角度要恰当。

笔画	起笔	行笔	收笔	字例			
㇛	㇓	㇓	㇛	女	始	如	好

（二十）横折弯钩

下笔写横，顿笔折向下写竖，尔后圆转向右写横，到起钩处略顿笔向上钩出。注意弯处要圆转，下面的横要平，钩要小，收笔出尖。

笔画	起笔	行笔	收笔	字例			
㇈	一	㇈	㇈	九	几	凡	旭

（二十一）竖折

下笔写竖（有长、短之分），顿笔后向右写横，收笔较重。注意竖要直，横要平，一笔写成。

笔画	起笔	行笔	收笔	字例			
㇄	丨	丨	㇄	山	凶	画	区

（二十二）竖折折钩

下笔写短竖，顿笔折向右写横，再顿笔折向左下写竖钩。注意竖钩既不能太直，也不能太斜，钩要小，收笔要出尖。

笔画	起笔	行笔	收笔	字例			
㇉	丨	㇄	㇉	弓	马	鸟	引

(二十三)横折提

下笔写短横,顿笔折向下写竖,再顿笔向右上写斜提。注意提要短一些、斜一些,收笔出尖。

笔画	起笔	行笔	收笔	字例			
㇊	一	㇕	㇊	说	语	词	诗

(二十四)横折折撇

下笔写短横,略顿笔折向左下写短撇,不出尖,不要太长,再折向右写小短横,最后折向下撇出,收笔要出尖。

笔画	起笔	行笔	收笔	字例			
㇋	一	㇅	㇋	及	延	廷	建

(二十五)横撇弯钩

下笔写短横,折处略顿笔后写短撇,接着笔尖不离纸写小弯钩,钩的方向往左上。

笔画	起笔	行笔	收笔	字例			
㇌	一	㇇	㇌	除	院	都	那

（二十六）横折折折钩

下笔写短横，右边稍高些，略顿笔折向左下写短撇，不出尖，不要太长，再折向右写短横，再折向左下写弯钩。注意最后的弯钩要稍有弧度。

笔画	起笔	行笔	收笔	字例			
㇡	一	㇡	㇡	乃	奶	仍	扔

（二十七）横折弯

下笔写短横，略顿笔折向下写短竖，再圆转向右写短横，收笔较重。

笔画	起笔	行笔	收笔	字例			
㇍	一	㇍	㇍	铅	船	设	没

（二十八）竖折撇

下笔写斜竖，略顿笔折向右写短横，再顿笔向左下撇出，要出尖。

笔画	起笔	行笔	收笔	字例			
㇜	丿	㇜	㇜	专	传	砖	转

从上面介绍的28种基本笔画的书写方法可以看出，汉字笔画书写的运笔规律一般是：横、竖、撇的起笔较重，点、捺的起笔较轻；转折处要略顿笔，稍重、稍慢；提和钩，开始要略顿笔、稍重，尔后逐渐转为轻快，收笔出尖；撇、捺收笔要出尖；所有笔画都是一笔写成，不能重描。

二、钢笔楷书的主要偏旁部首及写法

汉字大部分是合体字,偏旁是合体字中的一个重要组成部分,把同一偏旁的汉字归在一起,这个偏旁就叫部首。部首是组字的部件,又是查字的名称。练好偏旁部首是写好汉字的关键,不仅会为以后掌握汉字的整体结构打下坚实的基础,还可迅速掌握汉字的组合规律,从而达到举一反三、触类旁通的效果。

《现代汉语词典》共收录部首 188 部,但有些部首不太长用,组字率也比较低。这里根据部首在组字中出现的频率重点介绍一些常用部首的写法。

为了便于掌握规律,我们将这些部首分为左旁、右旁、字头、字底、和字框五类,从部首在组字中的不同位置和不同形状介绍部首的写法及组字要求。

(一)左旁

部首在字的左侧使用时称为左旁。左旁一般笔画较少,所占位置一般小于右部分。因此,书写时应考虑照应右边部首结构。

单人旁:写法是先撇后竖。撇用直撇,竖用垂露竖,竖应在撇的中部下笔。如:“他”、“何”、“作”等。

他	作	们	化	体	使	你	但

木字旁:写法是先横后竖,再写撇点。横画向左伸,竖画在横画偏右的一边,竖用垂露、撇用短撇,点用右点,字形窄长。如:“林”、“材”、“根”等。

机	本	相	样	根	术	极	权

竖心旁:写法是点、竖、点。左点放长,形如短竖,右点短且高于左点,竖用垂露。如:“愉”、“快”、“情”等。

怜	怪	怯	恢	恒	怕	恼	悟

三点水：写法是先写上面两点，注意第二个点下笔较第一个点要稍左一些，第三笔写挑。注意第一笔和第三笔的收笔位置应在一条直线上。如："江"、"河"、"湖"等。

法	活	没	流	洽	海	济	油

提手旁：写法是横、竖钩、挑。竖钩下笔应注意控制在短横之右，挑笔要稍往左边一些，穿过竖钩中间不要太长。如："推"、"拉"、"挑"等。

把	提	接	指	据	打	报	拉

口子旁：写法是先写竖，再写横折，最后写横封口。书写特点是一般字形上两角宽于下两角，做左旁时，宜靠上。如："吃"、"吹"、"吐"等。

叫	响	叶	呼	喊	喝	呢	号

反犬旁：写法是撇、弧弯钩、撇。首撇用短撇，弧弯钩上部分弯度稍大一些，下半部分弯度较小，下撇靠上起笔。如："很"、"狂"、"狗"等。

犯	独	狗	猎	猫	猛	犹	狙

月字旁：写法是竖撇、横折竖钩、横、横。注意两个短横与横折钩的竖之间应稍留空隙。如："胜"、"服"、"肥"等。

期	明	朝	服	胜	脱	肥	脸

示字旁：写法是点、横折撇、竖、点。横画须伸左，折撇要长，竖要对准首点，用垂露竖，最后在撇、竖的交叉点处写右点。如："社"、"福"、"视"等。

社	神	视	福	祸	祖	祝	祠

衣字旁：写法基本同于"示"字旁，注意区分"示"字旁腰间多一撇点。如："初"、"补"、"袄"等。

被	褥	初	补	衬	衫	袄	褂

言字旁：写法是点、横折提。注意上面点要对准下面竖，横稍斜向上方，点横意连。如："语"、"诗"、"词"等。

说	设	计	论	证	调	议	话

绞丝旁：写法是撇折、撇折、提。第一笔撇折稍长，折提稍短，第二笔撇折较短，最后一笔用短提。如："细"、"线"、"组"等。

经	线	结	级	统	组	织	给

金字旁：写法是短撇，横、横、竖提。第一笔撇较轻，第二笔短横，约在撇画的一半处起笔，第三笔也写短横，第四笔横较上两横起笔稍靠左一些，收笔处对齐，最后写竖提，提要稍短一些。如："钢"、"铁"、"线"等。

铁	钢	钱	错	银	针	钟	销

食字旁：写法是第一笔写撇，第二笔在撇画的中间位置写横钩，然后在第一笔和第二笔的交接处写竖提，提的收笔处与横钩折处在一垂线上，相互照应。如："饱"、"饭"、"饥"等。

饭	饶	馍	饺	饵	饮	饯	饱

女字旁：写法是第一笔写撇点，要写得窄长些，第二笔写撇，第三笔用平提，且收笔时不要穿过第二笔撇。如："好"、"妈"、"姐"等。

奶	奴	奸	妇	妙	妨	妹	娃

(二)右旁

部首在字的右侧使用时称为右旁。右旁笔画一般较少,所占位置一般也相应较小一些。上下伸展余地较大,一般受左旁制约,书写左旁时要考虑到右旁。

双耳旁:写法是第一笔写横撇弯钩,撇稍短,弯钩的弯稍长些。第二笔写悬针竖,要直。双耳旁作右旁使用时,要比在左边时写的大一些。如:“邓”、“那”、“都”等。

部	阶	郑	邓	郁	都	耶	邮

欠字旁:写法是第一笔用斜撇,第二笔写横钩,在靠近撇尖的地方起笔,横要短一些,第三笔撇要竖一些,最后一笔捺要舒展。有时可用斜捺或反捺。如:“吹”、“欢”、“欧”等。

饮	欢	欧	欣	款	欺	歇	歌

佳字旁:写法是先写单人旁,撇要竖一些,竖要写长些。右边写点,再写四横画和竖画。两竖相向,左竖宜长,竖用垂露。如:“唯”、“准”、“难”等。

焦	翟	隼	集	准	淮	惟	雁

页字旁;写法是先写上横稍宽,再写短撇宜短,最后写下面的“贝”字。最后的撇点要左右对称,用长点。如:“顶”、“项”、“顺”等。

烦	颠	项	顷	颖	颗	颤	硕

立刀旁：写法是短竖和竖钩组成。书写时注意短竖要短而直，既接左又起右，竖钩要长而直，钩要有力。如："列"、"到"、"刘"等。

到	制	别	则	列	划	判	刨

单耳刀旁：写法是第一笔写横折钩，折后稍向左下斜。第二笔写竖、要直，起笔要在横起笔处下笔，收笔用垂露竖。如："叩"、"印"、"却"等。

即	却	节	卯	卵	印	卫	叩

斤字旁：写法是第一笔先写平撇，第二笔长撇要用竖撇，最后的竖要写成悬针竖、要直。如："析"、"斯"、"所"等。

所	新	断	斯	听	折	匠	颀

寸字旁：写法是横、竖钩、点。竖钩的起笔要在横画的右三分之一处的上方，上部稍短、下部宜长。最后一点要点在稍靠上部近横处。如："对"、"时"、"耐"等。

寺	对	寻	寿	耐	射	封	尊

三撇儿：写法是第一、第二撇的长度差不多，第三撇稍长。三撇的起笔处基本在一条垂直线上，距离基本相等，方向基本一致。如："形"、"影"、"杉"等。

形	影	须	彰	杉	彤	彪	彩

反文旁：写法是第一笔写短撇，第二笔的短横在撇尖处起笔，第三笔竖撇在短横的中部起笔，最后在第一、二笔的交叉处起笔写斜捺。如："收"、"攻"、"改"等。

政	收	改	教	效	致	敌	散

（三）字头

字头，俗称天覆。一般是上盖下，下部宜缩。书写时应注意对准中心，掌握重心。

秃宝盖：写法是第一点用左点，要竖一些，第二笔写横钩，要平、钩要小。宝盖要写得宽一些，一般盖住下部为宜。如："写"、"军"、"罕"等。

军	农	写	冤	罕	鸩	沈	冠

十字头：写法是先横后竖。较独体字"十"要小些，一般占整个字的三分之一。如："支"、"克"、"古"等。

支	直	南	真	华	克	古	协

人字头：写法是先写斜撇，后在撇画的中上部起笔写捺。注意撇捺的角度，做到左右对称。如：“会”、“合”、“令”等。

众	含	企	食	余	令	拿	价

草字头：写法是先写第一笔长横，再写左短竖，最后写竖撇。短竖和竖撇要左右对称，两画稍向内斜，字形扁宽。如：“花”、“苦”、“芳”等。

花	落	范	苏	草	艺	营	英

小字头：写法是先写短竖，再写左右两点，左右两点要对称呼应。另一种写法是，左点为相向点，右点改为短撇。如：“少”、“劣”、“省”等。

学	当	党	常	少	光	辉	尚

曰字头：写法是较“日”字要扁宽些，两竖内收，三横平行，中横右端不触右竖。如：“最”、“量”、“曼”等。

电	旨	申	曹	冒	最	冕	量

爪字头：写法是先写平撇，再写点、点、短撇。左边两点用侧点，右边一点用撇点。如：“孚”、“妥”、“采”等。

爬	抓	爱	妥	采	受	觅	遥

四字头：写法是短竖、横折、再写两短竖，最后写封口横。书写时注意里面几个短竖之间的空白要均匀、字形扁宽。如：“罗”、“罚”、“罢”等。

罪	置	罗	罢	罡	罚	署	蜀

竹字头：写法是撇、横、点；撇、衡、点。注意左右两点分别写于两个横的起笔处下面，两点顾盼，整个字形为扁宽型。如：“答”、“笔”、“筑”等。

竺	笔	竿	筐	篝	笨	符	签

雨字头：写法是先写短横，短竖、横钩，再写中竖，最后写四点。左右是相对点，要紧凑呼应，且不碍下。如：“雪”、“雷”、“雾”等。

需	露	雷	霆	霞	霜	雪	雾

(四)字底

字底,俗称地载。一般是下载上,上紧下展。书写时注意上下的长短、宽窄,大小比例的协调,以保持字形整体结构紧凑、平稳。

贝字底:写法较独体字"贝"字形稍扁。注意将竖、横折写直,撇和点的收笔处要左右对称。如:"负"、"责"、"贤"等。

员	贤	货	贵	质	贪	贯	贫

四点底:写法是第一笔用左点,其他几笔用右点。左右两点较大,中间两点较小,四点起笔都要在同一水平线上。如:"热"、"烈"、"点"等。

点	照	热	然	黑	烈	煮	蒸

心字底:写法是第一笔用左点,第二笔写"心"钩,最后两点用右点,字形稍扁。如:"志"、"忘"、"思"等。

念	息	急	愿	秘	志	忑	忘

皿字底:写法较独体字"皿"要扁一些,中间的几个短竖要写直,距离均匀,最后一横要稍长、较平。如:"盂"、"孟"、"盘"等。

益	盐	血	盟	盘	孟	盅	盆

(五)字框

字框是包围结构字的偏旁部首,书写时注意框线要紧缩一些,不能满格。一般呈长方形,框内部分要依外框安排笔画结构,形成内紧外展而协调均匀的整体。

厂字旁:写法是第一笔写短衡,第二笔在短横的起笔处写长撇,撇要向下伸展些。如:“历”、“厘”、“原”等。

国	曲	因	图	回	团	圆	围

病字旁:写法是第二、三笔同“厂”字旁写法,第四、五笔在长撇的中间部位写点和短提。注意点和提收笔处要靠拢些,并与长撇相连。如:“疗”、“疼”、“痛”等。

三、钢笔楷书的结构结合规则

(一)中正稳定

楷书以端庄为美,字正平稳,上下对正,左右均衡。

串	下	出			
青	委	皇			
者	衣	老			

（二）疏密均匀

楷书以匀称为美，间距均匀，横之间、竖之间、撇之间，不能忽大忽小。

曲	真	量				
册	耕	前				
匆	亥	多				

（三）突出主笔

楷书的方正之中要有突出的一个笔画或一部分，以体现字的个性姿态。可分为：展横、展竖、展撇、展捺、展钩、展折肩六种。

丹	五	幸	佛	着	孝
更	失	也	九	而	与

（四）主次分明

汉字看似方块字，但其实没有一个字是规整的正方形。或上宽、或中宽、或下宽、或右展，主次分明，各具神韵。

雪	肯	祭			
泉	杰	显			
暮	嘉	墨			
武	权	兆			

（五）左右对应

楷书以对称为美，正如人体外形的左右基本对称一样。可分为：撇捺对应、撇点对应、斜度对应（即左竖向内斜收，右竖也向内斜收）。

入	天	父			
不	女	其			
共	内	黄			

（六）轻重平衡

汉字的左右部分笔画有多有少，体积有大有小，造成视觉上的不平衡感。我们可以利用左右部分高低位置的调整来尽量达到视觉上的平衡。可分为：左小上升、右小下降和右钩伸展三种。

呀	鸣	砚			

初	和	叔			

毛	电	飞			

（七）穿插补空

汉字的中心要紧凑，上下左右之间要穿插补空，虚实相交。可分为：上下穿插、左右穿插。

袋	登	森			

烽	接	斜			

（八）同行变化

楷书比较规整，变化不多，但同行的部分也有一些微小的变化，更显得字形的稳定和形态的活泼自然。可分为：横长撇短，横短撇长；同行异态，左右同行的字往往左小右大，左收右放，左捺变点。上下同行的字往往上小下大，上收下放，上捺变点，下捺伸展；重捺伸展 当一个字有两个捺时，一捺伸展，一捺收缩为长点。

【示例借鉴】

黄梅时节家家雨
青草池塘处处蛙
有约不来过夜半
闲敲棋子落灯花

		四	时	田	园	杂	兴	范成大	
昼	出	耘	田	夜	绩	麻	村	庄	儿
女	各	当	家	童	孙	未	解	供	耕
织	也	傍	桑	阴	学	种	瓜		
			山	行				杜	牧
远	上	寒	山	石	径	斜	白	云	生
处	有	人	家	停	车	坐	爱	枫	林
晚	霜	叶	红	于	二	月	花		
			绝	句				杜	甫
两	个	黄	鹂	鸣	翠	柳	一	行	白
鹭	上	青	天	窗	含	西	岭	千	秋
雪	门	泊	东	吴	万	里	船		
		池	上	二	绝	(其二)		白居易	
小	娃	撑	小	艇	偷	采	白	莲	回
不	解	藏	踪	迹	浮	萍	一	道	开

		与	朱	元	思	书			
风	烟	俱	净	天	山	共	色	从	流
飘	荡	任	意	东	西	自	富	阳	至
桐	庐	一	百	许	里	奇	山	异	水
天	下	独	绝	水	皆	缥	碧	千	丈
见	底	游	鱼	细	石	直	视	无	碍
急	湍	甚	箭	猛	浪	若	奔	夹	岸
高	山	皆	生	寒	树	负	势	竞	上
互	相	轩	邈	争	高	直	指	千	百
成	峰	泉	水	激	石	泠	泠	作	响
好	鸟	相	鸣	嘤	嘤	成	韵	蝉	则
千	转	不	穷	猿	则	百	叫	无	绝
鸢	飞	戾	天	者	望	峰	息	心	经
纶	世	务	者	窥	谷	忘	反	横	柯
上	蔽	在	昼	犹	昏	疏	条	交	映
有	时	见	日						

【综合训练】

临摹练习，再试着自己写一写。

人生的价值，并不是用时间，而是用深度量去衡量的。——列夫·托尔斯泰

凡事开始最难，然而更难的是何以善终。——莎士比亚

人间没有永恒的夜晚，世界没有永恒的冬天。——艾青

理想如晨星，我们永不能触到，但我们可像航海者一样，借星光的位置而航行。

我们的人生随着我们花费多少努力而具有多少价值。

人生最可怜的是嫉妒。人生最大的错误是自卑。人生最大的痛苦是痴迷。

第三讲　硬笔字——行书书写训练

【实训导航】

古人认为，“楷书如立，行书如走，草书如奔”。对初学者来说，先立后走是科学的，然而经过十几年学习的青年学生，具有了一定的书写基础，所以从实用性、艺术性和书写者个性发挥而言，钢笔行书更适合青年学生学习。本讲概述了行书的发展和基本特征，重点介绍行书笔画和结构要领，通过临摹强化训练掌握行书的书写。

【知识探究】

行书大约出现在西汉晚期和东汉初期。是在楷书的基础上发展起来的，是介于楷书、草书之间的一种字体，为了弥补楷书的书写速度太慢和草书的难于辨认而产生的。实质上行书是楷书的草化或草书的楷化。楷法多于草法的叫“行楷”，草法多于楷法的叫“行草”。

行书兼具楷书的规矩和草书的流动。其用笔以楷书的笔画和结构为基础，以草书基本草法为手段，即是楷法和草法有机融为一体的新体式。行书具有以下特征：

1.减省点画

为书写简便，行书对楷书的某些部位做了简化。例如：“然”的四点水在行书中简化为一横。

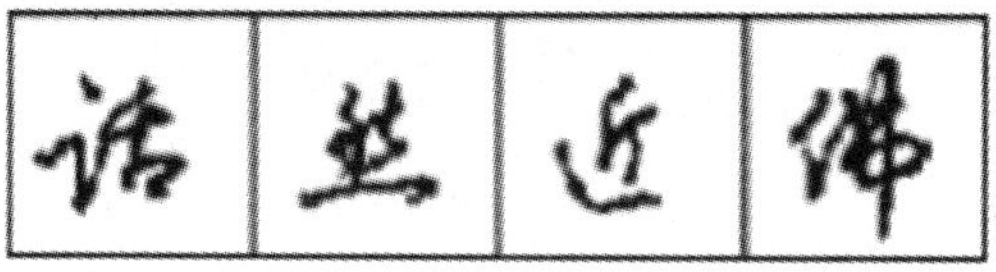

2.笔势流动

行书的笔画之间增添了钩挑与牵丝，显得笔势流动，意态活泼。有时行书采用草书的笔顺，也是为了书写的方便和笔势的连贯。

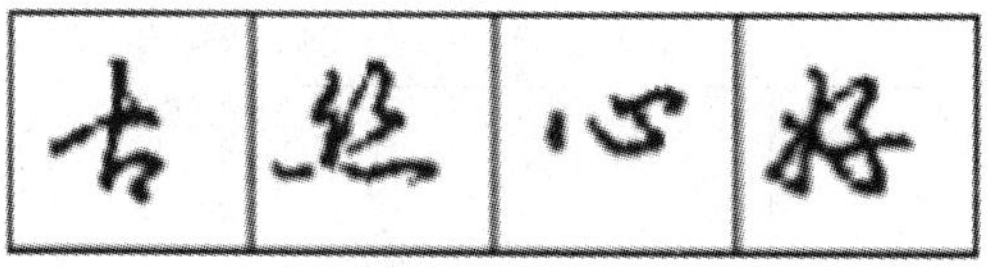

3. 用笔灵活

行书的点画写法灵活，不受约束。例如：写“木”偏旁一般写完横竖画后，笔势从左边写撇挑，但如果从右边翻笔写撇挑也不无道理。

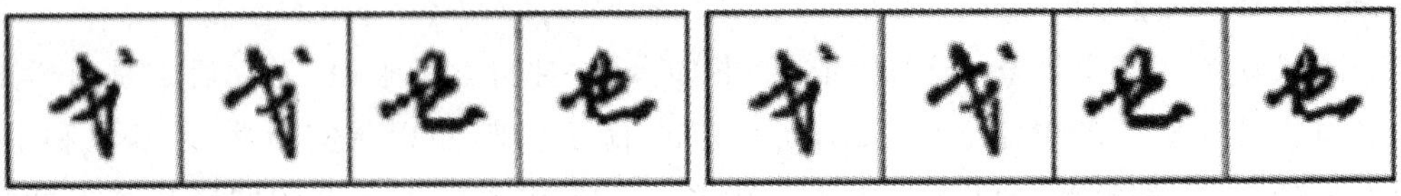

4. 体态多变

行书表现力丰富，往往一个字有几种写法，行态多变。

【示例借鉴】

一、钢笔行书的基本笔画书写要领

（一）点带钩点

由点带出钩：如“不”字。

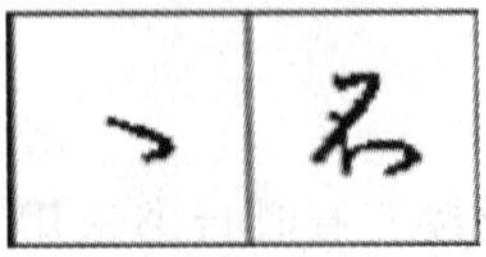

带下点：指上下两点一笔带，如“於”字。

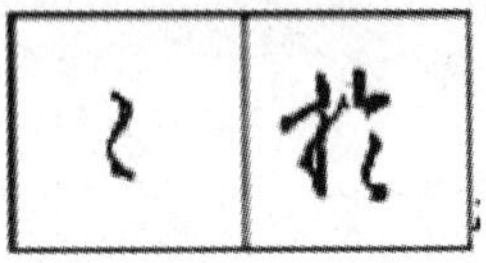

带右点：指左点带出右点，如“以”字。

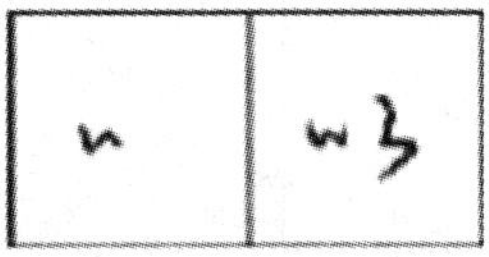

合二点：指左右两点合二为一，如“六”字。

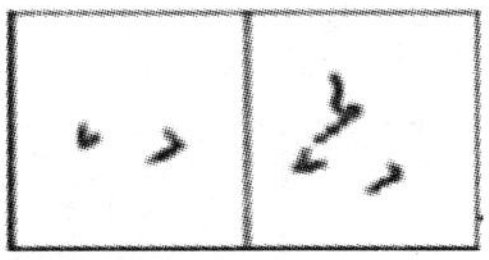

（二）横

上挑横：指横画上面带挑，如“古”字。

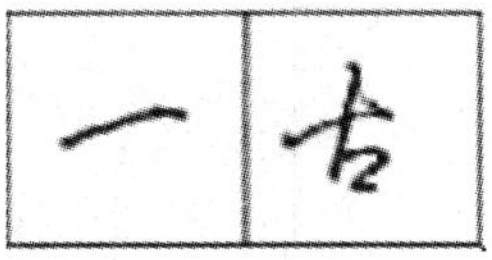

下钩横：指横画下面带钩，如“然”字。

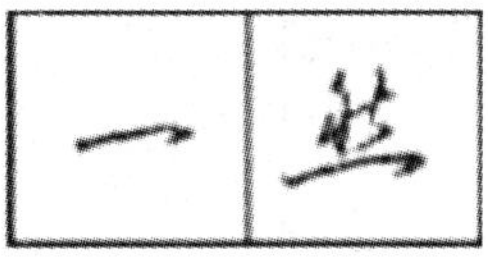

（三）竖

悬针竖：指竖画下面尖如针倒悬，如“半”字。

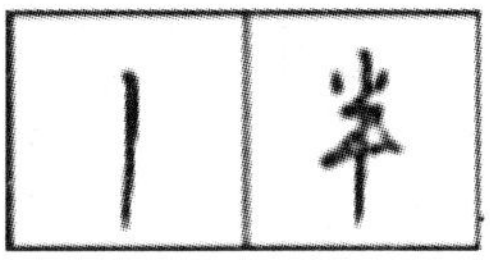

垂露竖：指竖画下面饱满如露珠倒悬，如“申”字。

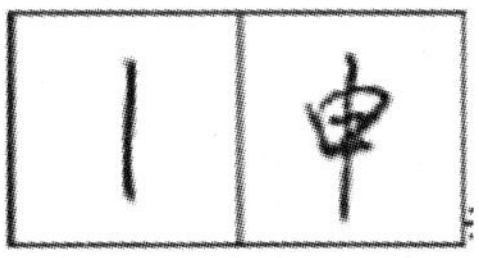

曲钩竖：指竖画下面带曲钩，如“抑”字。

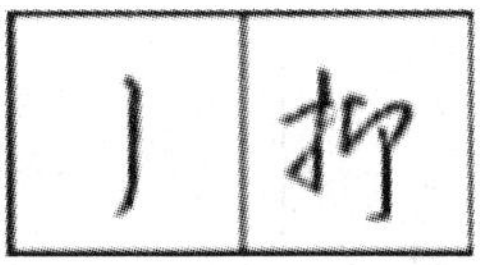

仰钩竖：指竖画下面带仰钩，如“隆”字。

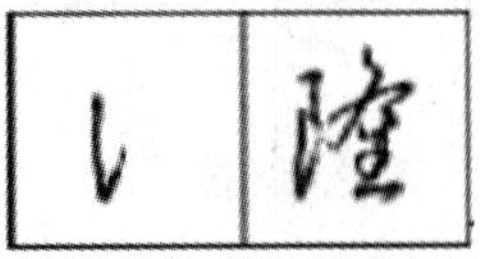

（四）撇

回锋撇：指撇画下端回锋向上，如“化”字。

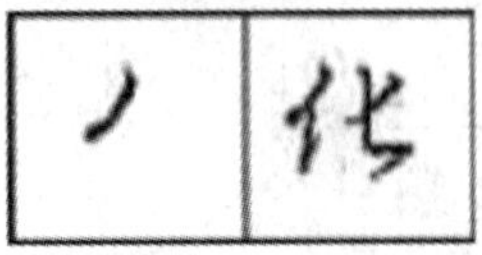

挑脚撇：指撇画下端挑脚向上，如“今”字。

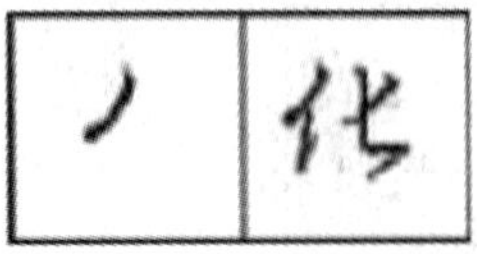

斜撇：指撇画出锋比较尖，如“余”字。

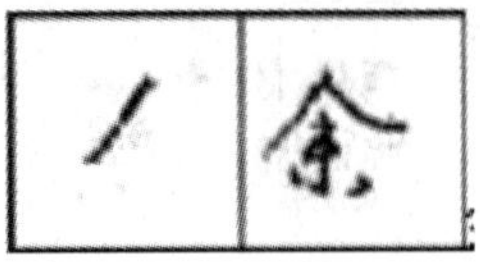

平撇：在字头，短小而平，如“重”字。

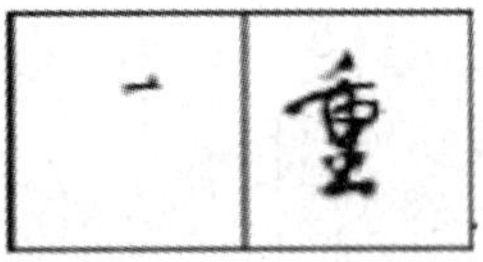

（五）捺

斜捺：指捺画斜而长，如“秦”字。

反捺：指轻落笔向右，然后用力向左下勾出，如“木”字。

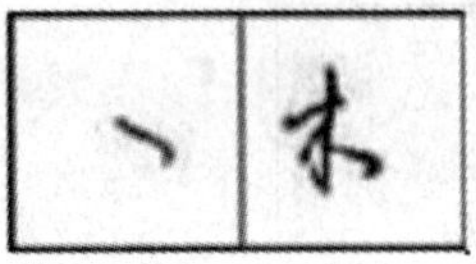

圆曲捺：指游水捺的三弯处圆曲如环，如“逼”字。

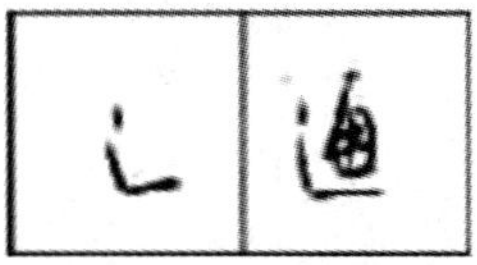

挑钩捺：指平捺的捺脚上挑，如“超”字。

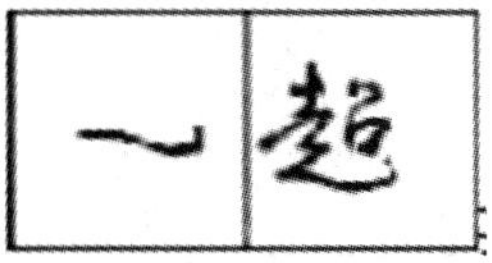

（六）挑

短挑：挑画线条短小，用力挑出，如“地”字。

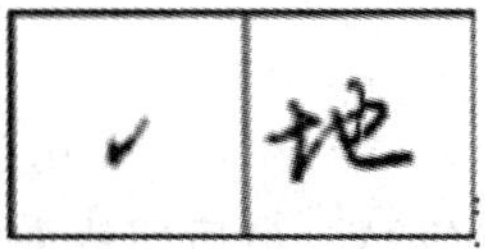

撇折挑：指撇画和挑画连写，如“福”字。

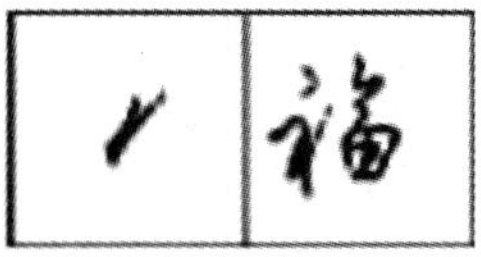

（七）钩

蟹爪钩：指竖钩曲似蟹爪，如“寺”字。

戈钩：指钩时用力翻笔向上钩出，如“戊”字。

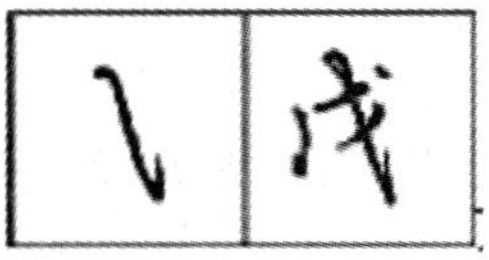

背抛钩：指从背面反抛钩出，如“夙”字。

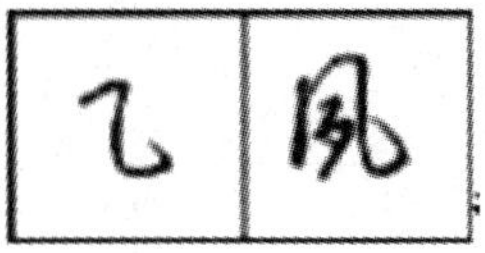

鹅浮钩：形同白鹅浮水而得名，如“毛”字。

回锋钩：指翻笔向上绕一圈然后向下钩出，如“也”字。

二、偏旁部首书写要领

汉字的偏旁部首是汉字的重要组成部分，写好偏旁部首是写好汉字的基础。行书的偏旁部首来自楷书，但书写更为简便。

(一)单人旁

落笔稍重，向左下行笔，随后回锋翻笔，再顺势落笔写竖，先轻后重，最后回锋向右上提出。如“任”字。

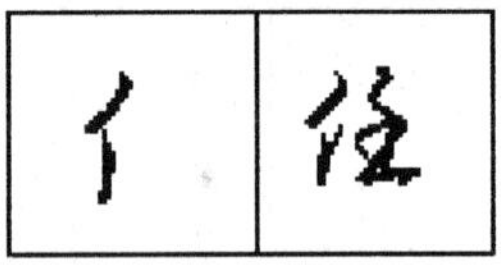

(二)三点水

落笔轻，露锋尖，触纸后用力顿一下，然后钩出，接着顺势落笔写竖钩，钩时用力向右上提出。如“沈”字。

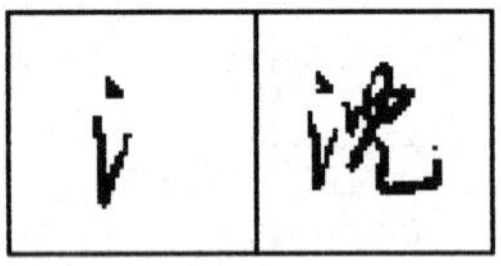

(三)左耳旁

落笔写短横，顺势用笔而下写弧，再顿笔钩出，接着写竖钩，竖钩要挺劲，带有一定的弯势。如“陈”字。

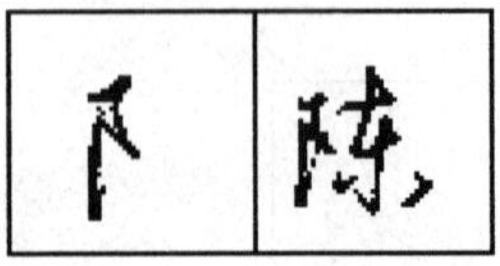

(四)竖心旁

落笔写短竖，再折笔写短横，然后翻笔向左上，顺势写长竖。有时横竖之间有牵丝相连，并形成一个针鼻孔似的小圈，更显得生动活泼。如“情”字。

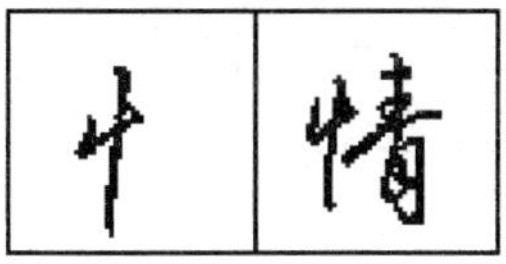

(五)提手旁

落笔写横，再翻笔写竖钩，然后顺势写挑笔。横画略向右上斜，竖钩挺拔带弧势，挑画由左下而右上，线条由粗而细，笔画分明有力。如“推”字。

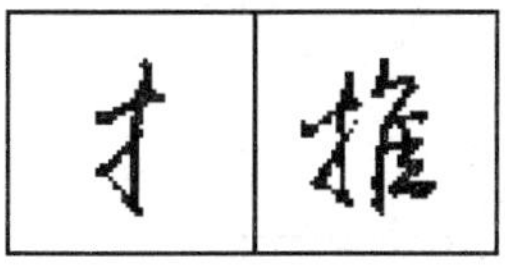

(六)宝盖头

轻落笔重按笔写点，然后钩出，顺势写左竖点，再连着折笔写横，末了折笔用力向左下钩出. 整个宝盖头点画呼应，成上包下之势，字头宽敞，能容纳下面部分。如“宣”字。

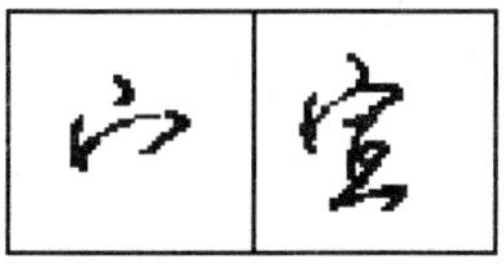

(七)提土旁

落笔先写横画，再翻笔写短竖，然后顺势折笔用力向右上提出。提土旁要写得精悍，特别是提画，要短促有力，同时要与右面部分相联系。如“城”字。

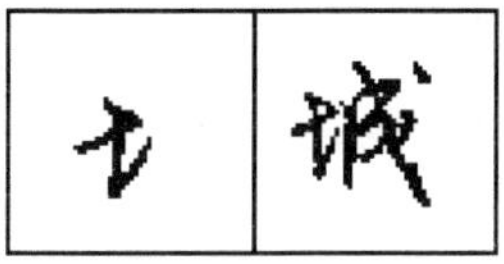

(八)直刀旁

落笔写左短竖，再折笔向右上钩挑，然后顺势写右竖。行书中的右竖，不妨写得比楷书长些。竖尾一般提笔直接抽出，也可以向左下钩出。如“到”字。

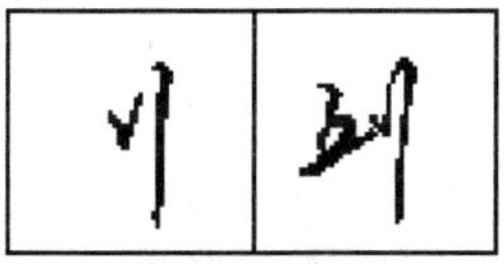

(九)双人旁

落笔先写短撇，回锋折笔写长撇，再回锋向上写竖画，然后顿笔钩出。整个双人旁要一笔写成，虽然用笔有提有按，但笔尖始终没有离开纸面。如“徐”字。

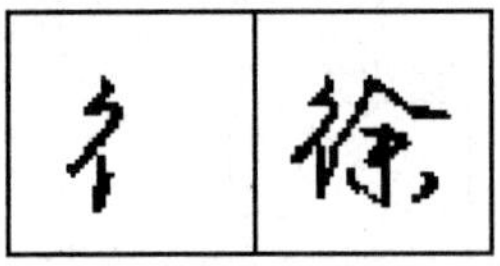

(十)王字旁

落笔写上横，随即折笔写竖画，再转笔向右上顺势写中横，然后折笔向左下写下横。王字旁的三横，要求长短角度有变化，一般来说，上横短略向右仰，中横略长较平正，下横最长由左下向右上挑出，三横有变化又和谐。如“理”字。

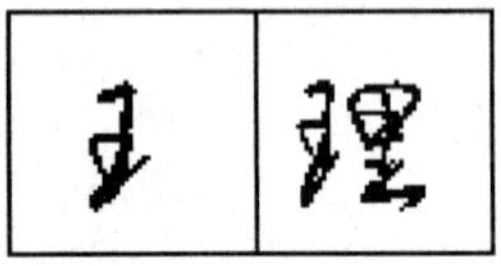

(十一)弓字旁

先落笔写横折，再翻笔写横折钩，偏旁须一气呵成。如“引”字。

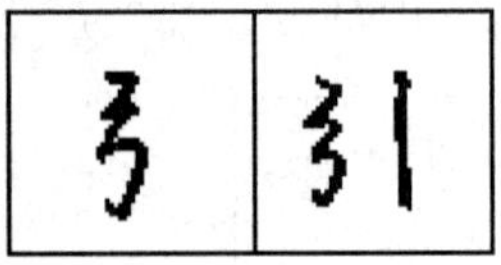

(十二)木字旁

落笔写横画，接着翻笔向上，顺势写竖画，再另起笔写撇画，随即折笔向右上挑出。如“柳”字。

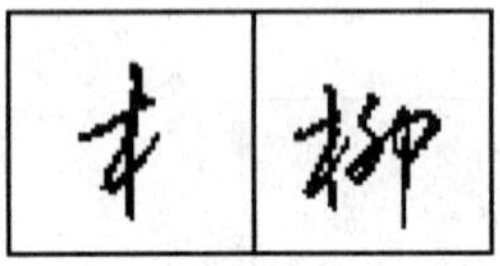

(十三)子字旁

落笔写横钩折，随即写下弯钩。再顺势翻笔向右上挑出。如“孙”字。

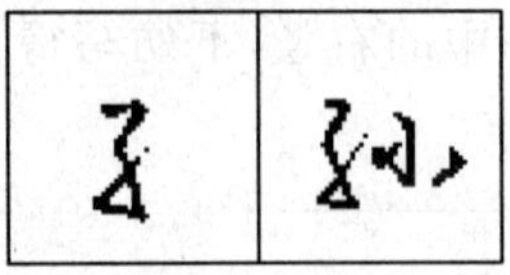

(十四)绞丝旁

侧锋落笔，略顿，随即向左下撇，再回锋翻笔写撇折，最后提笔向右上钩出。绞丝旁的绞丝上画要长，中画要短，下画稍长，要错落有致，最忌长短划一。如“红”字。

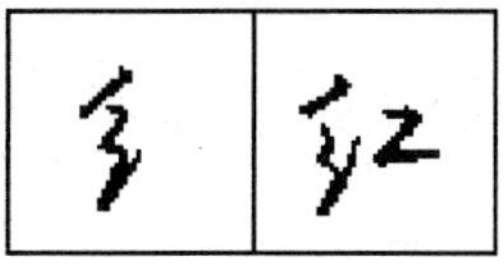

(十五)火字旁

先落笔写左右两点,然后顺势写长撇,再另起笔写捺点。如“烟”字。

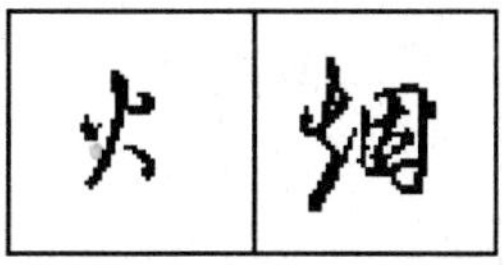

(十六)四点水

先写左面一点,随笔挑出,再落笔写中点,然后随着笔势向右提笔写右点,最后回锋向左下钩出。四点水在行书中往往写成三点,左点与中点相呼应但不相连结,中点与右点相连结而不相呼应,四点水在下面,为了托住上面部分,四点水不妨写得开张些。如“熊”字。

(十七)女字旁

先落笔写斜长点,再向上提起,顺势写撇画,再提出,随笔写横挑,如“如”字。

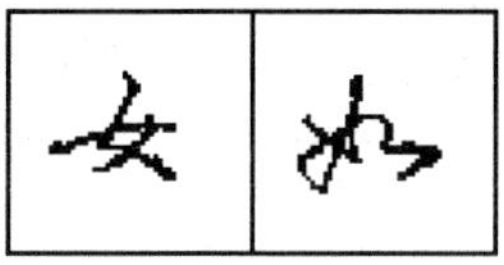

(十八)门字框

先落笔写左竖,从外翻笔向上,再写点,提笔向右写横,顺势折笔写右竖,同时用力向内钩出。门字框中间要留有一定的空间,以便容纳内部部分。如“间”字。

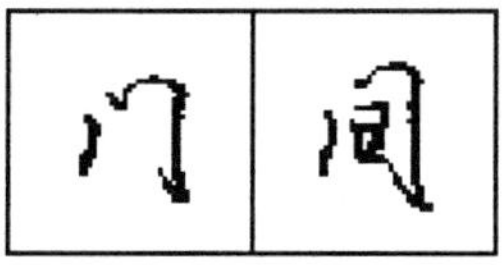

(十九)日字旁

落笔写左竖,再提笔写横竖折,然后另起笔写中间一点,顺势提笔连写下一横。不过作为偏旁的日字下横总是写成上挑,以便与书写右面的起笔竖撇相连。如“明”字。

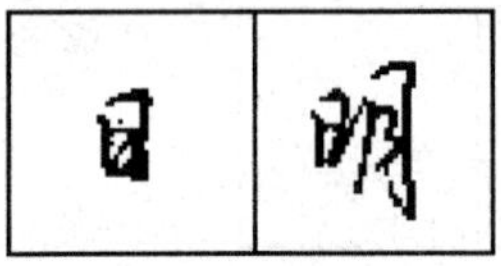

(二十)月字旁

落笔先写左竖撇,收笔时用力向左上提出,然后顺势写横折竖钩,钩时须顿笔有力,最后连写中间两短横,连写的点画要灵动轻快。如“胜”字。

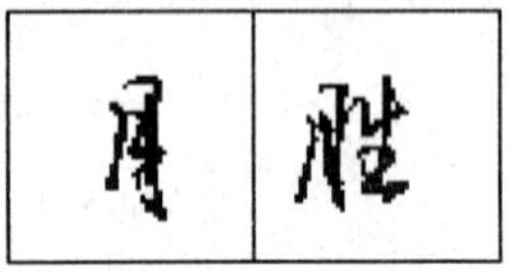

(二十一)心字底

顺势落笔写左点,要先轻后重,再起笔写弯钩,要弯而有力,最后写左右两点,两点间要有牵丝相连。如“思”字。

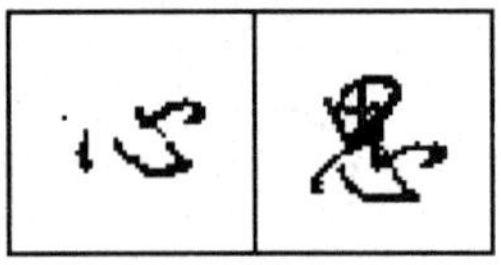

(二十二)草字头

落笔写左右两点,两点要呼应,再顺着右点的撇势写下横画。如“花”字。

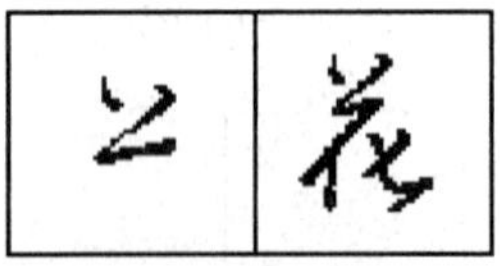

(二十三)竹字头

落笔较重,随即撇下,接着折笔向右下写短斜竖,再翻笔向右上挑,提笔连写曲弯。转折时速度宜慢,用力较重,要交代清楚,两“个”字,左低右高。如“等”字。

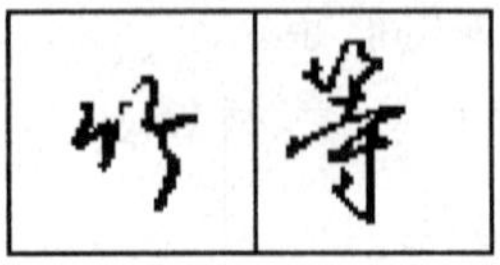

(二十四)示字旁

与衣字旁(行书中可通用)落笔由轻而重写侧点,顺势钩出,再另起笔写横竖折,翻笔向上写撇折挑。如“神”字。

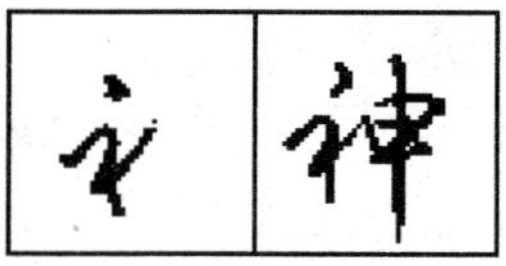

(二十五)游水旁

落笔写侧点,顺势提笔写曲折,接着回锋写平捺。游水旁是左下包右上,因此游水不能远离被包围的部分。如“迷”字。

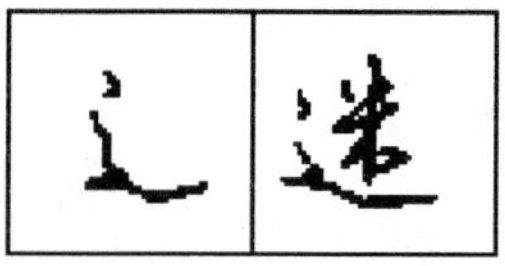

(二十六)走字旁

落笔写横画,翻笔向上写竖画,再顺势写长横,接着笔不离纸写短横和下捺。如“赵”字。

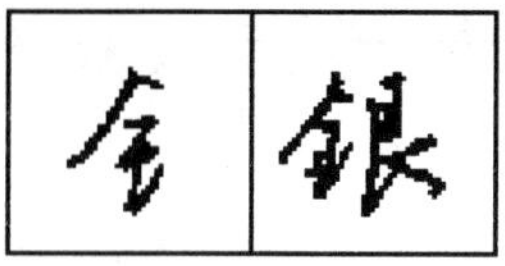

(二十七)金字旁

先写长撇,再写一点,然后写横竖折,接着挑笔向上写中横,折笔而下再翻笔向右上挑出。如“银”字。

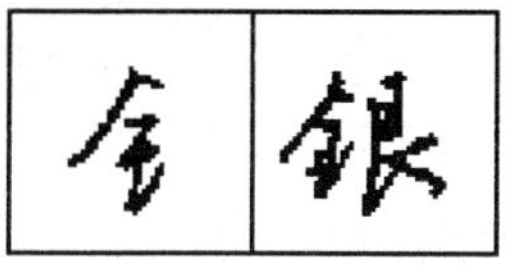

(二十八)言字旁

落笔写侧点,顺势钩出,再起笔写横,折而写竖钩。如“话”字。

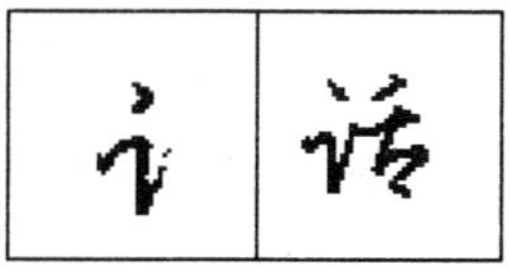

(二十九)欠字旁

落笔写撇画,再翻笔写横折钩,接着顺势写下撇画,最后写反捺。欠字旁在字的右边,宜长不宜短。如“欣”字。

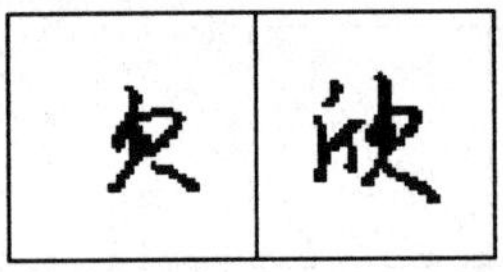

(三十)病字旁

落笔写侧点,再起笔写横折撇,钩出,然后写点挑。如“病”字。

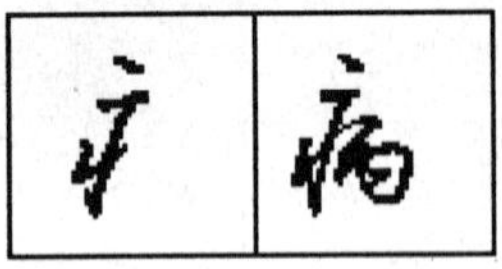

(三十一)禾字旁

落笔写短撇,顺势写横画,再翻笔向上,接着写竖画,然后写撇折挑,如“秋”字。

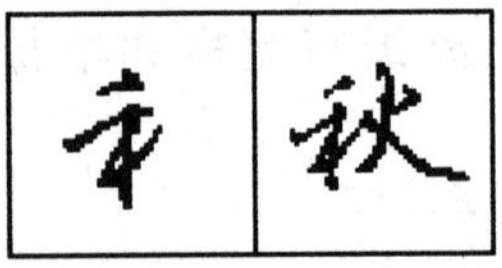

(三十二)反文旁

落笔三弯折,再顺势连笔或起笔写反捺。如“政”字。

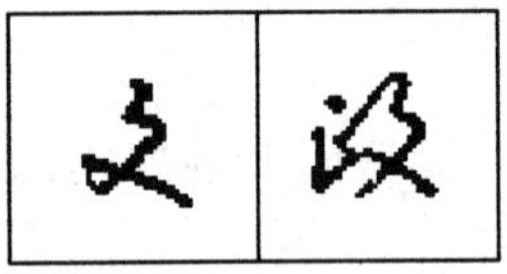

(三十三)学字头

先写左点,再顺势写中点,然后写撇点。如“学”字。

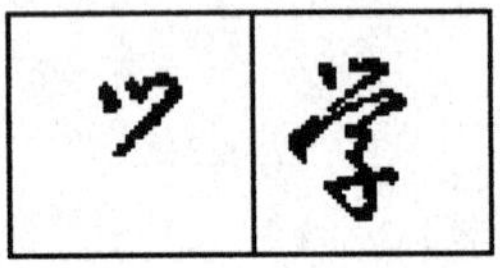

(三十四)瓦字旁

落笔先写横竖折钩,再另起笔写背抛钩,最后写中间一点。背抛钩要写得势展、力道。如“瓶”字。

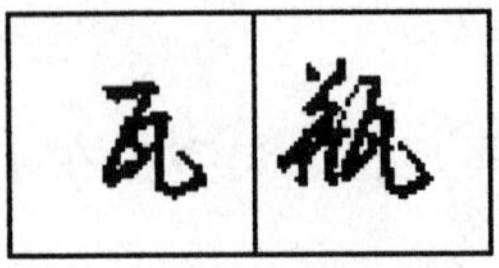

三、钢笔行书的连笔规则与技巧

行书的用笔特点是：起笔如楷，运笔如草，点画应接，笔断气连，主笔沉着，连笔轻细。行书书写时每一笔点画都有落笔、行笔、收笔三个过程。而行笔过程中为了书写简便快速，在不影响基本字形的情况下，可以将就近的笔画连在一起，以减少收笔的时间。用连笔写出来的字，意态活泼，富有动态。

(一)左右相背点连笔

左点可点可挑，中间无竖时似写括号，中间有竖时跳跃书写，动作连贯，双点呼应。

典	兵	办	小	尖	尘

(二)左右相向点连笔

用于字头，两点同高呼应。

养	卷	拳	平	米	粒

(三)纵向点连笔

两点位于同一垂线上，跳跃书写，动作连贯。两横连写也可用作此法。

买	卖	乍	作	寒	有

(四)两连横连笔

第一横由轻至重，过渡连丝至第二横，一带而过。

专	具	研	券	进	毛

（五）两竖连笔

第一竖可变为点，过渡轻盈，第二竖用悬针竖。

乔	桥	弄	戒	介	价

（六）两撇连笔

第一撇收敛，第二笔舒放，连接处转折要急促，不能写成圆弧。

彼	往	爪	斩	修	家

（七）点提连笔

形似阿拉伯数字“2”，笔速较快。

冰	冻	凉	将	状	兆

（八）撇捺连写

捺多用反捺。

木	奉	来	衣	衰	收

（九）横与横折钩连笔

用笔如连横，第二笔呈弧线状。

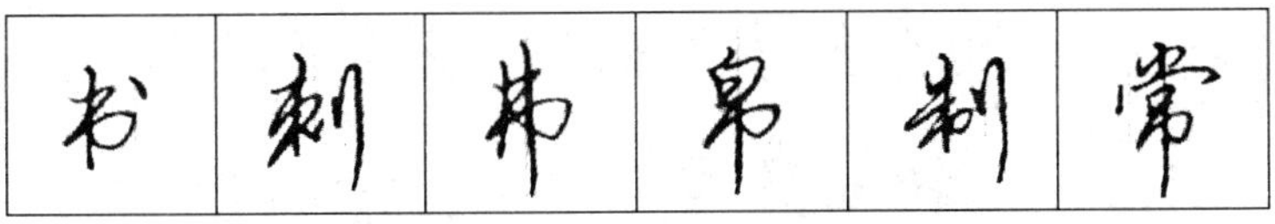

（十）竖提连笔

多用于竖钩与提的连写，连带呈三角形。

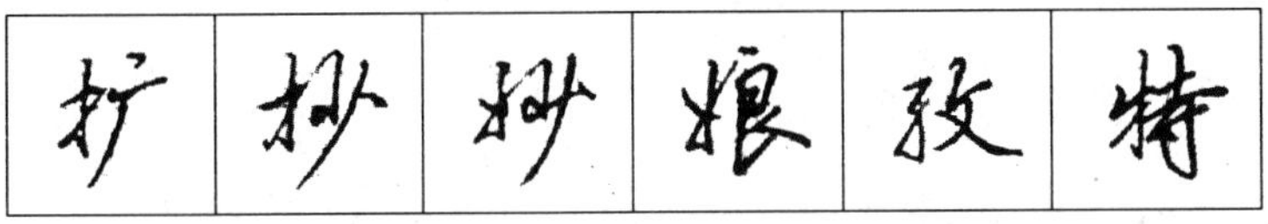

（十一）横与撇连笔

撇画伸展，连接处不宜过大。

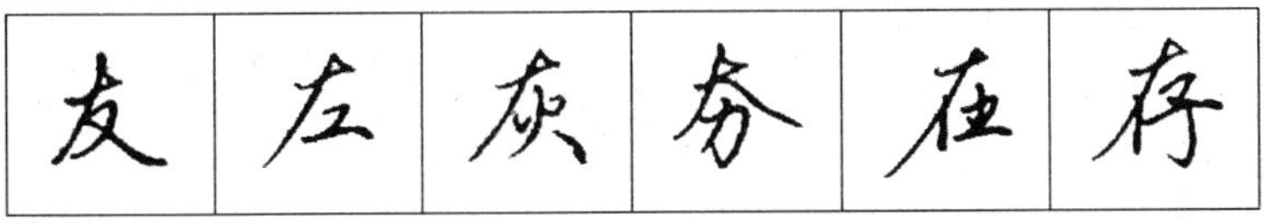

（十二）横与竖连笔

多用于“土”、“王”等部件的书写，线结大小适当。

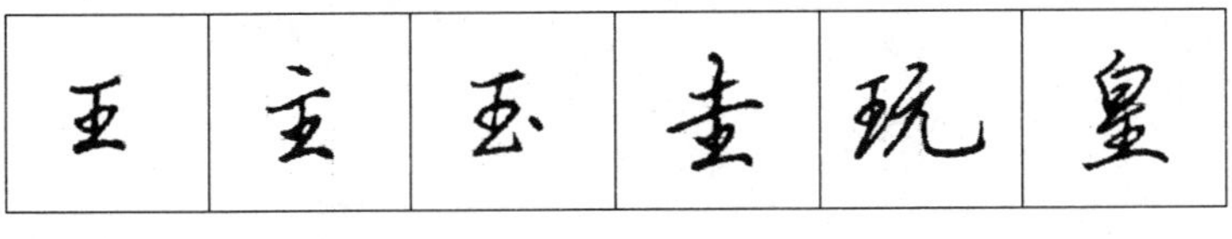

【示例借鉴】

梅雨潭的闪闪绿色招引着我们，我们开始追捉她那离合的神光了。揪着草，攀着乱石，小心探身下去，又鞠躬过了一个石穹门，便到了汪汪一碧的潭边了。瀑布在襟袖之间，但我的心中已没有瀑布了。我的心随潭水的绿而摇荡。那醉人的绿呀！仿佛一张极大极大的荷叶铺着，满是奇异的绿呀。我想张开两臂抱住她，但这是怎样一个妄想呀。——站在水边，望到那面，居然觉着有些远呢！这平铺着，厚积着的绿，着实可爱。她松松的皱缬着，像少妇拖着的裙幅；她滑滑的明亮着，像涂了"明油"一般，有鸡蛋清那样软，那样嫩；她又不杂些儿尘滓，宛然一块温润的碧玉……

朱自清"绿"选录

男儿事长征，少小幽燕客。赌胜马蹄下，由来轻七尺。杀人莫敢前，须如猬毛磔。黄云陇底白云飞，未得报恩不得归。辽东小妇年十五，惯弹琵琶解歌舞。今为羌笛出塞声，使我三军泪如雨。

唐李颀古诗一首

金樽清酒斗十千玉盘珍
羞直万钱停杯投箸不能
食拔剑四顾心茫然欲渡
黄河冰塞川将登太行雪满
山闲来垂钓碧溪上忽复
乘舟梦日边行路难行路难
多歧路今安在长风破浪会
有时直挂云帆济沧海

【综合训练】

一、连横练习。

建	气	非	春	韦	段	铁	晨	鲜	叁

二、连竖练习。

川	共	形	而	弃	介	甘	其	业	变

三、横竖相连练习。

井	开	耕	弄	益	算	鼻	并	兼	琪

四、撇捺相连练习。

路	来	辰	平	题	未	余	林	眼	申

五、临摹练，试着自己写一写。

人之初 性本善 性相近 习相远 苟不

教 性乃迁

教之道 贵以专 昔孟母 择邻处 子不

学　断机杼

窦燕山　有义方　教五子　名俱扬　养不

教　父之过

教不严　师之惰　子不学　非所宜　幼不

学　老何为

玉不琢 不成器 人不学 不知义 为人
子 方少时
亲师友 习礼仪 香九龄 能温席 孝于
亲 所当执
融四岁 能让梨 弟于长 宜先知 首孝

弟 次见闻
知某数 识某文 一而十 十而百 百而
千 千而万
三才者 天地人 三光者 日月星 三纲
者 君臣义

父子亲 夫妇顺 曰春夏 曰秋冬 此四时 运不穷

曰南北 曰西东 此四方 应乎中 曰水火 木金土

此五行 本乎数 曰仁义 礼智信

中篇　口语表达能力训练

第四讲　普通话基础训练

【实训导航】

普通话是中等职业学校学生口语交际中必须掌握的规范语言，也是进行口语训练的前提。本讲学习普通话的语音基础、语流音变等相关知识，介绍国家普通话水平智能测试内容及要求。在示例及练习的安排上，尽可能突出安徽方言难点音的辩证训练，学生可根据各自的方言特点进行取舍。

学好普通话的关键是实践，只有大量练、大胆说，才可能说得一口较流利、标准的普通话，除此以外，别无他途。通过训练测试，中等职业学校学生的普通话水平应达到一定的等级要求。

【知识探究】

一、普通话语音基础

普通话是以北京语音为标准音，以北方话为基础方言，以典范的现代白话文著作为语法规范的现代汉民族共同语，也是我国各民族之间的通用语。

（一）声母

一个汉字字音的结构是由三个部分构成的：声母、韵母和声调。声母就是汉字字音结构的开头部分，普通话有二十一个辅音声母和一个零声母。辅音发音时，气流在口腔内受到一定的阻碍。按发音部位（指气流受阻的部位），声母可以分为双唇音、舌尖前音、舌尖中音、舌尖后音、舌面音和舌根音七类。按发音方法（指克服阻碍发音的方式），声母可以分为塞音、擦音、塞擦音、鼻音、边音五类。发音时声带颤动的叫"浊音"，不颤动声带的叫"清音"。普通话声母中有四个浊辅音 m、n、l、r，其余全是清音。开头无辅音，称为"零声母"。注意：y、w 不是声母，它们有时用于替代 i 和 u，有时只是不发音的符号。普通话声母表如表 1 所示：

表 1　普通话声母总表

发音部位 发音方法	塞音		塞擦音		擦音		鼻音	边音
	清音		清音		清音	浊音	浊音	浊音
	不送气	送气	不送气	送气				
双唇音	b	p					m	
唇齿音					f			
舌尖前音			z	c	s			
舌尖中音	d	t					n	l
舌尖后音			zh	ch	sh	r		
舌面音			j	q	x			
舌根音	g	k			h			

(二)韵母

韵母是汉字字音结构中声母后面的部分。普通话有三十九个韵母，根据韵母的内部结构特点，可以把韵母分为单韵母(单元音独立构成)、复韵母(两三个元音组成)和鼻韵母(由一两个元音加鼻辅音 n 或 ng 构成)三类。也可以按照韵母开头元音的发音口型，把韵母分成开口呼、齐齿呼、合口呼、撮口呼四类，简称“四呼”。以上两项结合起来看反映韵母的基本面貌。普通话韵母如表 2 所示：

表 2　普通话韵母表

结构 结构 韵头	开口呼	齐齿呼	合口呼	撮口呼
单韵母	－i(前、后)	i	u	ü
	a			
	a			
	e			
	ê			
	er			
复韵母		ia	uo	
			uo	
		ie		üe
	ai		uai	
	ei		uei	
	ao	iao		
	ou	iou		
鼻韵母	an	ian	uan	üan
	en	in	uen	ün
	ang	iang	uang	
	eng	ing	ueng	
			ong	iong

(三)声调

声调是一个音节的高低变化，普通话的声调共有四类，即阴平(调值 55)、阳平(调值 35)、上声(调值 214)、去声(调值 51)，俗称第一、二、三、四声。静态分析，可用图 1 说明。

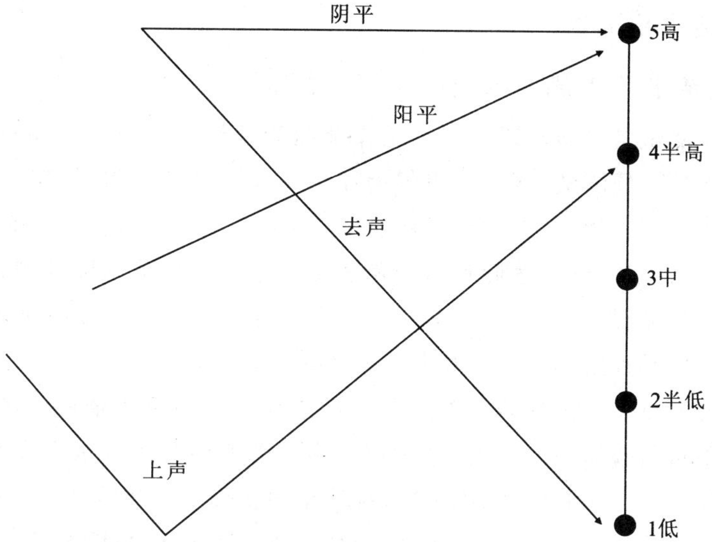

图1　五度标记法

总之，各地方言的声韵调系统与普通话的声韵调系统不尽相同，不同方言区的人在学习普通话的时候，应该特别注意方音与普通话在声母、韵母和声调上的对应关系，有选择地加以练习，这样可以突出重点，更快地学会普通话。

（四）音变

音变是指音节在实际语言中的声音变化。普通话中的音变现象主要有变调、轻声、儿化、“啊”的变读等。

1.变调

在语流中，由于相连音节的相互影响，使某个音节本来的调值发生变化，这种变化叫作“变调”。普通话里的主要变调情况有：上声变调和“一”、“不”的变调。

2.轻声

轻声不是第五种声调，而是一种声调的弱化形式，是一种特殊的变调现象。轻声字在词语中读得既轻又短，听感上显得轻短模糊。

3.儿化

儿化是指词尾的“儿”与其前面的音节连读而产生音变，原本独立的音节“儿”失去了独立性，“化”到前一个音节，只保持一个卷舌动作，使两个音节融合成为一个音节，前面音节里的韵母带上卷舌音色，我们把这种带有卷舌色彩的韵母叫作“儿化韵”。儿化的发音实际上是在原有韵母的后面加一个卷舌动作，而不是发成一个独立的“er”音节。

4.“啊”音变

“啊”作语气助词时用在句尾，由于受前一音节末尾音素的影响，常常会发生音变现象。

二、普通话水平测试

(一)普通话水平测试的性质

普通话水平测试是在国家语言文字工作部门的领导下,根据统一的标准和要求,在全国范围内开展的一项测试工作,是我国为加快共同语普及进程、提高全社会普通话水平而设置的一种语言口语测试。全部测试内容均以口头方式进行。普通话水平测试不是口才的评估,而是对应试人掌握和运用普通话所达到的规范程度的测查和评定,是应试人的汉语标准语测试。应试人在运用普通话口语进行表达过程中所表现的语音、词汇、语法规范程度,是评定其所达到的水平等级的重要依据。

普通话水平测试是我国现阶段普及普通话工作的一项重大举措。在一定范围内对某些岗位的人员进行普通话水平测试,并逐步实行普通话等级证书上岗制度,标志着我国普及普通话工作走上了制度化、规范化、科学化的新阶段。开展普通话水平测试工作,将大大加强推广普通话工作的力度,加快速度,使“大力推行、积极普及、逐步提高”的方针落到实处,极大地提高全社会的普通话水平和汉语规范化水平。

(二)普通话水平测试等级标准

国家语言文字工作部门发布的《普通话水平测试等级标准》是确定应试人普通话水平等级的依据。测试机构根据应试人的测试测试成绩确定其普通话水平等级,由省、自治区、直辖市以上语言文字工作部门颁发相应的普通话水平测试等级证书。

普通话水平等级分为三级六等,即一、二、三级,每个级别再分出甲乙两个等次;一级甲等为最高,三级乙等为最低。应试人的普通话水平根据在测试中所获得的分值确定。其中:

97 分及其以上,为一级甲等;

92 分及其以上但不足 97 分,为一级乙等;

87 分及其以上但不足 92 分,为二级甲等;

80 分及其以上但不足 87 分,为二级乙等;

70 分及其以上但不足 80 分,为三级甲等;

60 分及其以上但不足 70 分,为三级乙等。

普通话水平测试等级标准如下:

一级

甲等　朗读和自由交谈时,语音标准,词汇、语法正确无误,语调自然,表达流畅。测试总失分率 3%以内。

乙等　朗读和自由交谈时,语音标准,词汇、语法正确无误,语调自然,表达流畅。偶有字音、字调失误。测试总失分率在 8%以内。

二级

甲等　朗读和自由交谈时,声韵调发音基本标准,语调自然,表达流畅。少数难点音(平翘舌音、前后鼻尾音、边鼻音等)有时出现失误。词汇、语法极少有误。测试总失分率在13%以内。

乙等 朗读和自由交谈时,个别调值不准,声韵母发音有不到位现象。难点音(平翘舌音、前后鼻尾音、边鼻音、fu—hu、z—zh—j、送气不送气、i—ü不分、保留浊塞音和浊塞擦音、丢介音、复韵母单音化等)失误较多。方言语调不明显。有使用方言词、方言语法的情况。测试总失分率在20%以内。

三级

甲等 朗读和自由交谈时,声韵调发音失误较多,难点音超出常见范围,声调调值多不准。方言语调明显。词汇、语法有失误。测试总失分率在30%以内。

乙等 朗读和自由交谈时,声韵调发音失误多,方音特征突出。方言语调明显。词汇、语法失误较多。外地人听其谈话有听不懂的情况。测试总失分率在40%以内。

(三)安徽省普通话水平测试内容

1.读单音节字词(100个音节,不含轻声、儿化音节),限时3.5分钟,共10分。

2.读多音节词语(100个音节),限时2.5分钟,共20分。

3.朗读短文(1篇,400个音节),限时4分钟,共30分。

4.命题说话,限时3分钟,共40分。

(四)国家普通话水平智能测试系统

国家普通话水平智能测试系统是安徽省语言文字工作委员会与中科大讯飞信息科技有限公司合作开发研制的一套普通话语音测试系统,属于国家级重点研究课题。国家普通话水平智能测试系统(以下简称"机测")是计算机技术在普通话水平测试中的新的运用,它通过计算机的普通话语音识别系统对应试人的普通话水平进行测试。这项技术在全国居于领先地位,研制出来后经过测试证明,此系统能够有效地反映应试人的真实水平,因此受到国家语言文字委员会的肯定和赞扬,并同意于2007年1月1日起在我省率先试用,成熟以后向全国推广。

我省普通话水平测试分为四项,即第一项读单音节字词、第二项读多音节字词、第三项朗读、第四项说话。机测并不意味着这四项都用计算机进行测试,由于计算机技术的制约和口语表达的不稳定性,目前前三项由计算机测试,第四项由计算机现场录音,然后由测试员听录音资料测试打分。机测分加上测试员人工测试分得出应试人的最后成绩。机测的优点在于能够最大限度地保证普通话水平测试的公正性、公平性和有效性,特别是在前三项的测试中,同时它还减轻了测试员的工作负荷,节省资源,更加经济有效。

【示例借鉴】

一、声母

(一)分辨zh、ch、sh,z、c、s与j、q、x

普通话声母中的zh、ch、sh和z、c、s的发音部位一前一后,完全对立。zh、ch、sh是舌尖后音(翘舌音),发音时舌尖翘起来对着硬腭前部,即上牙床上部突出且凹凸不平的那个部位;z、c、s是舌尖前音(平舌音),发音时舌尖对着上齿背平伸。先发z、c、s,然后把舌尖卷起来对着硬腭，发出的音就是 zh、ch、sh。要发准 zh、ch、sh，关键是克服舌头平伸的习惯，训练舌头上翘动作，做到能平能翘。比较下列各组词语：

找到 zhǎodào——早到 zǎodào　　推迟 tuīchí——推辞 tuīcí

商业 shāngyè——桑 sāngyè

有些方言区的人还常常把这两组舌尖音和舌面音 j、q、x 混同起来，要注意分开。舌面音的发音是舌面前部贴住或接近前硬腭，舌尖抵住下门齿背。要注意舌尖不要上翘而要平放，同时舌尖不要顶住上齿门。比较下列词语：

主人 zhǔrén——举人 jǔrén　　四川 sìchuān——四圈 sìquān

时间 shíjiān——席间 xíjiān　　基本 jīběn——资本 zīběn

天气 tiānqì——天赐 tiāncì　　西瓜 xīguā——丝瓜 sīguā

（二）分辨 n 和 l

这两个声母都是舌尖中音，发音部位都是舌尖抵住上齿龈，声带振动，是浊音。不同之处主要在于有无鼻音，是从鼻腔出气还是从舌头两边出气。要读准 n 和 l，关键在于控制软腭的升降，不妨用捏鼻孔的办法来练习。捏住鼻孔后如果觉得发音有困难，而且耳膜有鸣声，那就是 n 鼻音。反之，软腭上升堵塞鼻腔通道，气流从舌头两边流出，不带鼻音的就是 l 边音。比较下列各组词语：

河南 hénán——荷兰 hélán　　一年 yīnián——一连 yīlián

浓重 nóngzhòng——隆重 lóngzhòng　　水牛 suǐníu——水流 shuǐlíu

（三）分辨 f 和 h

普通话中这两个音的发音方法相同，都是清擦音，区别只在阻碍气流的部位上。f 是唇齿音，发音时上唇和下齿构成阻碍；h 是舌根音，发音时舌根和软腭构成阻碍。比较下列各组词语：

公费 gōngfèi——工会 gōnghuì　　开发 kāifā——开花 kāihuā

缝衣 féngyī——红衣 hóngyī　　防止 fángzhǐ——黄纸 huángzhǐ

（四）分辨送气音和不送气音

普通话的声母中，b、d、g、j、zh、z 是送气音，p、t、k、q、ch、c 是送气音。送不送气是指声母发音时气流的强弱。体会和练习送气不送气音有一个直观的方法，即拿一张纸直立放在嘴唇前。当发不送气音时，纸面只有微弱的振动；当发送气音时，纸被吹折倒，动感明显。还可以将手掌心对着唇部，发送气音时，能感觉到有一股气流喷出来；发不送气音时，感觉不到有气流出来。比较下列各组词语：

一边 yībiān——一篇 yīpiān　　肚子 dùzi——兔子 tùzi

投稿 tónggǎo——投考 tóngkǎo　　实践 shíjiàn——实欠 shíqiàn

侄子 zhízi——池子 chízi　　清早 qīngzǎo——青草 qīngcǎo

（五）分辨 r 和 l

这两个声母都是舌尖浊音，只是有着前后位置的差别，l 是舌尖中音，r 是舌尖后音，把 r 错读成 l 是发音部位着力点前移了。另外 r 是摩擦成声，l 是弹发成声。比较下列各组词语：

必然 bìrán——碧蓝 bìlán　　利润 lìrùn——立论 lìlùn
阻燃 zǔrán——阻拦 zǔlán　　衰弱 shuāiruò——衰落 shuāiluò
余热 yúrè——娱乐 yúlè　　乳汁 rǔzhī——卤汁 lǔzhī

（六）零声母错误

零声母音节是韵母独自自成音节、没有辅音声母。但有的方言里却在零声母音节前加上了辅音 r、n 或 ng。比较下列各组词语：

按 àn——然 rán　袄 ǎo——扰 rǎo　藕 ǒu——柔 róu　恩 ēn——仁 rén

二、韵母

（1）区分单韵母与复韵母

普通话的单韵母与复韵母是各成系统的。一些方言中存在着单韵母与复韵母混淆的现象。这突出地表现在两个方面：一是复韵母的单音化倾向，二是单韵母读作复韵母的现象。单、复韵母混淆的方言，要注意普通话里复韵母发音有动程（即口腔开合、舌位高低前后有变化），单韵母没有动程。读准下列词语：

海带 hǎidài　肥美 féiměi　早操 zǎocāo　守候 shǒuhòu
杜 dù——斗 dòu　突 tū——偷 tōu　庐 lú——楼 lóu
祖 zǔ——走 zǒu　醋 cù——凑 còu　苏 sū——搜 sōu

（二）防止丢失韵头 u

普通话中复韵母和鼻韵母的韵头 u，在有些方言区中常常丢失。练习这类发音，在有辅音声母的音节里，可以运用三拼连读法，先慢后快，使韵头到位。读准下列词语：

uo：多 duō　拖 duō　诺 nuò　罗 luó　锅 guō
扩 kuò　活 huó　昨 zuó　错 cuò　所 suǒ
uei：对 duī　推 tuī　最 zuì　岁 suì
uei：吨 dūn　吞 tūn　论 lùn　尊 zūn　村 cūn　孙 sūn

（三）区分前鼻韵母与后鼻韵母

普通话里由鼻韵尾 n 和 ng 组成两套鼻韵母，区别意义。前鼻音 n 和后鼻音 ng 发音不同的关键在于造成阻碍的部位不同。n 是舌尖浊鼻音，发音时要舌尖抵住上齿背；ng 是舌根浊鼻音，发音时要舌根抵住软腭。读准下列词语：

开饭 kāifàn——开放 kāifàng　　终身 zhōngshēn——终生 zhōngshēng
信服 xìnfú——幸福 xìngfú　　乡村 xiāngcūn——香葱 xiāngcōng
勋章 xūnzhāng——胸章 xiōngzhāng

（四）防止把鼻韵母念成鼻化音

元音加辅音的鼻韵母，发音时舌位由元音音素向鼻辅音音素发音部位移动，气流先从口腔发口音，而后过渡到最后气流从鼻腔出的纯粹的鼻音。有些方言区在念鼻韵母时，气流从口鼻同时出气而发成了“鼻化音”。发准鼻韵母，防止鼻化音，关键在发音的最后阶段舌尖一定要顶住上齿门背后，完全关闭口腔通路，让气流进入鼻腔，完成口音向鼻音的过渡，防止口鼻同时出气出声。读准下列词语：

灿烂 cànlàn　　根本 gēnběn　　殷勤 yīnqín　　厂房 chǎngfáng

丰盛 fēngshèng　　姓名 xìngmíng　　轰动 hōngdòng

（五）区分撮口呼与齐齿呼韵母

撮口呼的韵头 ü 和齐齿呼的韵头 i 都是舌面前高元音，发音时舌位相同但口型不同，ü 圆唇，i 不圆唇。先发 i 的音，舌位保持不变，慢慢把嘴唇收圆就是 ü。ü 只能同声母 n、l、j、q、x 相拼或自成音节。读准下列词语：

风气 fēngqì——风趣 fēngqù　　里程 lǐchéng——旅程 lǚchéng

客机 kèjī——客居 kèjū　　比喻 bǐyù——比翼 bǐyì

序曲 xùqǔ——戏曲 xìqǔ　　渔民 yúmín——移民 yímín

三、声调

（一）调值方面

首先要把普通话四个声调的调值念准，其次要找出自己方言声调和普通话声调的对应关系。可以用五度标记法记下方言中各类字的调值，画出自己方言与普通话调值、调型比较图，如表 3 所示：

表 3　安徽部分方言区声调调值与普通话声调对照表

地区 调值 例字 例字 调类	阴平	阳平	上声	去声
	天 高	民 平	好 老	大 共
普通话	55	35	214	51
阜阳	212	55	24	53
合肥	21	55	34	53
芜湖	31	35	313	53

（二）调类方面

普通话里没有入声，古入声字已分别归入普通话的阴阳上去四个声调中去了，但某些方言里还保留有入声。入声字的特征是发音非常短促，不能延长发音，而其他声调的字都可以拉长了念的。有入声的方言区的人在学习普通话时，先要改掉自己方言里入声的读法，其次还应该采取“记少不记多”的方法，去记住自己方言里的入声字在普通话里都是读什么声调。读准下列词语：

组之（织）zǔzhī　　梅（没）有 méiyǒu　　钢比（笔）gāngbǐ

四、音变

(一)变调

普通话里的主要变调情况有:上声变调和“一”、“不”的变调。

1.上声变调

(1)两个上声相连时,则前一个上声的调值由“214”变为“35”。例如:“海岛”、“理解”、“水果”等。

(2)上声和非上声相连时,丢掉后半段上升的尾巴,调值由“214”变为半上声“21”。例如:“保温”、“导游”、“感谢”、“眼睛(轻声)”等。

(3)三个以上的上声相连,根据词语的意义自然分节后再按上述变调类型念。例如:“小组长/请你/往北走”等。

2.“一”、“不”的变调

普通话“一”的本调是阴平“55”调值,“不”的本调是去声“51”调值,在单念、表序数或处在词句末尾的时候,不变调。这两个字的变调取决于后一个连读音节的声调。

(1)“一”在非去声前调值由“55”变为“51”,念去声。例如:“一边”、“一般”、“一同”、“一群”、“一体”、“一起”等。

(2)“一”、“不”在去声前调值分别由“55、51”变为“35”阳平。例如:“一半”、“一共”、“一夜”、“不必”、“不变”、“不错”等。

(3)“一”、“不”夹在词语中间的时候读轻声。例如:“学一学”、“看一看”、“谈一谈”、“买不买”、“来不来”、“会不会”等。

(二)轻声

轻声比较灵活,但还是有规律可循的,下面一些成分,在普通话中通常读轻声:

1.助词“的”、“地”、“得”、“着”、“了”、“过”和语气词“吧”、“吗”、“呢”、“啊”等;

2.词的后缀“子”、“头”和表复数的“们”等;

3.叠音词的第二个音节:“妈妈”、“弟弟”、“看看”、“玩玩”等;

4.名词、代词后面的方位语素和词“上”、“下”、“里”、“边”等;

5.趋向动词“来”、“去”、“起来”、“下去”等;

6.量词“个”、“些”等。

7.一些常用的双音节词的第二个音节习惯上读轻声:“事情”、“消息”、“西瓜”、“力量”、“吩咐”、“关系”等。

(三)儿化

儿化韵有不同的读法,这主要取决于韵母的末尾音素是否便于卷舌。具体情况表现为:

1.韵母的末尾音素是舌位较低或较后的元音 a、o、e、u 时则便于卷舌,儿化时原韵母不变,直接卷舌。例如:“小花儿”、“豆芽儿”、“酒窝儿”、“大伙儿”、“高个儿”、“打嗝儿”、“裤兜儿”、“白兔儿”等。

2. 韵尾是 i 或 n 的，儿化时去掉韵尾，加卷舌动作。例如："小孩儿"、"宝贝儿"、"窍门儿"、"一点儿"等。

3. 韵尾是 ng 的(除后鼻音 ing 外)，儿化时丢掉韵尾，主要元音变成鼻化元音，同时加卷舌动作。例如："帮忙儿"、"吊嗓儿"、"胡同儿"等。

4. 主要元音是 i、ü 的，要在原韵母后加 er。例如："小姨儿"、"打旗儿"、"金鱼儿"、"马驹儿"等。

5. 舌尖元音－i(前、后)的换成 er。例如："瓜子儿"、"没词儿"、"拔丝儿"、"树枝儿"、"有事儿"等。

6. 韵母是 in、ün 的，丢韵尾加 er；ing 儿化时要丢掉韵尾，元音鼻化再加 er。例如："干劲儿"、"白云儿"、"人影儿"等。

(四)语气词"啊"的音变

这种音变也可能相应产生"啊"的变体写法，其音变规律如表 4 所示：

表 4 "啊"的音变规律

前字韵腹或韵尾＋a	"啊"的音变	规范写法	举例
a、o、e、ê、i、ü＋a	ya	呀(啊)	他呀、磨呀、饿呀、写呀、鸡呀、鱼呀
u、ao＋a	ua	哇	酷哇、好哇
n＋a	na	哪	难哪、玩哪
ng＋a	nga	啊	娘啊、香啊
－i(后)、er＋a	ra	啊	吃啊、是啊、店小二啊
－i(前)＋a	[za]	啊	写字啊、三次啊、死啊

【综合训练】

一、声母训练。

参照普通话声母总表，依据每个声母的发音部位和发音方法发准每个声母。

(一)平舌音与翘舌音对比训练

1. 词语练习

z—zh

杂记—札记　自愿—志愿　资助—支柱　阻力—主力　栽花—摘花
早到—找到　赞助—站住　暂时—战时　宗教—中教　沼泽—找辙

c—ch

擦嘴—插嘴　册页—彻夜　词序—持续　粗布—初步
八层—八成　木材—木柴　推辞—推迟　乱草—乱吵

s—sh

撒手—杀手　色弱—设若　私人—诗人　死记—史记　肃立—树立

塞子一筛子　搜集一收集　散光一闪光　桑叶一商业　五岁一午睡

2.绕口令练习

zh、z:无字之纸是白纸,有字之纸是字纸。白纸写字成字纸,字纸去字为白纸。

ch、c:这是蚕,那是蝉,蚕常在叶里藏,蝉藏在林里唱。

sh、s:四十四只石狮子,要吃四十四只涩柿子。

(二)n和l对比训练

1.词语练习

恼怒一老路　鸟雀一了却　男女一褴褛　难住一拦住　浓重一隆重

无奈一无赖　留念一留恋　水牛一水流　新娘一新粮　允诺一陨落

2.绕口令练习

(1)牛郎连年念牛娘,牛娘连年念牛郎。

(2)老龙恼怒闹老农,老农恼怒闹老龙,农怒龙恼农更怒,龙恼农怒龙怕农。

(3)男旅客穿蓝上衣,女旅客穿呢大衣。男旅客扶着拎篮子的老大娘,女旅客拉着拿笼子的小男孩儿。

(三)f和h对比训练

1.词语练习

乏力一华丽　幅度一弧度　俯视一虎视　废话一会话　飞机一挥击

防止一黄纸　理发一理化　开发一开花　舅父一救护　工会一公费

2.绕口令练习

(1)粉红墙上三道缝,红缝、黄缝、粉红缝。

(2)化肥会挥发,黑化肥发灰,灰化肥发黑,黑化肥发灰会挥发,灰化肥挥发会发黑。

(3)胡家有个胡伏虎,傅家有个傅虎夫,胡伏虎问傅虎夫,你真是虎夫?傅虎夫说胡伏虎,你岂敢伏虎!

(四)送气音与不送气音对比训练

1.词语练习

b—p

把手一扒手　拔树一爬树　部位一铺位　败兵一派兵　爆竹一炮竹　辫子一骗子

d—t

地委一体委　毒药一涂药　读书一图书　肚子一兔子　兑款一退款　淡化一碳化

g—k

歌谱一科普　鼓励一苦力　孤树一枯树　跪拜一溃败　米缸一米糠　投稿一投考

j—q

基数一期数　举报一取报　坚强一牵强　匠人一呛人　经理一清理　实践一实欠

z—c

自序一次序　自杀一刺杀　在场一菜场　座位一错位　大字一大刺　清早一青草

zh—ch

知道—吃到　直到—迟到　侄子—池子　仗着—唱着　掌门—敞门　中锋—冲锋

2.绕口令练习

b、p：一平盆面，烙一平盆饼，盆碰饼，饼碰盆。

d、t：调到大岛打特盗，特盗太刁投短刀，挡住顶打短刀掉，踏盗得刀盗打倒。

g、k：哥挎瓜筐过宽沟，赶快过沟看怪狗，光看怪狗瓜筐扣，瓜滚筐空哥怪狗。

(五)r与l对比训练

1.词语练习

r—l：热量　锐利　扰乱　蹂躏　燃料

l—r：例如　猎人　缭绕　了然　连日

2.绕口令练习

冉冉学习认认真真，荣荣做事从从容容，一起玩耍热热闹闹，从不吵吵嚷嚷惹是生非。

(六)零声母练习

1.词语练习

爱 安 昂 奥 偶 额 恩 儿 以 呀 言 养 要 也 音

应 有 用 五 袜 外 万 往 为 女 翁 我 与 原 越 云

2.绕口令练习

水上浮着一只鹅，水下游着一条鱼，白白的鹅，银色的鱼，鹅咬住鱼的尾巴，鱼张开它的嘴巴。

二、韵母训练。

读准普通话韵母表里的39个韵母。

(一)区分单韵母与复韵母练习

1.辨音练习

a——aio——aoe——eiu——ou

2.词语练习

ai：摆开　买卖　该来　开赛　海带　灾害　彩排　拆台　晒台　爱戴

ei：北非　北美　贝类　蓓蕾　配备　妹妹　美眉　肥美　黑莓　黑妹

ao：宝岛　报到　牢靠　高超　号召　早操　操劳　骚扰　找到　懊恼

ou：抖擞　口头　漏斗　收购　绸缪　丑陋　守候　收购　售后　欧洲

3.绕口令练习

ai：买白菜，搭海带，不买海带就别买白菜。买卖改，不搭卖，不买海带也能买白菜。

ei：贝贝飞纸飞机，菲菲要贝贝的纸飞机，贝贝不给菲菲纸飞机，贝贝教菲菲自己做能飞的纸飞机。

ao：东边树上一树桃，西边树上一树枣。桃比枣，枣比桃，看谁熟得早，看谁价更高。

ou：小猴喊老猴："河里有只猴！"老猴跑去看，又多一只猴！老猴和小猴，下河去救猴，他们救上几只猴？

ai、ei、ao、ou：黑猫黑狗毛黑，白猫白狗毛白。黑猫没有黑狗毛黑，白猫没有白狗毛白。黑猫黑狗毛比白猫白狗毛黑，白猫白狗毛比黑猫黑狗毛白。

（二）区分前后鼻韵母练习

1.词语练习

an—ang

鱼竿—鱼缸　木船—木床　反问—访问　担心—当心　烂漫—浪漫

心烦—心房　开饭—开放　寒夜—行业　粘贴—张贴　参天—苍天

en—eng

门市—盟誓　分化—风化　清真—清蒸　瓜分—刮风　三根—三更

终身—终生　诊治—整治　陈旧—成就　伸张—声张　申明—声明

in—ing

阴魂—英魂　摈弃—摒弃　频繁—平凡　临时—零时　尽职—竞职

禁止—静止　金质—精致　亲生—轻生　信服—幸福　人民—人名

ian—iang

大连—大梁　大年—大娘　坚硬—僵硬　浅显—抢险　显像—相像　试验—式样

uan—uang

木船—木床　官能—光能　款子—筐子

环视—皇室　专家—庄家　栓剂—双季 宛然—枉然

uen—ueng

老温—老翁

uen—ong

棍子—弓子　坤车—空车　混蛋—红蛋　准尉—中尉　春天—冲天　润资—融资

ün—iong

群忙—穷忙　巡风—雄风

2.绕口令练习

an—ang：长江上有船，船上有床，床上有床单，床单上躺着枪炮班长。

en—eng：土地要深耕，庄稼才生根。生根不生根，就看深耕不深耕。

in—ing：十字路口指示灯，红黄绿灯分得清。红灯停，绿灯行，行停停行看灯明。

（三）防止丢失韵头 u 的练习

1.辨音练习

uen——enuei——eiuo——o

2.词语练习

uo：

哆　夺　朵　舵　脱　驮　妥　唾　挪　糯　螺　裸

落　郭　果　过　扩　火　货　左　做　搓　措　缩　索

uei：

堆　队　颓　腿　退　嘴　罪　催　璀　脆　虽　随　髓　碎

uen：

蹲　盹　顿　屯　抡　轮　遵　存　忖　寸　损

3.绕口令练习

(1)威威、伟伟和卫卫，拿着水杯去接水。威威让伟伟，伟伟让卫卫，卫卫让威威，到底谁先接？卫卫、伟伟和威威，一二三，排好队，一个一个来接水。

(2)孙伦打靶真叫准，半蹲射击特别神，本是半路出家人，摸爬滚打练成神。

(四)防止鼻韵母鼻化练习

1.词语练习

an：寒山谈判

en：门诊审慎

in：拼音信心

ang:苍茫当场

eng:风筝整风

ing:明星命令

ong:工农空洞

2.绕口令练习

an:宽扁担，短扁担，宽短扁担担焦炭，短扁担担炭沉甸甸，宽扁担担炭肩不酸。

en:小陈去卖针，小沈去卖盆，俩人一起出了门。小陈喊卖针，小沈喊卖盆。小陈怕盆碰坏了针，小沈怕针碰坏了盆。

in:你也勤来我也勤，生产同心土变金。工人农民亲兄弟，心心相印团结紧。

ang:胖胖捉了一只螳螂，芳芳捉了一只蟑螂。好螳螂，坏蟑螂，胖胖芳芳放螳螂灭蟑螂。

eng:郑政买了一盏台灯，彭澎买了一架屏风。彭澎请郑政扛屏风，郑政让彭澎捧台灯。

ing:洞庭湖上一根藤，青青藤条挂金铃。风吹藤动金铃响，风停藤静铃不鸣。

ong:冲冲栽了十畦葱，松松栽了十棵松。是栽松不如栽葱，还是栽葱不如栽松？

(五)区分撮口呼与齐齿呼韵母练习

1.词语练习

ü—i

名誉—名义　女人—拟人　小鱼—小姨　出去—出气

üe—ie

掠取—猎取　确实—切实　学说—邪说　月色—夜色

ün—in

军属—金属　群体—琴体　勋劳—辛劳　运行—印行

üan—ian

全程—前程　悬殊—闲书　试卷—试剑　圆场—盐场

2.绕口令练习

ün—in：

小芸种了一畦芸豆，小芹种了一畦芹菜，小芸要用芸豆换小芹的芹菜，小芹要用芹菜换小芸的芸豆。

üan—ian：

严眼圆和袁圆眼，遇到就要比比眼，严眼圆说他的眼比袁圆眼的眼圆，袁圆眼说他的眼比严圆眼的眼圆。比来比去，也不知道他俩谁比谁都眼圆。

三、声调训练。

(一)单音调值练习

ā——á——ǎ——àō——ó——ǒ——òē——é——ě——è

ī——í——ǐ——ì ū——ú——ǔ——ùǖ——ǘ——ǚ——ǜ

(二)四声顺序练习

兵强马壮　　风调雨顺　　光明磊落　　花红柳绿

千锤百炼　　心直口快　　忠诚友爱山明水秀

(三)四声逆序练习

妙手回春奋笔疾书逆水行舟救死扶伤

刻骨铭心厚古薄今智勇双全异口同声

(四)同调练习

阴平：卑躬屈膝　攀登高山　江山多娇　居安思危　珍惜光阴

阳平：提前完成　牛羊成群　和平繁荣　人民勤劳　闻名全球

上声：保管稳妥　土产展览　请你指导　处理品种　远景美好

去声：爱护备至　变化莫测　创造纪录　胜利闭幕　浴血奋战

(五)绕口令练习

(1)老伯伯卖墨，老婆婆卖馍，老婆婆卖馍买墨，老伯伯卖墨买馍。墨换馍老伯伯有馍，馍换墨老婆婆有墨。

(2)老师老是叫老史去捞石，老史老是让老石去捞石，老石老是看老史不捞石，老师老是说老史不老实。

四、音变训练。

(一)上声变调练习

1.上十非上

上十阴：

北方　　普通　　导师　　喜欢　　口腔

火车　　组织　　主张　　展销　　首都

上＋阳：

敏捷导游朗读口才海洋

祖国草原指责扯皮羽毛

上＋去：

笔画满意等待土地努力

脚步广大好像丑恶省力

2.上声相连

上＋上：

品种　了解　美好　粉笔　减少

感慨　所有　整体　手表　也许

上＋上＋上：

敏感点　冷处理　小拇指　管理组　考古所

海产品　好导演　展览馆　水彩笔　勇敢者

三个以上上声相连：

请你/给我/买几把/小雨伞。

你把/美好/理想/给领导/讲讲。

展览馆/里有/好几/百种/展览品。

(二)"一"、"不"的变调练习

1.在非去声前

"一"、"不"＋阴平：

一般　一边　一端　一心　一只　一生

不安　不甘　不光　不禁　不休　不依

"一"、"不"＋阳平：

一同　一年　一连　一齐　一直　一时

不妨　不服　不难　不良　不曾　不然

"一"、"不"＋上声

一点　一体　一览　一起　一早　一准

不满　不等　不仅　不想　不管　不可

2.在去声前

"一"、"不"＋去声：

一半　一旦　一定　一律　一致　一瞬

不必　不对　不但　不当　不够　不错

3.在词语中间

读一读　听一听　想一想　看一看　尝一尝　试一试

对不起　来不及　看不完　吃不消　舍不得　好不好

4.成语练习

一帆风顺　一见如故　一成不变　一心一意　一丝一毫　一朝一夕

不见经传　不可思议　不速之客　不骄不躁　不屈不挠　不闻不问

(三)轻声练习

1.有规律的轻声词练习

赔吧　开吧　买吗　累吗　被呢　牌呢　说呀　好哇　难哪　忙啊

白的　黑的　记得　值得　长得

呆着　戴着　看着　站着　罢了　跑了　好了　吃了　去过　晒过

多么　这么　那么　什么　怎么

我们　你们　他们　她们　它们　咱们　俺们　人们

跟头　丫头　馒头　前头　石头　骨头　枕头　对头　木头　念头

杯子　桌子　孩子　桃子　裙子　本子　嗓子　日子　燕子　院子

猩猩　哥哥　娃娃　奶奶　太太　听听　谈谈　走走　谢谢　看看

里面　外边　前面　后边　哪里　上来　下去　进来　出去　起来

2.绕口令练习

(1)雷奶奶有四个袋子,装了四袋麦子。雷奶奶想晒麦子,可是抬不动袋子。邻居裴家的四个孩子,帮雷奶奶抬袋子晒麦子,雷奶奶夸他们是好孩子。

(2)滔滔有串葡萄,毛毛有包核桃。涛涛爱吃毛毛的核桃,毛毛爱吃涛涛的葡萄。涛涛拿葡萄换核桃,毛毛拿核桃换葡萄。

(四)儿化练习

1.词语练习

(1)便于卷舌的儿化词

豆芽儿　找茬儿　被窝儿　面条儿　大伙儿

唱歌儿　主角儿　没谱儿　纽扣儿　老头儿

(2)韵尾为 i 和 n

墨水儿　小孩儿　走味儿　一会儿　冒尖儿

露馅儿　小辫儿　杂院儿　嗓门儿　差点儿

(3)韵尾为 ng(除 ing)

板凳儿　麻绳儿　蛋黄儿　夹缝儿　香肠儿

赶趟儿　钢镚儿　胡同儿　抽空儿　药方儿

(4)单韵母 i、ü

米粒儿　垫底儿　肚脐儿　小鸡儿　玩意儿

毛驴儿　金鱼儿　小曲儿　有趣儿　眼皮儿

(5)－i(前、后)

没词儿　挑刺儿　铁丝儿　瓜子儿　石子儿

墨汁儿　没事儿　写字儿　树枝儿　鱼刺儿

(6)in、ün、ing

脚印儿　送信儿　有劲儿　合群儿　花裙儿

门铃儿　电影儿　图钉儿　花瓶儿　眼镜儿

2.绕口令练习

(1)黄小米儿,煮半盆儿,白菜叶儿,剁几根儿,还有一盘萝卜丝儿,再来个粉皮儿熬小鱼儿。

(2)进了门儿,倒杯水儿,喝了两口运运气儿,顺手拿起小唱本儿,唱一曲儿又一曲儿,练完了嗓子我练嘴皮儿。绕口令儿,练字音儿,还有快板儿对口词儿,又说又唱我真带劲儿。

(3)有个小孩儿叫小兰儿,口袋儿里头装着钱儿,又打醋,又买盐儿,还买了一个小饭碗儿。小饭碗儿,真好玩儿,红花儿绿叶镶金边儿,中间还有个小红点儿。

(五)语气词"啊"的音变

1."啊"变 ya

是他啊　快画啊　回家啊　上坡啊　唱歌啊

警惕啊　后悔啊　好黑啊　快去啊　过节啊

2."啊"变 ua

别哭啊　早读啊　吃饱啊　真好啊　可笑啊

几条啊　别走啊　真愁啊　中秋啊　打球啊

3."啊"变 na

好看啊　老天啊　喜欢啊　月圆啊　小心啊

弹琴啊　冷饮啊　好困啊　参军啊　真准啊

4."啊"变 nga

快唱啊　真香啊　太脏啊　好冷啊　哪成啊

好听啊　救命啊　不行啊　英雄啊　管用啊

5."啊"变 ra

多值啊　白纸啊　先吃啊　不迟啊　可耻啊

写诗啊　没事啊　不是啊　小二啊　女儿啊

6."啊"变 za

投资啊　瓜子啊　筷子啊　写字啊　好词啊

有刺啊　几次啊　自私啊　铁丝啊　老四啊

五、普通话水平测试练习。

(一)模拟试卷一

1.读单音节字词(100 个音节,共 10 分,限时 3.5 分钟)

碑　涌　破　谋　尝　增　张　槛　枕　涛

吼　高　旺　怎　纫　逮　扇　雁　邹　潮

黑　盖　发　克　拆　撤　施　日　委　腮

舍　擦　惹　俗　讲　乳　恋　偏　音　俏
牛　妙　叠　瞟　铁　聊　掐　丢　笔　家
烟　妾　腻　闷　帆　习　爷　体　盼　冰
退　不　宁　夸　揣　润　锁　御　困　女
农　论　您　端　菌　穷　选　快　化　匀
愿　缺　举　雪　摔　脑　庄　从　光　红
童　孙　窜　谁　飞　最　星　良　施　争

2.读多音节词语(100个音节,共20分,限时2.5分钟)

规律偶尔空想暑期军阀官司底座
单调库存打算首先把门儿　危机篮球
事物腿脚平川下水精简努力豆芽儿
我们推进偏偏产量一瞬甲鱼保温
甜头石子儿　必然长者逢迎风筝校徽
堵塞邮戳儿　原来难得匹配举行在乎
口号牺牲准备牛排平衡木　潜移默化

3.朗读短文(400个音节,共30分,限时4分钟)

语言的魅力

在繁华的巴黎大街的路旁,站着一个衣衫褴褛、头发斑白、双目失明的老人。他不像其他乞丐那样伸手向过路行人乞讨,而是在身旁立一块木牌,上面写着:“我什么也看不见!”街上过往的行人很多,看了木牌上的字都无动于衷,有的还淡淡一笑,便姗姗而去了。

这天中午,法国著名诗人让·彼浩勒也经过这里。他看见木牌上的字,问盲老人:“老人家,今天上午有人给你钱吗?”

盲老人叹息着回答:“我,我什么也没有得到。”说着,脸上的神情非常悲伤。

让·彼浩勒听了,拿起笔悄悄地在那行字的前面添上了“春天到了,可是”几个字,就匆匆地离开了。

晚上,让·彼浩勒又经过这里,问那个盲老人下午的情况。盲老人笑着回答说:“先生,不知为什么,下午给我钱的人多极了!”让·彼浩勒听了,摸着胡子满意地笑了。

“春天到了,可是我什么也看不见!”这富有诗意的语言,产生这么大的作用,就在于它有非常浓厚的感情色彩。是的,春天是美好的,那蓝天白云,那绿树红花,那莺歌燕舞,那流水人家,怎么不叫人陶醉呢?但这良辰美景,对于一个双目失明的人来说,只是一片漆黑。当人们想到这个盲老人,一生中竟连万紫千红的春天都不曾看到,怎能不对他产生同情之心呢?

4.命题说话(请在下列话题中任选一题,共40分,限时3分钟)

(1)我的朋友

(2)购物(消费)的感受

(二)模拟试卷二

1.读单音节字词(100个音节,共10分,限时3.5分钟)

捐　末　壅　胆　脖　砖　锉　邢　垦　四

允　垫　惹　常　梳　败　首　梭　遣　罪

曰　裹　夜　松　怎　凭　晤　糟　牛　刀

乏　皱　揩　洪　里　智　甜　皇　虾　瘤

北　瓢　酿　赔　谬　抓　颊　锋　拔　兜

泛　荤　去　闯　情　升　痒　时　次　要

鼻　妾　刚　眨　燃　耳　臀　瑞　溪　怪

能　草　摔　砍　心　仄　藤　军　暖　碍

选　癞　粉　虫　鹿　窘　木　恩　替　捞

岭　农　虽　抿　贴　秒　瓮　举　够　韦

2.读多音节词语(100个音节,共20分,限时2.5分钟)

枕头　外语　讴歌　酒盅儿　马上　以及　夸张

不良　降低　今日　虐待　绕远儿　破坏　妇女

横扫　人群　崩溃　做活儿　合并　佛经　花费

雄壮　散落　全身　穷困　葡萄糖　面貌　学问

变压器　黑暗　答应　从而　赞成　多寡　完整

森林　采写　通讯　效率　车子　排斥　挑刺儿

宾馆　南方　水鸟　灭亡　定额　主宰　融洽

3.朗读短文(400个音节,共30分,限时4分钟)

读书人是幸福人

我常想读书人是世间幸福人,因为他除了拥有现实的世界之外,还拥有另一个更为浩瀚也更为丰富的世界。现实的世界是人人都有的,而后一个世界却为读书人所独有。由此我想,那些失去或不能阅读的人是多么的不幸,他们的丧失是不可补偿的。世间有诸多的不平等,财富的不平等、权力的不平等,而阅读能力的拥有或丧失却体现为精神的不平等。

一个人的一生,只能经历自己拥有的那一份欣悦,那一份苦难,也许再加上他亲自闻知的那一些关于自身以外的经历和经验。然而,人们通过阅读,却能进入不同时空的诸多他人的世界。这样,具有阅读能力的人,无形间获得了超越有限生命的无限可能性。阅读不仅使他多识了草木虫鱼之名,而且可以上溯远古下及未来,饱览存在的与非存在的奇风异俗。

更为重要的是,读书加惠于人们的不仅是知识的增广,而且还在于精神的感化与陶冶。人们从读书学做人,从那些往哲先贤以及当代才俊的著述中学得他们的人格。人们从《论语》中学得智慧的思考,从《史记》中学得严肃的历史精神,从《正气歌》中学得人格的刚烈,从马克思学得人世的激情,从鲁迅学得批判精神,从托尔斯泰学得道德的执着。

歌德的诗句刻写着睿智的人生，拜伦的诗句呼唤着奋斗的热情。一个读书人，一个有机会拥有超乎个人生命体验到幸运人。

4.命题说话(请在下列话题中任选一个，共40分，限时3分钟)

(1)童年的记忆

(2)谈谈个人修养

第五讲　辩论讨论训练

【实训导航】

马克思曾指出："真理是由争论确立的。"随着经济的发展和对外交往的不断扩大，明辨是非、能言善辩已经成为中职学生必备的基本技能。"三人行，必有我师焉"，"三个臭皮匠，赛过诸葛亮"，这些人们耳熟能详的论语俗语，告诉我们辩论讨论在提高认识、开阔思路等方面的重要作用。

本讲的最后，还比较了辩论和讨论在目的性上的不同。

学习这一讲，要了解辩论和讨论的基础知识，掌握赛场辩论的基本技巧，明了主持讨论和参与讨论应该注意的问题，进一步加强这两种口语表达能力的训练。

【知识探究】

一、辩　论

辩论，也称"论辩"，是说话的双方对同一问题持有相互排斥、互不相容的观点，为了证明己方观点的正确、反驳对方的观点而进行的双向语言活动。

辩论是一种常见的语言交流形式。大到联合国关于国际事务的争辩、法庭上是非曲直的诉讼，小到工作中出现分歧时的争执，甚至生活中买卖东西时的讨价还价，都涉及辩论。辩论具有驳诘性，辩论双方对同一问题的观点是截然对立、互不相容的；辩论具有应对性，双方不仅要阐明自己的观点，驳倒对方的观点，还要不断地应对对方的质询和反驳，进攻和防守的角色经常易位。辩论有多种形式，有些用于特定场合，如法庭辩论、会议辩论、赛场辩论等，这些辩论通常要经过事先的准备，确定辩题和辩论双方参与的人数，辩论过程中有较为明细的规则加以约束；有些则用于日常场合，具有随机性、偶然性，在参与人数、辩题和整个过程上，都没有具体要求。为了便于学习和训练，以下介绍主要以赛场辩论为主。

(一)辩论的基本要求

1.坚持己见，观点鲜明

辩论是一种论证己方观点正确、对方观点错误的语言活动，辩论的论题要具有正反两面的特点，从而形成辩论正方和反方。一般辩题也会考虑到双方的基本公平，不会对其中一方特别有利或不利。正反双方一经确定，就必须鲜明地坚持自己的立场和观点，即使内心对所持的观点可能有不同的看法也不能有丝毫动摇，这样才会展开精彩激烈的辩论。

2.抓住分歧，存同求异

辩论时应注意存同求异，对论题范围内观点一致或近似的部分不必纠缠，避免无谓的争论，而要集中精力抓住双方分歧所在，抓住主要矛盾的主要方面，行之有效地展开辩论。这样就可以紧紧围绕着争论的焦点，牢牢把握住辩论的方向，找准突破口，捕捉切入点，选择好攻防的最佳角度，提高辩论的有效率。

3.善于倾听，注重反驳

辩论时要注重倾听对方的发言，掌握对方的论点、论据和论证三者之间的关系，迅速捕捉其中可能存在的问题或漏洞，如观点错误、片面，论据不够真实、不够充分或与论点相悖，论证方法不合逻辑等等，然后主动出击，出奇制胜。赛场辩论中的反驳十分重要，最终胜负的判定不是取决于某一方的观点如何的合理、正确，而是取决于辩论的过程，胜者往往就是由于出色地驳倒了对手而取胜的。

4.逻辑严谨，语言周密

一场辩论要经历数个乃至数十个回合激烈交锋，这就要求辩论双方对自己的命题作出全面的考虑，构建一个比较严密的理论体系，论点、论据和论证要严丝合缝、浑然一体，不给对方可乘之机。语言表达中的任何疏忽同样会给自己带来被动，语言简洁周密，掌握一定的“咬文嚼字”的技巧，不仅是防守的盾牌，也是进攻的利器。

5.文明谦和，以理服人

赛场辩论终究是一场才智表达的口语比赛，在辩论中应该直陈己见，据理力争，鲜明地亮出自己的观点，并以充分的论据、严密的分析推理加以论证，但不能因急于求胜或为了挽回败局，强词夺理，以势压人，甚至恼羞成怒，进行人身攻击。

（二）辩论的一般技巧

1.辩论前的准备

敏捷的才思、广博的知识和流畅的表达是辩论取胜的前提，而准备是否充分则是辩论胜败的关键。这主要有以下几项内容：

（1）研究辩题，确立观点

要准确、透彻地理解题意，明确命题的概念、范围、重点、来由等等，然后分析辩题的共认点和争论点，找到分歧所在，最终确立自己的立场和观点。例如：“大学生兼职利大于弊”这一论题，要辩论的不是大学生兼职是否有利的问题，也不是兼职是否有弊的问题，而是兼职是利大还是弊大的问题。对于一些在逻辑上或理论上都比较难辨的论题，立论时还要对辩题进行合理的限定或拓展，以利于自己找到最佳的立论角度。

（2）准备材料，搜集论据

磨刀不误砍柴工，观点确定后，要通过各种渠道广泛搜集与辩题有关的材料，准备好充足的论据。论据要准确、新颖，有典型性和代表性，并在集体讨论的基础上，形成较为完整、清晰的辩论提纲。论辩的材料一类是相关的政策、法律、法规、名人名言等理论材料；另一类是有关的事实材料，包括确凿的史实、事例、数据、亲身经历等等。搜集来的材料还应根据性质和用途加以整理归类，分析它们和论点之间的关系，从而把材料变为有价值的论据。

搜集材料还要站在对方的立场上，推测对方会选择怎样的论据，如何展开论证，以及可能发起的进攻点,并设计出反驳的方法和步骤。有时还可以了解一下对方队员的知识素养、兴趣爱好、心理素质、生活经历等情况,做到知己知彼。

(3)明确分工,制定策略

以赛场辩论为例,为了取得预期的效果,辩手之间要进行一定的分工,各司其职,各负其责。通常辩论双方各有 4 位辩手参加,分为一辩、二辩、三辩和四辩,分别在辩词陈述、理论与事实分析、逻辑分析等方面承担不同的任务。但他们同时又是一个整体,强调协调配合,分工不分家。

(4)赛前试辩,模拟演练

为了尽可能创造逼真的赛程,需要有一支实力相当且经过准备的代表队参与演练。演练的程序应严格按照正式比赛进行,试辩结束后,参演双方应共同进行分析总结,根据实际情况对原有的论据和论辩技巧作相应的调整,最终确定理想的论辩方案。通过演练,检验了原方案的可行性,也可以让辩手提高心理素质,积累临场经验。

2.辩论中的技巧

准备好的论辩方案,在论辩时还要根据现场的具体情况灵活处理。这就要求学习掌握一些论辩技巧:

(1)抓住破绽,攻其不备

辩论时要仔细听取对方的陈词,理清对方观点与论据之间的相互关系,力求快速找出其中可能存在的问题。在诘问中抓住了对方的破绽,就等于打乱了他们的原有计划,为自己赢得主动权。如复旦大学队与剑桥大学队在辩论“温饱是谈论道德的必要条件”时,剑桥大学二辩孙学军说:“据最近的资料表明,二战中英国人民的温饱程度是有史以来没有过的,营养价值在当时食物平均分配制度下是最好的。因此你不能通过这个问题来否认它是在温饱程度上讲道德的。”复旦大学队的严嘉立即反驳:“《丘吉尔传》告诉我们,那时候好多穷人是怎么去填饱肚子的呢?是排队买鸟食,还买不到啊!”在这里,严嘉就出其不意地抓住了对方论据不实的破绽。

由于紧张、准备不足等原因,辩论双方都难免出现表达上的疏忽和失误,在陈述、辩驳或与队友的配合上,出现自相矛盾、前后不一的现象,如果一方能够及时利用这样的机会进行攻击,就可以使对方处于尴尬不利的境地,甚至造成心理压力,影响其正常发挥。因此辩论中不仅要注意自己的表达,也要关注对方是如何表达陈词的。

(2)以退为进,变守为攻

对于一个不便回答的问题,假如强不知以为知,勉强作答,不但会失分,还会闹笑话。在这种情况下不要急于反驳,应暂时采取退让容忍的姿态,避其锐气,静待时机伺机反攻;或挑起其他话题,转移视听,以守为攻。当对方再三追问时,则应当从坚守己方立场的角度予以答复,避免被对方牵着鼻子陷入被动,因为一再回避也会给评委和观众留下不好的印象。

(3)分清主次,穷追不舍

辩论的一方,有时会因为问题的难度较大或缺乏相应的准备避而不答,顾左右而言他，甚至虚晃一枪，用反客为主的方式提出其他问题，转移视听。发问的一方，此时切不可轻易随之转变话题，应抓住对方的弱点继续攻击，保持已经获得的主动，不断扩大战果。

(4)避实就虚，少下定义

下定义是明确基本观点的主要方法，但如果热衷于给每个概念都下个明确的定义，往往会使自己缺少回旋的余地，给对方提供了进攻的炮弹。比如“温饱”这一概念，如果将其定义为一种状态，“在此状态下，社会的大部分人都无衣食之困”，那么，对方可以追问：“你的社会的内涵是什么，它指一个团体，一个民族，还是一个国家?”也可以追问：“你的‘大部分’的含义是什么？是人口的60%、70%还是80%?”对这些问题，如果继续回答，又可能会暴露出更多新问题，从而陷入被动应对的局面。复旦大学队是这样回答的：“温饱，就是饱食暖衣。”这样的回答实际上是同义反复，给人的感觉却是已经清楚地阐释了这个概念，而对方又抓不住任何把柄实施攻击。

(5)随机应变，巧辩智对

无论事先经过怎样的周密准备，论辩过程中，对方辩手总会有一些出人意料的提问或反驳，令人猝不及防。这时候，应变性的口才显得尤为重要——它能见招拆招，巧辩智对，出口成趣，妙语服人，博得阵阵掌声，这也是赛场辩论的观赏性所在。要具备这种能言善辩的表达能力，需要训练，需要丰富的知识积累，更需要具备良好的心理素质和思维素质。

巧妇难为无米之炊，再高超的辩论技巧也离不开平时丰富的知识积累，两者紧密结合，赛场上才会有出色的表现。在真理面前，谬论站不住脚；阳光之下，阴影藏不住身(藏族谚语)。在批驳谬论、驱赶阴影时，逻辑推理是有力的武器。因此，在博览群书不断提高自身学识素养、优化知识结构的同时，有针对性地学习判断、推理等一些形式逻辑知识，掌握反证法、两难法、归谬法等利器的运用方法，可以帮助我们正确地思维，准确而有条理地表达，可以帮助我们敏锐地捕捉对方的逻辑错误，在论辩中有着非常重要的作用。

二、讨 论

讨论就是人们围绕某个话题平等地交换意见。作为一种集思广益的重要途径，讨论通常以会议的形式在机关团体部门间进行，甚至还可以是社会性的大讨论。讨论的进程，一般是在提出所要解决的问题之后，参与者根据各自经验与体会对问题进行分析，然后有针对性地提出解决问题的对策。讨论中还要鼓励大家换位思考，从不同的角度分析研究，这样得出来的观点才较为公允。各种不同意见的有机综合，便是讨论的结果。

要使讨论富有成效，应该注意以下几点：

(一)确定议题

在讨论前确定一个目标，使参与者明确“讨论什么”。提出的议题应切合实际，具体明确，针对性强。一般而言，比较具体的议题能使与会者较快产生设想，主持人也较容易掌握；比较抽象和宏观的议题引发设想的时间较长，但设想的创造性也可能较强。

（二）会前准备

为了使讨论深入展开，主持人或组织者可在讨论前做一些准备工作：如收集、整理一些资料预先给大家参考，以便参与者了解有关的背景材料和外界动态，拓宽思路。就参与者而言，在讨论之前，对于要解决的问题就应该有所了解。会场可作适当布置，座位排成环形或马蹄形往往比教室式的环境更为有利。

（三）确定人选

一般以 6～10 人为宜。与会者人数太少不利于交流信息、激发思维；而人数太多则会影响会场气氛，每个人发言的机会也相应减少。

（四）明确要求

对参与者而言，应该认真思考，积极发言。发言要做到观点鲜明，论据充分；既不能长篇大论独占发言时间，也不能消极旁观一言不发，或者事不关己随声附和；别人讲话时不要私下议论，也不要随意打断别人发言，以免影响他人的思考；与会者之间应相互尊重，平等相待，切忌争抢话题、相互褒贬。

对组织者而言，主持人在讨论前要说好“开场白”，介绍讨论的目的、内容及预期达到的目标；也可请每位与会者进行自我介绍，以增进相互了解，建立和谐、融洽的关系。讨论中主持人要启发引导，掌握进程，把握讨论的方向和节奏；要及时归纳大家的意见，引导讨论深入进行。当讨论偏离主题、争论激烈或因某人健谈而形成“一言堂”时，主持人应及时以提醒、婉转引导、礼貌插话等方式控制讨论的局面；当讨论出现冷场时，主持人可通过提出引发争论的开放式问题、或个别提问、点名等方式打破僵局，活跃气氛。讨论结束时主持人要做好小结，求同存异，达成共识。

（五）掌握时间

会议时间由主持人掌握，不宜在会前定死。时间太短与会者难以畅所欲言，太长则容易产生疲劳感，影响会议效果。讨论时间最好安排在 1 小时之内。若需要更长时间，就应把议题分解成几个小问题分别进行专题讨论。

三、辩论与讨论的不同

辩论，是观点针锋相对的双方，在坚持自己观点的基础上，想方设法去驳斥对方观点的错误与荒谬。辩论的形式有很多种，除了骂街之外任何可以端上台面的方法都是有力武器。作为一种没有硝烟的战争，可以“短兵相接”，即当面舌辩；也可以“决胜千里之外”，即利用各种新闻媒介进行辩论。其时间可以是一时半日，如各式各样的辩论赛；也可以旷日持久，如不同的政治派别、利益集团之间进行的观点论战。

讨论则大不一样：讨论一般是参与讨论的各方，就某一个确定的主题，从各自所持的不同立场出发，发表意见，其最终目的在于达成共识。参与讨论的各方一般不存在根本上的利益冲突，他们可以力陈利害，使自己的观点得到最大限度的重视或认可。而他们观点的提出，并不旨在驳斥其他各方，而是在尊重其他各方意见的基础上进行的。参与人对于会上的其他观点，认可的可以表示赞赏和支持，不认可的可以有所保留，对被大多数人忽视的内容可以作适当补充。

讨论过程中，允许小范围的辩论存在。当参加讨论的各方实在难以达成一致意见的时候，就应当进行必要的争论。这种争论是广义上的辩论，本质上属于讨论的范畴，其根本目的还是为了统一意见，探讨出事物的本来面目与规律，更好地解决问题，而不是单纯地为了争论出谁对谁错。

【示例借鉴】

一、网络使人更亲近/更疏远（节选）[①]

正方：马来亚大学 网络使人更亲近　　　反方：澳门大学 网络使人更疏远

主席：张泽群

……

正方：对方告诉我们要亲近必须面对面，这我倒奇怪了，书信来往也没有面对面，那么对方辩友这是不是告诉我们书信来往也使人更疏远呢。（掌声）

反方：书信来往只是使人们更亲近的一种手段。但是我要请对方辩友不要忘记了，网络的一个主要副作用就是使人忽视了现实生活中面对面的情感交流。为什么有一首很流行的歌唱道："常回家看看，回家看看……"（掌声）这是因为网络的便利使我们认为与家人的通信已经足够了，殊不知，帮妈妈洗洗碗，帮爸爸揉揉肩，才是真情的真谛啊。

正方：所以对方刚刚就告诉我们，今天要亲近，不一定是要面对面，这就跟对方一辩刚才的立论是有绝对的矛盾一样。另一方面，有了网上的联系，不一定会减少面对面沟通的情况，法国帕斯瑞镇的全镇都通过光纤联络起来，但是人们还是要上街购物，还是要上市场。为什么？他们就是要给你一个进行社交的机会啊，对方辩友。

反方：请对方辩友不要陷于不需要面对面交流这个迷网中间。让我们来看一看。如果像对方辩友所说的不需要重视面对面交流的话，我们这里有一个很好的事例，哥伦比亚大学的一位教授由于长期沉迷于网络、他连微笑也不会了，甚至与人说话时，老是这样（指敲键盘动作）.你知道他是为什么吗？他失去了交流的能力了，这又怎能说他与别人更亲近了呢，对方辩友。（掌声）

正方：我方不是说今天不要面对面的沟通，而是要澄清网络并没有影响人与人面对面沟通的情况，对方刚刚说到，哥伦比亚大学的教授沉迷于网络，但是今天有许许多多的人沉迷于读书，请对方告诉我们读书以及阅读也使人们的关系更疏远吗？

反方：请对方辩友不要老缠在网络不网络，或者现实交流与不现实交流这个问题上吧。我们刚才几位辩友已经说了，网络上缺乏诚信的基础，人与人交往缺乏相互的信任，它使人们深怀戒心，多少网络中人有 N 个网上老婆外加 M 个网上情人，而且这个 N 跟 M 都大于等于三，那么这种"别问我是谁，请与我相爱"，这虚假真情难道让人更亲近吗？（掌声）

正方：对方辩友，今天要使人与人增加信任感，第一步是不是要有一个交往的空间、

① 根据第四届国际大专辩论会比赛现场双方辩手发言整理，有删节。

交往的机会呢？而网络就是提供这一个交往的空间、交往的机会，让我们许许多多从不认识的人到认识的人，从没有交往到有交往，这就是整个亲近的过程。对方为什么就一定要看信任呢？要知道，信任的基础就是要有交往啊。

反方：对方辩友连信任都不要了，我真不知道对方辩友要什么啊。（掌声）最后我十分欣赏电视剧《水浒传》的主题歌：该出手时就出手，风风火火闯九州。

这里我只想说，该下网时就下网，清清静静好时光，企盼对方辩友能早日逃出网络的围城啊！谢谢大家！（掌声）

正方：对呀，该下网时就下网，今天我们没有说要每一个人都沉迷于网络。而且，沉迷并不是网络所带来的，对方自由人告诉我们，今天要使人与人更亲近，我们要有距离，我们要有交往过后才会有信任，这就是交往的基础。但对方辩友不要这基础，他只告诉我们，我们要马上信任，马上互相交心，但这和平常人交往的经验是有冲突的。因为我们要信任，要深交，首先就必须要有一个交往的机会，但对方今天完全忽略这个机会，完全忽略要交往、要亲近的这个机会。因此。今天是更亲近的……（时间到）

主席：感谢双方自由人载歌载语的对话，谢谢。（掌声）好了，下面进入辩论会更为精彩的自由辩论阶段，在自由辩论阶段，双方的一、二、三辩各有时间 4 分钟，首先有请正方提问，请。

正方三辩：各位，如果书信也能促进人们的关系的话，那么为什么电子邮件就不能使人们的关系更亲近呢？

反方二辩：请问对方，你愿意要你女朋友的一封电子邮件虚幻玫瑰呢，还是要你所爱的女朋友送来沾着汗渍的情书，一枝新鲜的玫瑰呢？

正方二辩：可是我可不能 24 小时都跟我的男朋友在一起呀，我要来北京辩论的话，就必须要跟他分开一段时间，在这段时间，我要和他交往的话，通过电子邮件更快速，更甜在心里哪。（掌声）

反方一辩：所以呀，电子邮件只是为你与你的男朋友交流提供了一种手段，但你最后还是要回到马来西亚与你的男朋友拥抱才感到亲近哪。（掌声）

正方一辩：今天我们没说过面对面的交谈不会让人更亲近，我们是说网络让人更亲近。因此对方也承认了通过网络邮件这样的一种联系方式，我们的确可以和远在天边的人取得联系而更为亲近哪。

反方二辩：所以今天我们的问题就是如何适当地利用网络，现在事实摆在面前，在美国居然连自己的邻居都不认识，当你走出这幢公寓的大门时，看到的都是冰冷的眼光对着你，你感到什么样的亲近呢？

正方三辩：对方辩友要论证这个论点，首先就必须清清楚楚与大家交代，到底网络如何使我不想认识我的邻居，如果提不出实际理论，是不是说这个论点就没有了立论的基础架构呢？（掌声）

反方二辩：据调查机关调查，之所以他不认识邻居，就是因为他们在家中过多地与网络媒体为伴。

正方二辩：对方辩友这样子说来，是不是有欠根据呀。美国圣地亚哥大学教授就告诉我们，人要有交往的心态，因为人要交朋友，对方却说因为网络使人不要交朋友，这些我方可不能相信哪。

反方三辩：互联网上尽可胡说，所以互联网成为胡粘网。请问对方辩友，我们哪位辩手说了要大家不交往朋友呢？还有，对方辩友刚才只说的是信息交流，等于感情交流吗？

正方一辩：信息交流和感情交流之间能够画上一个绝对分割号吗？我们知道有交流的信息，人们才能够交流感情啊！（掌声）

反方二辩：我们并没有说画上绝对的分割号，但是，请问你们的老母亲是希望你回家替她捶捶背，揉揉腰呢，还是更希望你偶尔给她一个电子邮件呢？

正方三辩：对方辩友要论证这个网络使人更疏远这个论点的话，那就首先请你论证给我看，今天我上网的时候，我从此这些天就留在北京，我不再回我的老家，不再给我的妈妈揉揉背，捶捶肩了，如果这样能够讲的话，那对方辩友更甚的论点才能成立呀！（掌声）

反方一辩：刚才我方已经一再讲明了，你最终还是要替你母亲揉揉肩，才能亲近哪。（掌声）

正方二辩：对方辩友，现在我跟我母亲相隔两地，通过网络我们将心比心地进行交流，向她报平安，这样也是网络让我拉近我跟我母亲之间的关系呀，按照对方辩友这样的说法，我可是要一辈子都要在家里，才能跟我母亲亲近哟。（掌声）

反方二辩：但是中国互联网络中心调查显示，60%的家长都担心子女过分沉迷于网络，一方面是因为他们缺少了与父母的交流，另一方面往往是因为他们自己感情控制不住，做出一些很遗憾的事情。

正方一辩：对方说用网络来联系，不能够让人将心比心，那么想请问对方同学，中国设立的爱线交流网络究竟如何能够让人与人之间更加疏远呢？（掌声）

反方二辩：爱线交流网络，我们并不认识这个网络，但是我们要看实际情况，有多少人在这个网上投入自己的爱心呢？

正方二辩：对方竟然说没有这个网络，请对方到网络上去查一查吧。我再想请问对方辩友，是不是一定要经过面对面的交流才能算是更亲近呢？

反方三辩：感情究竟发源于现实空间还是网络上？请问对方辩友，今天我们在北京，北京是以四合院其乐融融的文化著称，但是北京零点公司的调查显示，现在北京有六成的人和自己的邻居只有点头之交。请问对方辩友，人类技术进步必然导致人类精神文明的进步吗？

正方二辩：这个点头之交是网络带来的吗？请论证。

反方三辩：每一个时代者都有一个时代的背景。刚才主席还讲了信息时代已经来临，信息时代的工具是什么？是电脑哇，是网络啊！

正方二辩：以前也有人担心说，电话的出现会使人的关系更疏远，但是这个忧虑有产生吗？请问这么个情况之下，网络又怎么会步上电话的后尘哪。

反方一辩:电话只是人们交流的一种手段,现在港澳很多人到了春节已经不去面对面的交流了,而是通过电话问候一声,这如何使人们更亲近呢?

正方一辩:对方说了,电话是让人们交流的一种手段,因此今天我们说网络也是让人们交流的一种手段,我们可没鼓励对方的同学用了网络让你和你的家人亲近之后就不要回家了呀。(掌声)

反方三辩:网络上连一种现实空间里面的形体语言——拥抱,都无法在虚拟空间中使用,我不晓得对方辩友如何论证出了更加亲近。

正方二辩:我很希望能够跟我母亲拥抱,但是事实上无法做到这一点,因为有时间空间上的限制,但是网络替我解决了这个问题,我不感激网络的话,我感激谁呀?(掌声)

反方二辩:请不要老是陶醉在你个人的一些事情上,我们今天指的是广大人民群众在学网络之中碰到的一些问题。请问对方,到底这些使人更加亲近的身体语言在网络上能不能够实现?

正方一辩:对方刚才说要谈广大群众,那么我想请问对方同学,当华东水灾发生的时候,当印尼华人惨案发生的时候,你们能否认网络的使用让这些人与人之间更疏远了吗?(掌声)

反方一辩:确实,我们非常感谢网络为我们和印尼华侨之间加了一条纽带。但是如果我们常想与印尼华侨接触,拍拍他的肩膀,拥抱他一下,表示我的慰问,我如何做到呢?

正方三辩:只有拍拍肩膀才是更亲近吗?今天从毫不相识到相知相交,从漠不关心到相互关怀,这不是更亲近,难道是更疏远吗?(掌声)

反方三辩:同是天涯沦落人,相逢何必太相识。连天涯沦落人都要到现实空间里面来相逢相知,请问对方辩友,你难道能够依赖网络建立一种感情吗?

正方二辩:那个时代没有网络啊,对方辩友。现在这个时代有网络,我们能通过网络去帮助印尼华侨,虽然我没有办法用手拍拍他们,但是我的诚意他们是能够感受到的,这样的关系对方说要更疏远的话,肯定我感到非常伤心哪!(掌声)

反方二辩:按照对方理论,这么说来汽车取代了马车,交通工具变质了,那么父子关系也改善了。

正方三辩:对方辩友,对方立论交通工具和网络到底有什么直接关系,我想我们都看不出来。但是我更看出来的就是今天残障儿父母俱乐部让父母在网上交换育儿心得,这种可是更亲近的表现。

反方一辩:我方已经多次强调,那只是一种手段。对方辩友刚才说相知相交,你如何与他人成为知己呀,毕竟还是要面对面确定他呀,不然你怎么知道你的对面是一个人而不是一个披着羊皮的狼呢。(掌声)

正方二辩:现在对方是不是就向我们承认了这个手段是能拉近人与人之间的距离呢?而人们也乐意用这个手段来帮助他们解决事实上时间、空间所不能做到的呢?

反方三辩:拉近距离就等于使人们的心灵更加亲近了吗?对方辩友,怎么熟视无睹我方提出的论证观点呢。(时间到)

正方一辩：那对方是否要告诉我们，只有你和你的家人远隔一方的时候，你和你的家人之间的亲情才是更亲近啊！（时间到）谢谢！

主席：谢谢双方辩论员！（掌声）实际在我们的现实生活当中，要想亲近或是要想疏远都会有多种方式，并不一定真正操纵键盘就能使天涯若比邻的人真正亲近起来，也不一定非要去给爸爸妈妈捶捶背、揉揉肩才能亲近起来。下面我们希望各路辩手在最后的时间当中能给我们的辩论展现更广阔的空间。

……

简析：国际大专辩论赛作为赛场辩论，从 1993 年首届举行至今，每两年举行一届，以其高度的观赏性和竞争性备受瞩目。这类比赛的机构一般包括：主席（主持人）、评判团（5 人或 7 人）、参赛双方（各 4 人）；比赛程序分三部分：主席简介评判团和参赛队的基本情况、参赛队辩论和评判团评判；辩论过程也分为立论陈词、自由辩论和总结发言三个阶段。本场比赛是 1999 年 8 月在北京举行的第四届国际大专辩论会初赛 A 组的一场比赛，正方马来亚大学队获胜 。比赛中，正反双方紧紧抓住己方观点，或攻或守，唇枪舌剑，针锋相对，展示了智慧与才思的交锋，激情与勇气的碰撞。也希望那些整天沉溺于网络游戏、痴迷于网络交流的同学能够从中受到启发，早日走出网络，回到现实。

二、中央电视台《对话》栏目关于“你是人才吗”讨论片段

主持人（张蔚）：我想先问问现场的观众有哪些认为自己是人才的，能不能给我举一下手？全都是人才，我们今天太幸运了，能不能用简短的三句话跟我说一下你为什么觉得自己是人才？再举一下手，这位先生，比较简短的回答。

观众：我觉得我是人才，第一我做事很认真，第二我很有独创能力，第三我跟同事合作的方法很好。

主持人：所以你是个人才。

观众：是。

主持人：谢谢你谢谢你。还有哪位观众朋友，这位小伙子。

观众：我觉得我是人才，因为我有丰富的知识背景，因为我现在学了两个专业。另外我觉得我和同学和同事们相处能力尤其和他们沟通的能力不错，另外我觉得我有吃苦耐劳的精神。

主持人：跟他有点儿像啊。

观众：是大概吧。

主持人：谢谢谢谢。有没有哪位女同学觉得自己是人才？

观众：我觉得我是人才，第一我觉得我做事比较细心，第二我觉得我比较有合作精神，最后一条就是说我比较好学。

主持人：比较好学勤学，谢谢谢谢。还有没有哪位观众朋友愿意跟我分享一下，为什么你是人才？

观众：我觉得我是人才。主要是从两方面：一方面从我参加工作以来，从我的同事从我的上级反馈中得到的，他们一致认为我是个人才。第二方面我认为我这个人有什么好处呢？第一我的知识背景很广泛，我知识背景技术性很强；第二我做事很认真负责，我有责任心；第三我注意团队精神，注意和人的沟通和协作，就是这样。

主持人：他分了两大点，第二点有三小点，给他鼓励一下，你觉得除了你以外谁还是人才？

观众：我觉得我们的观众中很多人都是人才。

简析：一场关于人才标准的讨论，主持人面向观众，主动热情，提出的问题明确具体，善于启发引导，及时归纳；观众积极参与，发言踊跃，回答内容针对性强，会场气氛活跃。

【综合训练】

一、对方这么说，你该怎么辩？

1.小王在课堂上听 MP4，你对他说："好好听讲。"他回答道："我正在听呀。"

2.你刚把教学楼的走廊扫干净，就有一位同学扔下一团废纸。"请不要乱扔垃圾。"可你刚说完，他就顶过来："都不扔垃圾，要你值日干什么？"

3.胖胖上学老迟到。你问原因，他说："睡过头了。"你反问道："为了睡觉就可以迟到吗？"胖胖振振有词地说："列宁不是说嘛，不会好好休息，就不能好好工作。我多睡一会儿就是为了更好地学习呀。"

二、论辩不仅要求辩手具备伶牙俐齿，也要求他具备敏锐的听话能力。仔细聆听下面的故事，指出张潮在哪儿露了馅？

北宋仁宗年间，广东揭阳县商人赵信雇了一条船，准备运货去外地贩卖，他与船主张潮约定第二天五更开船。

第二天四更，赵信把 500 两银子背在背上，和妻子孙氏作别后就去乘船了。到天大亮时，孙氏被一阵敲门声惊醒，并听到"孙氏娘子开门"的喊声。孙氏开门一看，原来敲门人是昨天来过的船主张潮。张潮说："你家官人与我约定清晨五更开船，怎么到现在还没有来？"孙氏大吃一惊，说："我丈夫天不亮就走了，怎么现在还没有到船上呢？"慌忙去各处寻找。可是找了 3 天仍不见赵信的踪影，于是她到官府报案。县官一听就认定张潮是凶犯。张潮哪儿露馅了呢？

三、请从正(反)方研究以下论题，对核心概念进行必要的限制或拓展，确立己方最佳的论辩角度。

1.失败乃成功之母

2.有志者事竟成

3.知足常乐

4.吃亏是福

5.高薪可以养廉

6.成功在于机遇

7.开卷有益

8.仁者无敌

四、由学生自主选择感兴趣的论题及立场，组织学生就如何立论、如何选择论据等分组讨论，查找搜集资料，进行全班交流。

1.上大学是(不是)成才的必经之路

2.合作(竞争)比竞争(合作)更能促进社会发展

3.手机拉近(疏远)了人与人的距离

4.当代社会，求“博(专)”更有利于个人发展

5.顺境(逆境)比逆境(顺境)更有利于个人成长

6.崇拜青春偶像利(弊)大于弊(利)

五、设题论辩。

1.两个失败者沮丧地躺在屋里，同时看到下面的情景：

一只蜘蛛要在天棚的拐角处结网，它向另一面墙壁荡过去，在即将接近那面墙壁的一刹那，它掉了下来……这是它第七次失败了。蜘蛛的举动触动了他们。

甲说：可敬的蜘蛛，你是那么自信而执着！我是人，难道还不如一只蜘蛛吗？我要振作起来！

乙说：可怜的蜘蛛，你只要稍微改变一下爬行的方向，就可以成功。我是人，不是蜘蛛，我要重新选择方向。

论题：面对挫折要坚持不懈(正方)

　　面对挫折要重新选择(反方)

2.某中专学校开学了，可二年级的李剑还未来校报到。原来暑假里他在一家公司打工，上班路上不幸出了车祸，住进了医院。同学们对他的打工行为褒贬不一：有人认为他家境不错，没有必要打工挣钱，应该利用暑期好好补习功课；有人则认为李剑利用暑期打工，深入了解社会，对提高自己的社会实践能力很有好处，学生就应该都参加社会实践活动。

论题：中专生暑期打工利大于弊(正方)

　　中专生暑期打工弊大于利(反方)

3.我们每个人可能都有英雄情结，有自己心目中的英雄，却未必认真思考过英雄的标准。什么样的人才能真正称得上是英雄呢？自刎乌江的项羽算得上英雄吗？曾经受胯下之辱的韩信算得上英雄吗？“两弹元勋”邓稼先算得上吗？中国第一位飞上太空的航天员杨利伟算得上吗？美国的比尔·盖茨呢？

《三国演义》中的“青梅煮酒论英雄”，曾使无数人心折。今天我们也不妨摆下擂台，回眸历史，关注现实，纵论天下英雄。

论题：当以成败论英雄(正方)

　　勿以成败论英雄(反方)

这三场辩论要求做到以下几点：

(1)设立正反方,确定双方辩手及分工;

(2)辩论前精心组织准备,围绕辩题查找资料,了解、掌握辩论的方法和技巧;

(3)观点鲜明,论据充分,表达清楚,论辩得体;

(4)辩论结束时,同学之间交流论辩体会,每人做出自我评价,学生之间互相评价,教师可做适当点评。

六、话题论论。

1.有人说:幽默是一种修养,是一种宽容,是一种语言艺术;幽默是自信的表现,是人际沟通的润滑剂,是一个人在现代社会生存和发展的重要素质。你是怎么看的呢?请围绕"幽默的作用"和"怎样才能让自己幽默起来"展开讨论。

2."早岁哪知世事艰"是陆游《书愤》中的诗句,表达了诗人深沉的人生感慨。一般来说,年少时并不懂得生活的艰辛,所以就有"少年不识愁滋味"的说法。但也有许多人在年少时就遭遇坎坷、饱受磨难,正是这些坎坷磨难丰富了他,磨炼了他,让他深刻地领悟到社会、人生的真谛。正所谓"艰难困苦玉汝于成",苦难是人生最好的老师。

当然,这在很大程度上取决于他如何应对、如何认识坎坷磨难。

请以"早岁应知世事艰"为题展开讨论,讨论要做到言辞得体,有一定的深度和广度。最好从历史名人和现实生活中寻找讨论的材料,并联系身边的、自己的生活实际。

七、场景讨论。

课堂讨论是我们最熟悉、最常见的口语交际活动,几乎每一节语文课都离不开它。平时的课堂讨论都是由老师组织同学们进行的,这次课堂讨论不妨转换一下角色,由一位同学作为主持人来组织讨论,老师作为平等参与的一员。

第六讲　朗读与演讲训练

【实训导航】

了解朗读的基本要求，掌握朗读的基本技巧，能够在理解作品的基础上，熟练运用普通话准确、流利、有感情地再现作品的思想内容，并融入自己的独特感受。

了解演讲的特点，学习常用的演讲方法，通过演讲训练提高口语表达水平，做到主旨明确、生动感人、自然得体。

【知识探究】

一、朗读

朗读是运用普通话准确、流利、富有感情地把书面的文字作品转化为有声语言的一种口语活动。它不是简单地把文字转变成声音，而是朗读者在理解作品的基础上，以富于技巧、富于情味的声音形象，再现作者思想感情，并融入朗读者自己的独特感受和理解的再创造过程。

（一）朗读的基本要求

1.准确

朗读应该用标准的普通话，发音响亮清楚，忠于原作，不改字、不丢字、不添字、不读错字音。

2.流利

这是在准确基础上的对熟练程度的要求，就是做到连贯流畅自然、不破词、不破句、不重复、不打顿，恰到好处地运用各种朗读技巧，表意准确，语速适中，语气合乎表达需要。

3.有情

作为作者的代言人，朗读者应把作品的真情通过有声语言传达出来，使听者产生共鸣。

（二）朗读技巧

要朗读好一篇作品，朗读者在理解作品的基础上，除了语音规范，为增强感染力、更恰当地传情达意，还需要掌握一些基本的朗读技巧和方法，如停连、重音、语调、节奏等。

1.停连

停连指的是朗读语流中声音的中断或延续。它既是所读作品内容表达的需要，也是朗读者生理上的需要。从生理上看，停连是朗读者调节气息的需要和结果，我们不可能一口气把一篇文章全读完；从表达上看，停连是为了语言表达的语意明晰、层次清楚。

2.重音

普通话的重音有词重音和句重音两种。词重音即词的轻重格式中重读的音节，普通话双音节词语占总数的绝对优势，其轻重音格式的基本形式中占绝大多数的是“中＋重”格式，即后一个音节重读。句重音是指语句中那些在表情达意上起重要作用的词或词组（甚至某个音节）、在朗读时需要加以强调读出的现象。普通话的句重音主要有语法重音和逻辑重音两种。

与停连一样，重音也是朗读中常用的重要表达技巧。它们的区别在于：停连要解决的是作品内容构成上的分合，而重音要解决的是作品内容、词语关系的主次。

3.语速

语速即朗读中的语流速度，是构成节奏的重要组成部分，也是表情达意的又一重要手段，一般分为快速、中速、慢速三种。

4.语调

语调是语气的外在表现形式，是朗读时语句声音的高低升降的变化。语调是由语气的色彩和分量决定的，语气的千变万化，决定了语调的丰富多彩，主要有升扬、降抑、平直、曲折等不同类型，表现不同的思想感情和内容。

二、演讲

演讲又称“讲演”或“演说”，是指在特定的时空环境中，以有声语言和相应的体态语言为手段，向听众阐述自己的观点、抒发真实的情感，从而达到感召听众的目的的社会实践活动。演讲与口才被当今世界公认为现代人才的必备素质之一，它的实用价值越来越为人们所重视。

（一）演讲的特点

1.目的性

演讲是一种现实性很强的社会实践活动，每次演讲都有一个既定的目的，演讲者就某一问题直抒己见，给人启迪或鼓舞。

2.艺术性

演讲是语言艺术，“讲”“演”同步，以“讲”为主、以“演”为辅，相辅相成，产生感人的艺术魅力。

3.鼓动性

说服和鼓动是演讲的显著特征，也是演讲的最终目的。它既来源于内容的感召力，也产生于演说者炽热的感情，演讲的艺术性更是构成鼓动的重要原因。

（二）演讲的类别

依据不同的标准，我们可以对演讲进行不同的分类。以形式为标准，最常见的有命题演讲和即兴演讲两种类型。

即兴演讲是在某种特定场合，演讲者在事先没有准备的情况下即席发表自己见解和主张的演讲活动。即兴演讲使用频率高、应用面广，诸如应聘面试、会议发言、宴会婚庆等均少不了即兴演讲。这类演讲有一定难度，真正体现一个人的口才水平。命题演讲是按照命题的要求，经演讲者事先做了准备后所做的演讲。

（三）命题演讲的组织

1.确定主旨，明确目标

所谓“主旨”，就是演讲所要表达的中心思想或基本观点，它是整个演讲的灵魂。确定主旨要注意两点：

一要合适。演讲的主题应该是人们普遍关心的问题，要有时代意义和针对性。应考虑不同听众的年龄、职业、知识水准等具体情况，还必须考虑演讲的场合、环境以及自己对该问题的熟悉了解程度，以便发挥自己的优势，有的放矢。二要集中。一般来说，一篇演讲只能有一个主题，贯穿于全篇，给听众以深刻的印象。否则易造成头绪纷繁，结构松散，话说了很多，听众却不知道你到底想要表达什么观点。

2.组织演讲，安排结构

主旨确定之后，需要拟定演讲提纲组织演讲。演讲的过程一般可分为开头、中间和结尾三部分：

(1)开头

俗话说：“好的开头是成功的一半。”心理学的研究也表明，一次活动开始时的二三分钟是人的注意力最集中的时候。因此，好的演讲开头能够先声夺人，抓住听众，在整个演讲过程中占据着重要的地位。演讲的开头方式很多，常见的有开门见山、援引事实、提出问题、名言切入、诙谐幽默、演示实物等方法。

(2)中间

这是演讲的核心部分，它包括演讲的观点和论据。必须围绕中心论点精心组织材料，合乎逻辑地逐层展开论述，组织和安排好演讲高潮，使听众在情感上产生强烈的共鸣。主体部分讲述层次的安排可采用陈述式、并列式、递进式、因果式、对比式等，这些方式可以综合使用。

(3)结尾

结尾是演讲内容的自然收束，言简意赅、余音绕梁的结尾能使听众精神振奋、回味无穷，留下深刻的印象。在演讲开场白中使用的方法也都可以用在结束语上，常见的结尾方式还有总结式、感召式、呼应式、问答式等。

（四）演讲技巧

演讲是一项具有一定艺术性的社会实践活动，它以讲为主，以演为辅，吸引听众、打动听众。

1.声情并茂的语言表达

演讲首先是一种听觉艺术。演讲的有声语言表达要求做到声随情发，声情并茂。演讲者必须运用一定的有声语言表达技巧，这些技巧包括语音、语调的运用以及语速的掌握等，使声音富于表现力。

2.演讲的态势语表达

演讲是演与讲的结合，它不仅需要有声语言的表达，同时还要辅以态势。听众所形成的第一印象更多的是来自于他们所看到的，而不是他们所听到的。所以作为一个演讲者，整体外表、面部表情、眼神交流、姿势和手势都会影响到听众对你的印象，影响有声语言的表达效果。这种无声的思想情感交流和信息传播的手段，便称为“态势语言”或“体态语”。体态语要以自然、得体为度。

【示例借鉴】

一、朗读技巧

(一)停连

停顿一般分为结构停顿和感情停顿两种。

1.结构停顿

结构停顿又称“语法停顿”，是受语言的内在结构制约而必须有的停顿，表现为标点符号的停顿、词语之间的停顿、层次和段落之间的停顿。停的地方不同，显示的结构关系也大不同。例如：“亲爱的爸爸妈妈欢迎您。”可读成：

亲爱的爸爸妈妈：/欢迎您。

亲爱的爸爸：/妈妈欢迎您。

亲爱的：/爸爸妈妈欢迎您。

段落之间的停顿时间一般比标点符号的停顿长，标点符号反映的停顿长短依次为：句号、问号、感叹号、分号、冒号、逗号、顿号。

2.感情停顿

又称“强调停顿”，感情停顿是为了强调某一事物，突出某个语意或表达某种感情而作的停顿，它不受语法限制。例如：

但是他却是伟岸，正直，朴质，严肃，也不缺乏温和，更不用提它的坚强不屈与挺拔，它是树中的/伟丈夫！

我与父亲不相见已二年余了，我最不能忘记的是他的/背影。

连接是朗读语流中声音的延续处，它和停顿是相辅相成的。有时为了表达的需要，在有标点符号的地方不中断，运用连接更准确生动地表达文字内涵。例如：

桃树、杏树、梨树，你不让我，我不让你，都开满了花赶趟儿。

海洋中含有许多生命所必需的无机盐，如氯化钠、氯化钾、碳酸盐、磷酸盐，还有溶解氧……

(二)重音

普通话的句重音主要有语法重音和逻辑重音两种。

1.语法重音

这是由句子内部语法结构自然表现的重音，规律性强，位置固定。一般不带特别强调的色彩，只是音量稍稍加重。主要规律如下：

(1)主谓句子中谓语稍重。例如：

太阳出来了。

中国人民从此站起来了。

(2)动宾结构的宾语稍重。例如：

我爱秋天。

她的名字叫翁香玉。

(3)中心语的修饰成分(定状补)稍重。例如：

这可真是一种潇洒的人生态度……

太阳慢慢地升起来了。

教室打扫得很干净。

(4)疑问代词、指示代词稍重。例如：

谁在弹琴？

春天到了，可我什么也看不见！

2.逻辑重音

又称“强调重音”和“感情重音”，为突出某种语意或表达强烈的感情而重读。它不受语法结构制约，而由语句目的决定，故位置不固定。例如：

你可真好看！(表示不假，是一般的赞美。)

你可真好看！(简直被对方的美貌震惊了，给人一种目瞪口呆的感觉。)

(三)语速

一般分为快速、中速、慢速三种。

1.快速

多用于表现兴奋、紧张、急切、愤恨等情感。例如：

暴风雨！暴风雨就要来了！这是勇敢的海燕，在怒吼的大海上，在闪电中间，高傲地飞翔；这是胜利的预言家在叫喊：让暴风雨来得更猛烈些吧！

看！——一锤起来就发狠了，忘情了，没命了！几百个斜背腰鼓的后生，如百十块被强震不断击起的石头，狂舞在你的面前。骤雨一样，是急促的鼓点；旋风一样，是飞扬的流苏；乱蛙一样，是闪射的瞳仁；斗虎一样，是强健的风姿。黄土高原，爆出一场多么壮阔、多么豪放、多么火烈的舞蹈哇——安塞腰鼓。

2.中速

多用于感情平淡起伏不大时，是使用范围广、最常用的语速。例如：

1956年，当时的澳大利亚总理凯希尔应担任乐团总指挥的好友古申斯的请求，决定由政府出资在贝尼朗建造一座现代化的歌剧院。

对于一个在北平住惯的人，像我，冬天要是不刮风，便觉得是奇迹；济南的冬天是没有风声的……

3. 慢速

用于表现庄严肃穆、忧伤沉郁、失望痛苦等情感。例如：

读小学的时候，我的外祖母过世了。……我无法排除自己的忧伤，每天在学校的操场上一圈儿又一圈儿地跑着……

月光如流水一般，静静地泻在这一片叶子和花上，薄薄的青雾浮起在荷塘里，叶子和花仿佛在牛乳中洗过一样，又像笼着轻纱的梦。

语速的快与慢应服从于文章的整体节奏。一般来说，紧张、轻快、高亢型节奏的文章，语流的速度相对较快，而低沉、凝重、舒缓型节奏的文章，语流的速度相对较慢。

（四）语调

主要有升扬、降抑、平直、曲折等不同类型，表现不同的思想感情和内容。

1. 升扬调

语调由平升高，高亢激昂。一般用来表达情绪高昂、心绪亢奋等，还表示反诘、疑问、惊异、呼唤等语气。例如：

当你在积雪初融的高原上走过，看见平坦的大地上傲然挺立这么一株或一排白杨树，难道你就只觉得它只是树？

啊！小桥呢？它躲起来了？

2. 降抑调

语调先平后降，低沉持重。一般用以表达情绪低落、心情沉重，或表示肯定、坚决、悔恨、感叹等语气。例如：

盼望着，盼望着，东风来了，春天的脚步近了。

然后他待在那儿，头靠着墙壁，话也不说，只向我们做了一个手势："散学了，你们走吧。"

3. 平直调

语调没有显著的高低变化，平直舒缓。一般多用在叙述、说明，或表示庄重、悼念、踌躇、冷淡等语气。例如：

我家的后面有一个很大的花园，相传叫百草园。

在繁华的巴黎大街的路旁，站着一个衣衫褴褛、头发斑白、双目失明的老人。

4. 曲折调

语调有升降的曲折变化，起伏不定。用于表达意在言外，或表示反语、诙谐、嘲讽、夸张等语气。例如：

会不会是他已经表达了而我却不能察觉？

——这些海鸭呀，享受不了战斗生活的欢乐，轰隆隆的雷声就把它们吓坏了。

语无定势，语调升、降、平、直的变化要依据表情达意的需要，而不要追求某种模式或固定的腔调。

二、演讲训练

（一）命题演讲

命题演讲是有备而来，依据演讲的过程，具体有以下几个步骤：

1.设计开场白

演讲的开头方式很多，下面介绍几种较常见的：

（1）开门见山

这种方式开宗明义，一开讲就进入正题，直接揭示主题，说明意图。例如鲁迅先生在《少读中国书，做好事之徒》的开头：

> 今天我的讲题是《少读中国书，做好事之徒》。我来本校是搞国学研究工作的，是担任中国文学史课的，论理应当劝大家埋首古籍，多读中国书。但我在北京，就看到有人在主张读经，提倡复古。来这里后，又看到有些人老抱着《古文观止》不放。这使我想到，与其多读中国书，不如少读中国书好。

这种开头简明扼要，不绕弯子，符合听众的心理要求，是演讲常用的开头方式。

（2）援引事实

引用一两个令人惊讶的事实也是一种引起听众注意的好方法。例如一篇题为《救救孩子》的演讲，就是叙述一件具体事情开头的：

> 今年5月24号的《新民晚报》上登了这样一则消息，一个四年级的小学生每天要带父母亲手剥光了壳的鸡蛋到学校吃。有一次，父母忘了给鸡蛋剥壳，孩子对着鸡蛋左瞅右看，不知如何下口，结果只好原蛋带回。母亲问他怎么不吃蛋，回答很简单："没有缝，我怎么吃！"看到这个报道，我想所有的教师、所有的家长，是否应该考虑一下，孩子们的社会生活能力究竟怎样？今后他们能立足于社会、贡献于社会吗？

演讲者选用一件看来酷似笑话、令人啼笑皆非的事实开头，十分生动，富有吸引力，引人深思。听众很自然地被引入教育改革的议论中去。

（3）提出问题

演讲者一开始就提出一个或几个问题，迅速唤起听众的兴趣和注意力，引导听众思考，自然地激发听众的参与意识。例如：

> "今天你们中有多少人是吃过早饭才来上课的？希望你们举手示意一下我。"

这样的提问开头，一开始就吸引了听众的注意力，抓住了听众的心。

(4)名言切入

利用名言警句引出演讲的主题内容，既能点明主旨，又能增强语言的力度和文采。例如《我们的健康状况》为主题的演讲开头：

古希腊名医希波克拉底曾经说过："健康是人类最大的福祉。"《韦氏辞典》的定义为："健康就是没有疾病。"当我父亲因为心脏病去世时，健康对我而言就变得非常重要。

(5)诙谐幽默

用一个笑话或者幽默的语言作为演讲的开场白是非常受欢迎的，它有助于营造和谐轻松的演讲氛围，实现演讲者与听众的无障碍沟通。例如大学者胡适在一次演讲时这样开头：

"我今天不是来向诸君做报告的，我是来胡说的，因为我姓胡。"

话音刚落，听众大笑。

(6)演示实物

通过展示实物或简单演示某个技巧，首先给听众一个感性的直观印象，也是吸引听众的好途径。例如演讲《拼搏——永恒的旋律》的开头是这样的：

今天我给大家带来了一样东西(举起一个小铁盒)，我珍藏它已五年多了。它不仅使我改变了自己的命运，更使我明白了自己肩上的重担。你们一定想知道它是什么？那就请听一个关于我自己的真实的故事……

这样示物开头很自然地给听众留下悬念。

演讲的开头方式还有很多种，这里就不一一举例了。不管哪种方式，目的都是要吸引听众的注意力，建立亲和力，引导他们往下听，才能取得良好的演讲效果。

2.组织演讲的主体部分

(1)安排好讲述层次

演讲主体部分结构层次的安排基本上有以下几种方式：

①陈述式

它是指按照时间的推移来排列层次，或以事件发生发展的变化过程为序来安排讲述结构。这种方式来龙去脉清楚，便于听众接受。例如徐良的题为《血染的风采》的演讲就是采用陈述式结构安排主体层次的。他以自己的成长经历为线索，按时间先后顺序逐层展开：在叙述中适当抒情议论，声情并茂，展现了20世纪80年代军人的风采。

1982年考入西安音乐学院—1985年底申请入伍—最初的军旅生活—血与火的考验—负伤之后—军人家属的贡献。

②并列式

这种组合结构围绕主旨，把选取的材料逐条逐项并列排出，它们从不同角度来表现演讲中心。例如《人贵有志》的演讲，其主体部分采用并列的结构：由于组织得当，使得全篇演讲结构完整，充分阐发了主旨，因而给听众留下了很深的印象。

列出 3 个小标题，分别论述目标高、立志坚、惜分秒，分层次引经典名言和动人事例加以论证。

③递进式

即是按照由浅入深的递进过程安排层次，其内容层层深入，由表及里。这样的安排，说理透彻，说服力强。比如在一次表彰先进的演讲中，演讲者将其演讲的要点安排如下：

他做了什么？——他为什么要这么做？——今天他要和我们说什么？

“叙事一说理一结论”的模式，也就是提出问题，分析问题，解决问题。

④因果式

要点之间有因果关系时所采用的结构方式。这种结构可以先因后果，也可以先果后因。例如，一个关于“打骂式教育的负面影响”的演讲可以如下组织：

许多家长用过打骂的方式来管教子女——打骂会对孩子产生负面的影响。

这个演讲还可以用先果后因的方式组织：

打骂会对孩子产生负面的影响——许多家长用过打骂的方式来管教子女。

⑤对比式

这种结构通过对比的方式阐明观点，使听众辨清是非。例如，在一个关于“援助非洲”的演讲中，演讲者采用对比的组织结构，来说明他的计划要优于目前所采用的计划：

前给非洲提供的贷款等援助方式并不有效(当前计划不好)——非洲人都非常熟悉的物物交换才是一个更好的方式(新计划更好)。

以上介绍了组织演讲常用的一些结构方式，这些方式还可以综合使用。需要注意的是，演讲是通过有声语言讲给人听的，是转瞬即逝的，所以结构层次应简单明了，突出重点，使听众一听就懂，不宜太复杂。

(2)组织和安排演讲高潮

演讲最忌平铺直叙，必须有波澜起伏，要在感情上紧紧抓住听众，在理论上说服听众，在内容上吸引听众。在演讲的主体中，要组织和安排一个或几个演讲高潮。所谓“高潮”，实际上就是听众与演讲者的思想感情产生共鸣，是演讲者和听众感情最激昂、精神最振奋的地方。它是运用典型的事例、精辟的议论、巧妙的修辞、浓烈的情感、得体的动作所组成的兴奋点，是崇高美、哲理美和诗意美的和谐统一。

例如一篇题为《在血与火的征途上》的演讲中，演讲者在讲述了一位战士腹部中弹，毫无畏惧地把肠子压在腰带下而继续冲锋，最后用自己的身体滚雷，为战友开辟通路的英雄事迹后，深情地说：

这些风华正茂的青年战士，如果活到将来，有谁敢说他们之中不会有将军、部长、博士？可他们刚刚活到新社会的好时辰，就告别人间，把蓬勃的生命和美好的理想，托付给活着的人们，化作建设新中国的足音和号角，化作一对对倩影在湖面荡舟的安宁和温馨……

这扣人心扉、感人肺腑的叙述和议论，为听众创造了一个动人的意境，把演讲自然地推向高潮，使许多听众不禁潸然泪下。

再比如，美国黑人民权运动领袖马丁·路德·金在题为《我有一个梦想》的演讲中说：

> 因此，让自由的声音从新罕布什尔州巨大的山巅响起吧！
> 让自由的声音从纽约州的巍巍群山响起吧！
> 让自由的声音从宾夕法尼亚州的阿拉根尼高原响起吧！
> 让自由的声音从科罗拉多州冰雪覆盖的落基山脉响起吧！
> 让自由的声音从加利福尼亚婀娜多姿的山峰上响起吧！
> 不仅如此，
> 让自由之声从乔治亚州的石峰上响起吧！
> 让自由之声从田纳西州的观景峰响起吧！
> 让自由之声从密西西比州的每一道山丘响起吧！
> 在每一道山坡上，让自由之声响起吧！
>
> 当我们让自由之声响彻之时，当我们让它从每一座村庄、从每一个州和每一座城市响起时，我们将能加速这一天的到来。那时，所有上帝的孩子们，黑人和白人，犹太人和异教徒，基督徒和天主教徒们，将能手挽手，以那古老的黑人圣歌的歌词高唱："终于自由了！终于自由了！感谢全能的上帝，我们终于自由了！"

这一大段语言使用反复和排比的修辞手法，营造出了一个教堂钟声响起来的形象，有力增强了演讲效果。那钟声仿佛越来越大，越来越密集，给听众带来了心理上的冲击，使现场气氛热烈，效果极佳。

没有高潮的演讲是平淡乏味的，甚至可以说是失败的。

3.演讲的结尾

在演讲开场白中使用的方法也都可以用在结束语上，下面就介绍几种常见的结尾方式。

(1)总结式结尾

这种结尾，扼要地总结演讲内容，能起到提醒、强调的作用，给听众留下完整的总体印象。例如毛泽东在《纪念白求恩》的结尾：

> 一个人的能力有大小，但只要有这点精神，就是一个高尚的人，一个纯粹的人，一个有益于人民的人。

这个结尾朴实真挚、言简意赅，点化主旨，给听众留下了清晰、完整而又深刻的印象。

(2)感召式结尾

这种结尾多是提希望、发号召、表决心、立誓言，以激起听众的情感，从而起到动人情、促人行的作用。例如，毛泽东的演讲《论联合政府》的结尾：

成千上万的先烈，为着人民的利益，在我们的前头英勇地牺牲了，让我们高举起他们的旗帜，踏着他们的血迹前进吧！一个新民主主义的中国不久就要诞生了，让我们迎接这个伟大的日子吧！

这种结尾有利于号召听众愤然而起，具有强烈的鼓动色彩。

(3)呼应式结尾

这种结尾与开头呼应，使整篇演讲首尾圆合，结构完整。例如前面提到的《我们的健康状况》为主题的演讲是这样结尾的：

谢谢今天诸位的关注。我想我们都同意健康是自己选择的，我们应当用一种长远的眼光来看待我们的生活方式。只有那样，我们才能获得健康——这一人类最大的福祉。健康来自于警醒，不要一直等待拖延。那样的话，到你开始关注自己的健康的时候已经晚了，就像我父亲那样——悔之晚矣。

这篇演讲开头、结尾，处处照应，首尾圆合，增强了演讲的说服力。

(4)问答式结尾

在演讲的结尾既可以提出问题，也可以通过反问，启发听众回味、思考。例如演讲《孝敬父母》的结尾：

朋友们，虽然我们还年轻，但我想每个人都应该有这样的思考：父母养育了我们，我们将如何回报我们的父母呢？

综上所述，演讲的结束语和开场白一样非常重要，不能草草收场。听众往往会对最早或最后传达的信息印象比较深刻(称为首因效应和近因效应)，所以结尾要将听众的注意力重新吸引到演讲的中心观点上，总结重申观点，使听众留下深刻印象。

(二)即兴演讲

即兴演讲是在事先无准备的情况下进行的演讲活动，有一定难度，最见功力，但也不是高不可攀。

“巧妇难为无米之炊”，丰厚的知识储备是成功演讲的基础。这就要求我们平时要做有心人，“家事、国事、天下事，事事关心”，广泛地阅读、收集、积累材料。这是一个长期的过程，平时思考多，即使临时上台演讲也不会慌张。下面着重提示临场技巧方法：

1.心理准备

表现得很自信，即使是假装的。也就是说，就算没有时间准备，你也要尽快稳定情绪，平复紧张心理，使自己看上去显得情绪饱满，信心十足。犹豫不决、结结巴巴，都不利于演讲的顺利进行。

2.选准话题，确定观点

即兴演讲的临时性决定了演讲者必须思维敏捷，快速反应，随机应变，要求演讲者在极短的时间内确定好表达的内容。首先应该确定好要表达的观点，这样你所说的一切才能以一种有条理的方式导向你的结论。应选择适合场景的、并与听众息息相关的、容易驾驭的内容。例如某校召开迎新大会，演讲者作为教师代表即兴发言，结合场景，准确选择了“新”作为主题：

亲爱的新生们，大家好！

你们带着父母新的希望，带着朋友新的祝愿，也带着自己新的理想，来到一个新的地方，一个新的集体。在这个新的学期里，我衷心希望大家以新的言行、新的风貌去适应新的环境，挑战新的困难，开始新的生活，取得新的成绩。相信大家奋斗三年以后将会以更新的姿态、更新的风采骄傲地站在父母、朋友、社会面前的！

演讲者主题选择得准确恰当，沟通了感情，受到听众的喜爱。

3.借引媒介，引出话题

即兴演讲一般是把眼前的人、事、物、情、景等现场所见所闻的事物，或与主题有关的、听众感兴趣的事物作为“由头”，就地取材，借此发挥，引申开去。例如一位演讲者在老同学聚会上的发言：

刚才，东道主史君问我，喝点什么饮料？我说，来杯咖啡吧！咖啡，加点方糖，甜中有苦，苦中有甜，二者混杂在一起有一股令人难忘的味道。我想，它正好与我们这一代人的遭遇相似，与我们对人生回味的感觉相同……

从喝咖啡引出对人生的见解，就近取材，联想丰富，见解独到，自然真挚。

4.快速组合，理脉成文

即兴演讲的准备时间较短，在确定和内容和观点之后，通过联想，演讲者要对大脑中出现的零乱的材料快速进行选择。要围绕主题选择材料，然后按照一定的顺序和结构连缀成篇。具体方法有陈述式、并列式、递进式、对比式、因果式、综合式等，详见命题演讲的主体结构方式。

此外，还可以采用“模式构思法”，就是以一个基本模式框架为快速构思的依据，来传达信息。常用的有所谓“三字结构法”，即构思发言时抓住一个“三”字：就谈三个问题或一个问题的三个方面；讲一个观点时就列三个论据或举三个例子等。这种方法简单易学，可根据现场需要选择使用。例如：

今天，我要讲三个问题。第一，第二，第三。

关于这个问题，我想谈三点。首先，其次，最后。

【综合训练】

一、朗读练习。

(一)查字典，读准下列短文的字音。

“冠(　　)心病”是冠状动脉粥样硬化性心脏病的简称。它是由于供(　　)应心脏营养物质的血(　　)管——冠状动脉发生了粥样硬化所致。这样粥样硬化的斑块，堆积在冠状动脉内膜上，越积越多，使冠状动脉管腔严重狭窄，甚至闭塞（　　），从而导致了心肌的血流量减少，供氧不足，产生一系列缺血（　　）性表现。

（二）朗读下列文字，体会句子的停连。（参见普通话水平测试朗读作品）

1. 爸爸等于给了我一个谜语，这谜语/比课本上的“日历挂在墙上，一天撕去一页，使我心里着急”/和“一寸光阴一寸金，寸金难买寸光阴”还让我感到可怕；也比作文本上的“光阴似箭，日月如梭”/更让我觉得有一种说不出的滋味。

2. 一连串的问题，使我这个/有生以来头一次在众目睽睽之下/让别人擦鞋的异乡人，从近乎狼狈的窘态中/解脱出来。我们像朋友一样聊起天儿来……

3. 身陷苦难/却仍为荷花的盛开/欣喜赞叹不已，这是一种趋于澄明的境界，一种旷达洒脱的胸襟，一种面临磨难/坦荡从容的气度，一种对生活童子般的热爱/和对美好事物无限向往的/生命情感。

4. 然而有一天，我发现/母亲正仔细地用一小块碎面包/擦那给我煎牛排用的油锅。我明白了/她称自己为素食者的/真正原因。

5. 著名教育家班杰明/曾经接到一个青年人的求救电话，并与那个向往成功、渴望指点的青年人/约好了见面的时间和地点。

6. 人活着，最要紧的是/寻觅到那片代表着生命绿色/和人类希望的丛林，然后选一高高的枝头/站在那里/观览人生，消化痛苦，孕育歌声，愉悦世界！

7. 说也奇怪，和新朋友/会谈文学、谈哲学、谈人生道理等等，和老朋友/却只话家常，柴米油盐，细细碎碎，种种琐事。很多时候，心灵的契合/已经不需要太多的言语来表达。

（三）有感情地朗读下面这段文字，体会多种技巧的综合运用。

1. 真的猛士，敢于直面惨淡的人生，敢于正视淋漓的鲜血。这是怎样的哀痛者和幸福者？（曲折调）/然而，（升扬调）造化又常常为庸人设计，以时间的流逝，来洗涤旧迹，仅使留下淡红的血色和微漠的悲哀。在这淡红的血色和微漠的悲哀中，又给人暂得偷生，维持着这似人非人的世界。/我不知道这世界何时是一个尽头！（降抑调）

2. 历史/永远是一部教科书。（曲折调）在这幅源远流长的/中华五千年文明史长卷面前，我们感悟到了什么呢？（升扬调）昨天/已经逝去，辉煌/已成陈迹，民族/要振兴，中华/要腾飞——每一个中国人的肩上都会感受到沉甸甸的压力啊！（曲折调）

3. 啊，雄关！这固若金汤的雄关！这“一夫当关，万夫莫开”的雄关！（升扬调）在我们古老的中华民族的伟大历史上，在那些干戈扰攘征战频仍的岁月里，这雄关，巍然屹立于华夏的大地之上，山海之间，咽喉要地，一次又一次地抵御着异族的入侵，捍卫着神圣的祖国疆土。这高耸云天的坚固的城墙上的一块块砖石，哪一处/没洒上我们英雄祖先的殷红热血？（升扬调）这雄关外面的乱石纵横野草丛生的一片片土地上，哪一处/没埋葬过入侵者的累累白骨！（升扬调）

(四)朗读下列作品,注意语调语气的处理。

《囚歌》叶挺

为人进出的门紧锁着,(平直调)
为狗爬出的洞敞开着,
一个声音高叫着:(嘲讽)
——爬出来吧,给你自由!(诱惑,曲折调)
我渴望自由,(庄严,平直调)
但我深深地知道——
人的身躯怎能从狗洞子里爬出!(蔑视、愤慨、反击,升扬调)
我希望有一天,(平直调)地下的烈火(语意未完,语调稍向上扬)
将我连这活棺材一齐烧掉,(毫不犹豫,降抑调)
我应该在烈火与热血中得到永生!(沉着、坚毅、充满自信)

(五)了解作品的思想内容,按照提示用恰当的语速节奏朗读短文。

《火光》

柯罗连科

很久以前,在一个漆黑的秋天的夜晚,我泛舟在西伯利亚一条阴森森的河上。船到一个转弯处,只见前面黑魆魆的山峰下面,一星火光蓦地一闪。(语速徐缓,为下文快速的到来打下基础。在平静的叙述中,"只见"两字一出现,语速就发生了变化。)

火光又明又亮,好像就在眼前……

"好啦,谢天谢地!"我高兴地说,"马上就要到过夜的地方啦!"(又从徐缓开始起句,转入下面的快速。"我"的话表现出十分喜悦的色彩。)

船夫扭头朝身后的火光望了一眼,又不以为然地划起桨来。

"远着呢!"(回到徐缓语速,船夫不动声色,表现出不赞成的色彩。)

我不相信他的话,因为火光冲破朦胧的夜色,明明在那儿闪烁。不过船夫是对的:事实上,火光的确还远着呢。(从快速起句,最后又回到徐缓语速中去,发出肯定的赞同。)

这些黑夜的火光的特点是:驱散黑暗,闪闪发亮,近在眼前,令人神往。乍一看,再划几下就到了……其实却还远着呢!……(承上由徐缓入,语速一点一点逐渐加快至"就到了"。省略号过后,回到徐缓语速"其实却还远着呢"。)

我们在漆黑如墨的河上又划了很久。一个个峡谷和悬崖,迎面驶来,又向后移去,仿佛消失在茫茫的远方,而火光却依然停在前头,闪闪发亮,令人神往;——依然是这么近,又依然是那么远……(语速徐缓)

现在,无论是这条被悬崖峭壁的阴影笼罩的漆黑的河流,还是那一星明亮的火光,都经常浮现在我的脑际。在这以前和在这以后,曾有许多火光,似乎近在咫尺,不止使我一人心驰神往。可是生活之河却仍然在那阴森森的两岸之间流着,而那火光也依旧非常遥远,因此,必须加劲划桨……(从徐缓起,语速逐渐加快。)

然而,火光啊……毕竟就在前头!……(语速快,表达出逐渐增加的希望。)

【朗读提示】这篇文章的语速节奏舒缓，它描写了黑夜泛舟追寻火光的情景。读后引人深思，火光是什么？为什么令人神往？火光为什么近在眼前，而其实却还远着呢？为什么又说火光毕竟就在前头？联系当时沙皇统治下的俄国社会现实，就不难理解作者是多么向往和热烈地追求光明。文中的哲理不仅限于此，火光也可以说是一种理想生活的象征，因为任何一种理想的实现，都不是一帆风顺的，而需要经历种种艰难曲折，需要怀着坚实的信念不懈地追求。我们今天读这篇散文仍能从中得到思想上的启示，原因就在于此。

【语音提示】

1.容易读错的词语

解剖(pou)　机械力(xie)　压(ya)

2.“一”和“不”的变调

一个　一切　一粒　一发芽　一点儿

不对　不能　不管　不屈　不可　不知道　不容易

3.必读轻声词

故事　什么　东西　似的　种子　力气

二、演讲练习。

(一)积累训练。

请收集有关亲情、友情、爱情的名言警句、诗词格言、古今中外的人物及典型事例，并加以记忆。

(二)体态语训练。

1.登台练习

要求学生克服怯场心理，以演讲者身份走上讲台，站定，面带微笑，环视全场后正视前方，然后下场。分组进行，互相评议，找出问题加以纠正。

2.按照下面的提示练习手势

(1)“只有这样，才会有充实的生活，才会有灿烂的人生！”(双手举起，手心向上)

(2)“伟大的人物也躺在了他们脚下的土地上。”(单手，手心向上，下区)

(3)“他们欢呼：胜利了，胜利了！”(双掌上竖，举起摇动)

3.课外对镜练习

课外对镜练习站姿，设计不同话语表达时的手势，以及在不同心理状态下面部表情的变化，例如：大笑、微笑、苦笑；兴奋喜悦、悲伤忧愁、愤怒惊讶等。

(三)为下列话题拟定演讲提纲，设计精彩开场。

1.机遇只偏爱那种有准备的头脑。你同意这种看法吗？

2.何谓潇洒？《辞海》注：“洒脱，毫无拘束”。你认为怎样的人生才是真潇洒？

3.有人说，当今社会，你若事事处处先考虑做人的原则，你肯定什么也得不到，而且充满痛苦；你若遇事先想想自己能得到什么好处，然后再行动，你肯定会活得如鱼得水。你是否赞同这种观点？

4.只要有生命存在的地方就会有竞争，无论国家与国家之间、公司与公司之间、学校与学校之间，还是同学与同学之间。有人说竞争会影响同学之间的关系，所以反对竞争。请你就这个问题谈谈自己的看法。

5.在校园里，60分万岁的思想经久不衰。有的说：“若是不考试，一切皆可抛。”还有人说：“60分足矣，多一分浪费，少一分犯罪。”对于诸如此类的观念、论调，你是怎样看的呢？

6.就你所在班级同学的上网问题谈谈你的看法。

7.有人说，不懂得嫉妒的人，也不懂得发奋。有的则说，嫉妒与“吃醋”是同义语，带着一股难闻的酸味。你认为应该怎样看待嫉妒？

8.有人说：“要做一块普通的砖，垒到哪里就在哪里发挥作用。”又有人说：“不想当元帅的士兵不是一个好士兵。”你认为这两种观点哪个对哪个错？或两者都对？或两者都错？为什么？

(四)欣赏下面一篇演讲词，读后分析以下几点。

1.演讲怎样开头的，有何好处？

2.演讲的结构层次和高潮是如何组织安排的？

3.结尾如何设计的，有何好处？

4.演讲的语言有何特点？

学问之趣味
——在东南大学暑期学校的演说

梁启超

我是个主张趣味主义的人，倘若用化学化分“梁启超”这件东西，把里头所含一种元素名叫“趣味”的抽出来，只怕所剩下仅有个“0”了。我以为，凡人必常常生活于趣味之中，生活才有价值，若哭丧着脸捱过几十年，那么，生命便成沙漠，要来何用。中国人见面最喜欢用的一句话：“近来做何消遣？”这句话我听着便讨厌。话里的意思，好像生活的不耐烦了，几十年日子没有法子过，勉强找些事情来消他遣他。一个人若生活于这种状态之下，我劝他不如早日投海。我觉得天下万事万物都有趣味，我只嫌二十四点钟不能扩充到四十八点，不够我享用。我一年到头不肯歇息，问我忙什么？忙的是我的趣味。我以为这便是人生最合理的生活。我常常想运动别人也学我这样生活。

凡属趣味，我一概都承认他是好的。但怎么样才算“趣味”，不能不下一个注脚。我说：“凡一件事做下去不会生出和趣味相反的结果的，这件事便可以为趣味的主体。”赌钱趣味吗？输了怎么样？吃酒趣味吗？病了怎么样？做官趣味吗？没有官做的时候怎么样？……诸如此类，虽然在短时间内像有趣味，结果会闹到俗话说的，“没趣一齐来”。所以我们不能承认他是趣味。凡趣味的性质，总要以趣味始以趣味终。所以能为趣味之主体者，莫如下列的几项：一、劳作。二、游戏。三、艺术。四、学问。诸君听我这段话，切勿误会以为我用道德观念来选择趣味。我不问德不德，只问趣不趣。我并不是因为赌钱不道德才排斥赌钱，因为赌钱的本质会闹到没趣；闹到没趣便破坏了我的趣味主义，所以排斥赌钱。我并不是因为学问是道德才提倡学问。因为学问的本质能够以趣味始以趣味终，最合于我的趣味主义条件，所以提倡学问。

学问的趣味，是怎么一回事呢？这句话我不能回答。凡趣味总是要自己领略，自己未曾领略得到时，旁人没有法子告诉你。佛典说的："如人饮水，冷暖自知。"你问我这水怎样的冷，我便把所有形容词说尽，也形容不出给你听，除非你亲自喝一口。我这题目——学问之趣味，并不是要说学问如何如何的有趣味，只要如何如何便会尝得着学问的趣味。

诸君要尝学问的趣味吗？据我所经历的有下列几条路应走：

第一，"无所为。"（为读去声）趣味主义最重要的条件是"无所为而为"，凡有所为而为的事，都是以另一件事为目的，而以这件事为手段。为达目的起见勉强用手段，目的达到时，手段便抛却。例如学生为毕业证书而做学问，著作家为版权而做学问，这种做法，便是以学问为手段，便是有所为。有所为虽然有时也可以为引起趣味的一种方便，但到趣味真发生时，必定要和"所为者"脱离关系。你问我"为什么做学问"？我便答道："不为什么"。再问，我便答道："为学问而学问。"或者答道："为我的趣味。"诸君切勿以为我这些话掉弄虚机，人类合理的生活本来如此。小孩子为什么游戏？为游戏而游戏。人为什么生活？为生活而生活。为游戏而游戏，游戏便有趣。为体操分数而游戏，游戏便无趣。

第二，不息。"鸦片烟怎样会上瘾？""天天吃"。"上瘾"这两个字，和"天天"这两个字是离不开的。凡人类的本能，只要那部分搁久了不用，他便会麻木，会生锈。十年不跑路，两条腿一定会废了。每天跑一点钟，跑上几个月，一天不跑时，腿便发痒。人类为理性的动物，"学问欲"原是固有本能之一种，只怕你出了学校便和学问告辞，把所有经管学问的器官一齐打落冷宫，把学问的胃弄坏了，便山珍海味摆在面前，也不愿意动筷子。诸君啊，诸君倘若现在从事教育事业或将来想从事教育事业，自然没有问题，很多机会来培养你学问胃口。若是做别的职业呢，我劝你每日除本业正当劳作之外，最少总要腾出一点钟，研究你所嗜好的学问。一点钟哪里不消耗了？千万别要错过，闹成"学问胃弱"的症候，白白自己剥夺了一种人类应享之特权啊。

第三，深入的研究。趣味总是慢慢地来，越引越多，像那吃甘蔗，越往下才越得好处。假如你虽然每天定有一点钟做学问，但不过拿来消遣消遣，不带有研究精神，趣味便引不起来。或者今天研究这样明天研究那样，趣味还是引不起来。趣味总是藏在深处，你想得着，便要入去。这个门穿一穿，那个窗户张一张，再不会看见"宗庙之美，百官之富"。如何能有趣味！我方才说："研究你所嗜好的学问。"嗜好两个字很要紧，一个人受过相当的教育之后，无论如何，总有一两门学问和自己脾胃相合。而已经懂得大概可以作加工研究之预备的，请你就选定一门作为终身正业（指从事学者生活的人说）或作为本业劳作以外的副业（指从事其他职业的人说）。不怕范围窄，越窄越便于聚精神。不怕问题难，越难越便于鼓勇气。你只要有肯一层一层地往里面追，我保你一定被他引到"欲罢不能"的地步。

第四，找朋友。趣味比方电，越摩擦越出。前两段所说，是靠我本身和学问本身相摩擦,但仍恐怕我本身有时会停摆,发电力便弱了,所以常常要仰赖别人帮助。一个人总要有几位共事的朋友,同时还要有几位共学的朋友。共事的朋友,用来扶持我的职业。共学的朋友和共玩的朋友同一性质,都是用来摩擦我的趣味。这类朋友,能够和我同嗜好一种学问的自然最好,我便和他搭伙研究,即或不然——他有他的嗜好,我有我的嗜好,只要彼此都有研究精神,我和他常常在一块或常常通信,便不知不觉把彼此趣味都摩擦出来了。得着一两位这种朋友,便算人生大幸福之一,我想只要你肯找,断不会找不出来。

我说的这四件事,虽然像是老生常谈,但恐怕大多数人都不曾会这样做。唉,世上人多么可怜啊!有这种不假外求不会蚀本不会出毛病的趣味世界,竟自没有几个人肯来享受。古书说的故事"野人献曝",我是尝冬天晒太阳的滋味尝得舒服透了,不忍一人独享,特地恭恭敬敬的告诉诸君,诸君或者会欣然采纳吧!但我还有一句话:太阳虽好,总要诸君亲自去晒,旁人却替你晒不来。

【演讲赏析】

演讲人以自己的真知灼见揭示了做"学问的趣味",激发听众去"尝""这种不假外求不会蚀本不会出毛病的趣味世界",把对道理的论证,寄寓于饶有情趣的侃侃而谈之中,语言浅白、亲切,易为听众所接受。

宜将寸草报春晖

(印度)拉米雅沙尔玛

尊敬的主席先生、尊敬的评判老师,先生们、女士们:

当我走上这个演讲台的时候,朋友们,你们猜,我最先看到了什么?我看到了一双眼睛,那是我慈祥的妈妈的眼睛。此时她正坐在台下,向我投来了温存、信任、鼓励与鞭策的目光,让我稳当地站在人生的舞台上,又让我自信地站在各位评判老师和热情的观众面前。

每个人都有自己的父母,不论是富有,还是贫穷;是伟岸,还是矮小;是博学多才,还是目不识丁;是飞黄腾达,还是一生潦倒。他们,都一样地为我们的生命含辛茹苦,为我们的成长呕心沥血,甚至不惜牺牲自己而换取我们生命的延续。有这样一位母亲,她的小女儿不幸患上了白血病,必须抽掉身上坏死的血液而换上新鲜、健康的血液。就是这样一位极其平凡的母亲,她什么也没说,毅然把自己的血液一滴一滴地输给女儿。为了让女儿能多留几声笑语给这个世界,能多收获一段美丽的人生,她整整地输了八年!女儿的面色由惨白转为红润,而母亲的面色却由红润转为惨白。还有一位母亲,她的两个孩子在水边玩耍,不小心,一同掉进了水中。母亲闻讯赶来,看到在水中挣扎的孩子,她什么也没想,什么也没说,一头扑进水里,奋力把两个孩子顶出了水面。孩子得救了,可她自己却永远地沉到了水底。她从来没游过泳,也从来不会游泳,为什么会有着如此惊天地、泣鬼神的壮举呢?因为在母亲的心目中只有孩子!

"十月怀胎",或许是母亲的天职,然而,自从我们呱呱落地,到长大成人,这其中的坎坎坷坷，风风雨雨，有哪一点、哪一样不牵动着父母的牺牲与奉献呢！

千千万万的父母，千千万万的奉献，千千万万的牺牲哪！千千万万的儿女又该怎样对待自己的父母呢？禽兽尚且有跪乳之恩、反哺之情，作为至灵至性的人，我们有什么理由不去回报我们的母亲呢？面对苍天，面对高山，面对大海，我们谁都应该记住：孝敬父母，天经地义！

孝敬父母，这本来是一个不应该成为问题的问题，然而，实实在在又是古往今来一个共同的社会问题。

我听过这样一个故事：清朝光绪年间有个县令，在位期间，他深得民心。离任这天，送行的人问他："大人，您还有什么话要嘱咐我们吗？"他长叹一声说："没有什么话要说了回去以后，对待自己的父母就像对待自己的儿女一样就行了。"

这话听起来，似乎有些荒唐，父母怎么能和儿女相提并论呢，难道父母还有不如儿女的吗？从这声长叹中却的确道出了县令对这一社会问题的无限忧虑。时至今日，这一问题又解决得怎样了呢？

前不久，有件事深深地触动了我的心。一位87岁的老父亲，早年丧妻，多少岁月，他又当爹，又当妈，把三个儿女抚养成人。如今，他三个儿女，谁都有一个幸福的家，谁都把自己的孩子视为掌上明珠，可谁都不管这位老父亲的死活。老人孤独地住在一间小石屋里，真可谓"茕茕孑立，形影相吊"。风烛残年，他每天都要打柴种地，自谋生路。当记者采访他时，他老泪纵横地说："当年，我每天都要用一大锅一大锅的米饭喂养他们，如今，我老了，只要他们喂狗的一点饭就够了，可他们就连这点饭也不给我！"

看看眼前的事实，听听老人凄凉达到诉说，有谁不会为之动容呢？这能说是像对待自己的儿女一样对待父母吗？难道这种现象只发生在国外？把年迈的父母送进孤人院，甚至赶出家门，流落街头的现象就没有了吗？回答是肯定的。任何一个国家，任何一个社会都同样存在这问题。

中国至圣先师孔子早就指出过："今之孝者，是谓能养。至于犬马，皆能有养。不敬，何以别乎？"在我们新加坡，赡养父母，给父母提供一定的衣食住行，应该说不算难。能做到这些，是不是就孝敬了父母呢？然而孔子却认为，只养不敬，无异于饲养犬马。亚圣先师孟子说得很明确，他说："孝子之至，莫大于尊亲。"割股疗亲，老莱子娱亲，虽然成了中国人孝敬父母的千古美谈，时至今日，我们也用不着去一一效法。然而，朋友，茶余饭后，你是否能陪老人说说话，驱散老人的一份孤寂呢？节假日，当你带着夫人孩子逛公园、进商店时，你是否也能搀着老人一道分享节日的喜悦呢？当父母病在床上时，你是否能及时地送去你作为女儿的一份体慰的温情呢？如此等等，或许有人会说，这有什么了不得。然而，我却认为，这才是对父母一种实实在在的孝敬！

"老吾老以及人之老，幼吾幼以及人之幼。"如果我们每个家庭都能尊老爱幼，那么整个社会就能蔚成尊老爱幼的良好风尚。一个充满孝心与爱心的社会，才是一个无限美好的社会。

朋友们，最后我提议，让我们一道重温中国一首古老歌谣，从中再次领悟一番父母对儿女春天般的厚：

慈母手中线，游子身上衣。

临行密密缝，意恐迟迟归。

谁言寸草心，报得三春晖。

愿我们都拥有一颗孝心！

愿我们的社会充满爱心！

谢谢大家！

【演讲赏析】

这是一篇谈及伦理道德的演讲。演讲者从自己的母亲讲起，首先讲到天下的父母为子女做出的牺牲和奉献，从而引出演讲的主旨：孝敬父母，天经地义。接着演讲者把父母对子女的无私的爱和子女对父母的冷酷、自私进行对比，产生强烈的震撼效果。最后再谈子女应该如何孝敬老人。全篇主旨鲜明，思路清晰，选材精当，说理透彻，语言富有表现力，因而具有很强的说服力、感染力。

比尔·盖茨在哈佛毕业典礼上的演讲(节选)

尊敬的各位校长，哈佛集团的各位成员，监管理事会的各位理事，各位老师，各位家长，各位同学：

有一句话我等了30年，现在终于可以说了："老爸，我总是跟你说，我会回来拿到我的学位的！"我要感谢哈佛大学在这个时候给我这个荣誉。明年，我就要换工作了(指从微软公司退休)……我终于可以在简历上写我有一个本科学位了，这真是不错啊！

我为今天在座的各位同学感到高兴，你们拿到学位可比我简单多了。哈佛的学报称我是"哈佛大学历史上最成功的辍学生"。我想这大概使我有资格代表我这一类学生发言……在所有的失败者里，我做得最好。

但是，我还要提醒大家，我使得史蒂夫·鲍尔默(微软总经理)也从哈佛商学院退学了。因此，我是个有着恶劣影响力的人。这就是为什么我被邀请在你们的毕业典礼上演讲。如果我是在你们入学欢迎仪式上演讲，那么能够坚持到今天在这里毕业的人也许会少得多吧。

对我来说，哈佛的求学经历是一段非凡的经历。校园生活很有趣，我常去旁听我没选修过的课。哈佛的课外生活也很棒，我在拉德克利夫过着逍遥自在的日子。每天我的寝室里总会有很多人一直待到半夜，讨论着各种事情。因为每个人都知道我从不考虑第二天早起。这使得我变成了校园里那些不安分学生的头头，我们总是在一起，做出一种拒绝所有正常学生的姿态。

拉德克利夫是个过日子的好地方。那里的女生比男生多，而且大多数男生都是理工科的。这种状况为我创造了最好的机会，如果你们明白我的意思。可惜的是，我正是在这里学到了人生中悲伤的一课：机会大，并不等于你就会成功。

我在哈佛最难忘的回忆之一，发生在1975年1月。那时，我从宿舍楼里给一家公司打了一个电话，那家公司当时已经在着手制造世界上第一台个人电脑。我提出想向他们出售软件建议。我很担心，他们会发觉我还是一名住宿学生而挂断电话。但是他们说："我们还没准备好，一个月后你再来找我们吧。"这是个好消息，因为那时软件还根本没有写出来呢。就是从那个时候起，我夜以继日地在这个小小的课外项目上工作，这导致了我学生生活的结束，以及通往微软公司的不平凡旅程的开始。

不管怎样，我对哈佛的回忆主要都与充沛的精力和智力活动有关。哈佛的生活令人愉快，也令人感到压力，有时甚至会感到泄气，但永远充满了挑战性。生活在哈佛是一种吸引人的特殊待遇……虽然我离开的比较早，但是我在这里的经历、在这里结识的朋友、在这里发展起来的一些想法，永远改变了我。

【演讲赏析】

演讲的一个要点是找出吸引听众的主题，在这一点上比尔·盖茨就做得很成功。他用随意幽默的语言，真诚真实的情感吸引打动了听众。

（五）播放几段优秀的演讲比赛视频，要求学生观摩学习以下几个方面。

1. 怎样开场？

2. 怎样造势形成高潮？

3. 表情、手势、身姿与演讲内容是怎样配合的？

（六）选择下列题目写一篇演讲稿，在班里举行一次演讲活动。要求脱稿，力求做到观点鲜明，言之有据；有条有理，有头有尾；感情充沛，自然得体。时间3～5分钟。

1. 生命需要磨难

2. 择业与理想

3. 相信自己是成功的秘诀

第七讲　职场口语训练

【实训导航】

本讲内容的设置，着眼于中职学生今后的工作和生活，由求职、解说和主持三部分构成。随着人事制度改革和就业双向选择机制的确立，中职毕业生走向社会，面临的首要任务就是求职应聘，找寻一份理想的工作；而解说和主持则是他们在适应各自的工作和生活时，应该具备的重要的语言技能。

学习这一讲，要了解这三种口语表达方式的基础知识，掌握求职、解说和主持的基本方法、技巧，训练相关技能，提高口语交际水平。

【知识探究】

一、求职

在社会飞速发展的今天，求职的途径很多，但不论是通过现场招聘会、网络媒体，还是借助于人才中介机构，最终都离不开求职者与用人单位面对面的双向沟通交流。对于那些初次择业的应届毕业生来说，因为缺乏经验，面试常常成为他们一道难过的坎儿，有很多同学顺利通过了简历关、笔试关，最后却在面试中出现失误。因此，掌握一定的求职应聘知识和面试技巧，锻炼好出色的口头表达能力，训练出敏捷的思维反应，显得十分重要。

（一）求职面试中的“四要”

1.要知己知彼

“请你自我介绍一下”，这是用人单位最常用的一道题，求职者最好事先写好记牢，内容要简洁明了，切中要害，切忌长篇大论，条理混乱。这 2～3 分钟的自我介绍将在很大程度上决定求职者在各位考官心目中的形象。要想自我介绍获得成功，就需要深入了解自身实际，而不少同学在求职前并没有明确的职业目标和规划，最明显的表现就是，主考官问他想做什么工作、适合什么岗位，回答是：“干什么都行。”这句话透露出求职者的自负（做什么都不在话下）或不自信（只要给个岗位就行），这些都不能给考官留下好印象。求职者应该根据自己的能力、喜好，提出最接近自己理想的职业、岗位，突出地表现自己的性格和专业能力，将自己的优势推销出去。

同时，求职者还要充分搜集用人单位及应聘岗位的相关信息，知道对方的信息越多，就越能把握主动。

2.要巧说缺点

“能说说你的缺点吗？”看似不经意的一句话，却暗藏陷阱。从你自己口中说出的缺点就是用人单位决定是否录用你的重要依据。人无完人，说自己没缺点当然是不行的。此时，求职者可以说出一些对于应聘工作“无关紧要”的缺点来，甚至谈一点表面上看是缺点，换个角度看却是优点的缺点。例如：“我做事效率比较高，但有时会显得耐心不足。”或者“我最大的缺点是没有太多的工作实践经验，学生时代的经历几乎就是从一所学校到另一所学校。希望我的这些不足能够在贵单位的实际工作中得到改进。”

3.要简洁明了，朴实无华

对考官的提问，求职者在理解后应选择简洁的语言清楚明白地给予答复，不必随意展开。如果考官想在这个问题上有更多的了解，他会继续下一个提问。说话时用语以能够表达自己的真实想法和情感为宜，尽量不说“空话”、“套话”，诸如“你给我一个机会，我给你一个惊喜”之类。

4.要正视不足，表达流畅

求职者在答问时一定要仔细倾听、认真理解，紧扣话题中心，不蔓不枝，不绕弯子。如果对所问的话题不能正确回答，应坦然地明确承认，以示自己的诚意和务实的态度，不可想当然地随意发挥，既曲解了考官的意图，又暴露了自己的弱点。表达时要避免使用“大概”、“也许”等模棱两可的词语，以及“无所谓”、“随便”等缺乏个性的词语；要吐字清晰、发音响亮、语速快慢适中，切忌自言自语、吞吞吐吐。

（二）求职面试中的“四不要”

1.不要一味谦虚

有些人认为，谦虚会给人留下好的印象，所以在面试中一旦受到考官的夸奖，常常会摆出谦虚的姿态进行“自我否定”，认为这样做容易博得对方的好感。也有的面试者因为不知道怎样接受对方的夸奖，在腼腆和局促中，失去了和对方沟通的时机。一味谦虚易使他人认为你缺乏自信，从而淡化了对对你已有的良好形象；也可能被他人理解为你否定了他的眼光和评价，从而产生不快。

2.不要过分自信

有的人求职时喜欢表现出一种自信，言语中透露着“舍我其谁”的意味。其实在推销自己时，必要的包装和展示是应该的，但不能过分。过分的自信反而让考官不大放心，甚至会认为你低估、忽视了他的判断和经验。你的过分自信和豪言壮语恰恰暴露了你的简单和幼稚，使对方认为你夸夸其谈、盲目自大。

3.不要刻意讨好

参加面试时，求职者语言态度上的一味奉承、唯唯诺诺，也会给考官以做作虚伪的感觉。

4.不要总是被动

不少初试者在面试时习惯把自己放在被动的位置上，形成“你问我答”、“你不问我不说”的状态，其原因或是因为缺乏临场经验、胆怯害羞，或是因为怕引起对方不悦从而影响了面试结果。其实在面试过程中，双方在互相了解、双向沟通和选择的层面上是平等的。有时候主动一点，根据现场气氛、应聘职位等具体情况，提出一些自己想了解的问题，反倒体现出你对这次面试的关注和诚意，由此引起对方的注意。

（三）求职面试中的非语言技巧

非语言因素也是考官面试时考察的一个重要方面，熟练运用各种非语言技巧，有利于博得考官的好感，获得“此时无声胜有声”的效果。

1. 对服装仪表的要求

这是求职面试的重要环节。着装要合身、整洁、端庄、得体，要符合学生身份，符合季节变换。不必刻意“求美”、“求酷”，给人华而不实的感觉。应聘广告、公关、营销或服务性行业的职位，形象设计可适当活泼。研究表明，仪表端庄、衣着整洁、举止文明的人，一般做事有规律、注意自我约束、责任心强，从而能获得用人单位更多的青睐。

2. 进出现场的礼仪要求

中国素有礼多人不怪的传统，彬彬有礼的举止，可以体现一个人的基本素质，也会给考官留下深刻的第一印象。进入面试现场时，应注意：先在室外轻轻敲门，得到许可后方可进入，进门后应轻轻转身关门；进入现场时要主动与考官打招呼，可点头微笑，也可口头问候，但一般不宜主动与考官握手；进门后的步伐应轻快有力，给人以积极向上的青春活力；尽可能地记住几位考官的姓名、职位（至少是姓氏），在没有确切把握的情况下，可采用笼统的称呼，切忌张冠李戴，这会令面试双方都非常尴尬。

当考官明示或暗示面试结束时，应试人要礼貌地与考官告辞，告辞时要面带微笑，并感谢对方给自己的这次面试机会；要有条不紊地整理好随身携带的物品，不要丢三落四；如果进门时受到现场工作人员的接待，在离去时也要对他们的服务表示感谢，这种尊重他人劳动的良好习惯，不仅赢得工作人员的好感，也会给考官留下深刻印象；接近大门时要转身面向考官，点头示意后退出门外，同时轻轻掩上房门。

3. 对坐姿的要求

面试过程中，大部分时间双方是坐着进行的。正确的坐姿是双腿自然并拢，手放在膝上，腰板挺直，身体微微前倾。这样的坐姿使人觉得应试人精神振奋、富有朝气。坐时不能太浅也不能太深：坐得太浅，容易使自己紧张、疲劳，注意力不集中；坐得太深，又容易靠在椅背上，给人懒散之感。有些人可能有一些下意识的小动作，如不停地摆弄手机或其他的小物件，两腿摇晃、摆动，无意识地看手表等等，这些动作都会让考官分神并有可能反感。

4. 对情感控制的要求

面试要求求职者心平气和地参与全过程，一切超出常规的情感流露都是不合时宜的。如果考官提出的问题让人很不舒服甚至感到难堪，这时的求职者一定要保持冷静，不必匆忙回答。一般说来，考官不会故意刁难应试人，出现这种情况，通常是考官事先设计好的战术，意在测试求职者的应变能力和心理承受力。如果求职者听完后火冒三丈、反唇相讥，就中了考官的“圈套”了。

5. 对目光的要求

面试时应试人要与考官保持视线的接触，这是交流的需要，也是起码的礼貌，更是求职者自信力的表现。面试时应试人如果回避对方的目光，会被认为是胆怯、心虚，或是傲慢、目中无人。正常状态下，求职者应将大部分时间看着向自己发问的那位考官，但不要直盯着他的眼睛，这会让人觉得咄咄逼人。正确的做法是将目光放在对方的额头或鼻梁上，并保持目光的轻松、柔和与自然。

二、解说

解说即口头上的解释说明。具体地说，解说就是用简单明了、通俗易懂、生动形象的语言说明事物、解释事理，使人们了解事物的形状、性质、特征、功能、使用等知识，懂得事物的结构原理、成因变化、发展规律的一个过程。这是一种使用广泛、实用性很强的口头表达方式，像影视解说、球赛解说、新闻图片说明、产品展销、书画展览、文物展出、景点介绍等都要运用这一口语表达形式，在日常生活中随处可见，有着广阔的用武之地。

解说不同于介绍：解说的对象可以是有形的物体、无形的事物或抽象的事理，但不能是社会意义上的人；介绍的对象既可以是物，也可以是人。解说是介绍的一种，它可以细致深入，也可以概况浅显。

解说不同于解释：解释只是一种说明的方法，解说可以运用它，也可以运用其他的说明方法。

解说也不同于说明：解说是一种口头交际方式，只存在于口头；而说明则是一种与叙述、描写、抒情、议论相并列的表达方式，可以用于口头表达，也可以用于书面表达。解说以说明为主要的表达方式，也可以同时兼用叙述、描写、抒情、议论。

（一）解说的常见类型

从解说的内容和对象上看，解说通常可以分为导游解说、演示解说、屏幕解说和展览解说等几种类型；如果从解说的表现手法来看，解说又可以分为诠释性解说、阐明性解说和形象性解说。

1.导游解说

这是为了帮助游客在游览山水名胜时有更多更好的收获而进行的解说。游览观光主要依靠视觉，但有些景观的美妙动人之处仅仅依靠视觉是不能充分领略的，这就需要导游的及时解说，解说时要多介绍景观中只靠视觉无法了解的传说、典故等人文方面的知识，引导游客欣赏那些容易被忽略又极富价值的地方，使解说成为游客游览观光的指南和有机的补充。

2.演示解说

这是为了介绍诸如食品的加工、实验的操作、身体的锻炼或物品的结构、制作及使用等知识，而结合示范性动作所进行的解说。这类解说常常由演示者边做边说，也可以一人演示，另一人解说。进行演示解说时，要把动作的先后顺序和内在关系介绍清楚，边说边做，做说同步，不能脱节。

3.屏幕解说

为了帮助观众更好地了解屏幕上影像资料的内容，获得更加清晰深刻的内心感受，需要进行屏幕解说。这包括影视片解说、球赛解说、投影解说等等。屏幕解说通过画面之外的声音，塑造形象，创造意境，渲染气氛，介绍知识，与屏幕上的影像互为补充，将听觉形象与视觉形象有机地结合在一起，扩大了信息量，弥补了观众视觉欣赏的不足。因此，在解说时必须紧扣屏幕影像，坚持图、话同步的原则，解说一幅图像的时间不能超过这幅图像在屏幕上播放的时间。

4.展览解说

这是文物、书画展览会、商品展销会上对陈列的展品（包括仿制品、模型、图片）进行介绍的解说。这类解说，需要借助丰富的专业知识，通过对各个展品内涵的充分挖掘（如文物的年代、规格、产地、等级、影响；书画作品的作者、内容、风格、流派；商品的特性、功能、产量、科技含量、技术参数等等），带动每一位参观者对展品产生浓厚的兴趣。

5.诠释性解说

主要用于解释名称、概念的含义，概括地说明事物的某些特点，常用下定义、作诠释的说明方法与判断的句式。

6.阐明性解说

主要用于解说事物的起因、来历，对事物发生、发展和变化的过程、原理作出具体的阐释、分析。常用举例子、列数字、作比较等说明方法。

7.形象性解说

通过摹状貌、拟声等手段，把陌生的事物与抽象的道理解说得具体、生动、真切、感人，使解说更具有吸引力和趣味性。在表达方式上侧重于描写，在修辞方法上多运用比喻、拟人、借代、设问、衬托、引用等修辞方法。

由于解说的对象千差万别，听众的年龄结构、知识层次以及解说的环境各不相同，在解说时往往要根据具体情况，综合使用上述手法，最大程度地发挥解说的作用。

（二）解说的基本要求

1.抓住特征

任何事物都有区别于其他事物的特征，只有事先充分熟悉解说的对象，做一番深入细致的观察、分析、研究，抓住其具体特征，明确其“是什么”和“为什么”，解说时才会让大家听得清楚明白。

2.理清顺序

解说应该条理清晰，言之有序。这个“序”可以分为空间顺序、时间顺序和逻辑顺序三种。

（1）空间顺序

在解说静止不变的实体事物时通常采用这种顺序。它按照该事物的空间存在形式，或由表及里，或从上到下，或由远及近，或从内到外，或从整体到局部依次解说。

（2）时间顺序

在介绍某个事物发展变化或制作加工过程的时候，往往按照时间的先后顺序依次进行解说。

(3)逻辑顺序

就是按照事物内在的逻辑关系,或总分,或主次,或因果,或并列,或递进,或从现象到本质,或由简单到复杂安排解说的顺序。介绍事理时多按照这种顺序组织材料。

3.准确通俗

解说的目的在于介绍事物、传播知识,只有语言准确周密,才能反映事物的真实性、科学性。例如:"赵州桥还有一个特点,就是跨度大。它那单个的大石拱,跨度达到了37.4米。这在1300多年前还是世界第一呢!"这段话要是将第三句去掉,也不能算错,但30多米的桥梁跨度,在今天实在是不值一提,唯有加上这句话,让我们了解了1300多年前的桥梁历史,第一句中的"跨度大"才可以立住脚。

由于听众的年龄结构、文化程度各不相同,而口头语又具有即时性,稍纵即逝,不能再现,这就要求解说的语言必须通俗、浅显、生动,化繁为简,化难为易,变抽象为具体,变枯燥为有趣,避免使用佶屈聱牙、艰涩生僻的词汇、术语,不使用包含多层复杂关系的长句子,让人一听就明白。

三、主持

主持是"负责掌握或处理"的意思,如主持工作、主持会议、主持节目等等。现代社会人与人的交往日益频繁,人们随时有可能被推选为某一活动的主持人:你可能会成为一场班级联欢晚会的主持人,也有可能是好友婚礼的主持人,或者被推选为老同学聚会时的主持人;将来,如果你成为一名中学教师,那么你就要经常主持召开班会或家长会;如果你成为某单位的领导,你就要经常主持工作例会……在这些重要场合,你都必须"像模像样"地说上几段话。这时候,你就会真切地感受到,主持作为一种口头表达的技能,并非只是那些央视著名节目主持人的专利,普通人掌握一些简单的主持技巧也是很有必要的。

(一)主持人的素质要求

节目主持人职业的特殊性要求主持人具备较高的素质。优秀的主持人总是能以他们饱满的热情、平易近人的态度、厚积薄发的文化功底,或侃侃而谈,或娓娓道来,或画龙点睛略加评点,或连缀穿插自如得体,健康,积极,自信,睿智,机敏,风趣,形成自己独特的主持风格。一名出色的主持人应该具备:

1.健全的思想品格

主持人要具有高尚的情操、完美的人格,良好的政治素质和精神素养直接关系到主持人对节目方向和价值的定位以及深度的把握。

2.深厚的知识底蕴

主持人虽各有不同的形象、性格和气质,但在博学多才的素质要求上应该是相同的。孤陋寡闻、知识浅薄的人是不能胜任主持人工作的。主持人需要与时俱进,不断提高自身的文化修养和知识水平,有针对性地及时更新自己的知识结构,不断地丰富自己的人生阅历。

3. 绝妙的口才

能言善辩、出口成章是主持人必须具备的职业素养，简洁、幽默则是主持人口语表达的两大基本要求。主持时语言要轻松明快、通俗易懂、深入浅出，切忌词不达意、啰嗦唠叨。

4. 敏锐的观察能力

主持人要练就一双“火眼金睛”，对社会多一点观察和思考，及时捕捉社会关注的焦点、热点。敏锐的观察也要求主持人一旦进入主持现场，就要细心洞察临场发生的各种现象，迅速作出正确的判断，从而能够适时相应地调整主持的节奏和内容。

5. 灵巧的应变能力

主持现场未必总是一帆风顺的，有时不可避免地会出现这样那样的突发事件，一个成熟的主持人，这时候应该从容镇定、处变不惊、随机应变。

6. 优雅的行为举止

主持人应该热情大方、亲切自然，以得体适时的穿着打扮、优雅自然的行为举止，展现自己的独特魅力。

（二）主持人的语言

根据内容的不同，主持可以有多种分类：有社会活动主持，如主持会议、演讲、论辩、典礼等；有文化活动主持，如主持文艺演出、联欢会等；有广播电视主持，如主持各种综合性、专题性、专业性的广播、电视节目等。但不论在哪种类型的主持中，都跳不出开场、衔接和结尾这三种常规的基本情景，主持人的语言存在着一定的共性。

1. 开场语的表达方式

开场语又叫开场白、导入语，是主持人在主持刚开始时说的话。

(1)开门见山式

这是一种直接、概括地揭示话题主旨的进入方式，它的特点是单刀直入，简洁明快，对于那些较为严肃的话题或时政讨论较为合适。

运用开门见山、直切主题的方法，需要有高度的概括能力和高超的语言表达能力，要能够精确地提炼其主旨，精当地表述其内涵，以清新、明快的姿态将话题呈现在受众面前。也可以事先将节目的主要内容和信息的关键点、精彩部分提炼出来，在节目一开始就向人们加以介绍和推荐，这样入题，既可以增强吸引力，让大家产生心理期待，又可以帮助他们做好参与其中的心理准备。

(2)迂回入题式

主持人借助相关或不太相关的内容，预设某种前提或调动受众的兴趣，让人们在不知不觉中进入节目。这种入题方式多用于社会性话题，其特点在于：以那些或常见、或一反常规、或有情有趣、或典型新鲜的事例作引子，从凡人小事入手，由身边的现象谈起，实现以小见大、以事醒人、以情感人、以理服人的宣传效果。

(3)引发思考式

主持人创设悬念或提出质疑，构筑一个受众积极参与的思维环境。在法制类栏目中，这种手法被普遍的应用；话题评论类的谈话节目也常常通过提出问题，来吸引观众的注意力和思考兴趣。

(4)情绪渲染式

主持人抒发情感、感慨万千，用自己的情感点燃受众的情感，并确定节目基调。主持人要通过对周围景物或环境因素的观察、捕捉，触景生情、借景抒情地进入话题，为节目营造出一种和谐、亲切的现场气氛。运用这种技巧需要注意的是，借用景物和环境因素不可牵强附会、矫揉造作。

2.衔接语的表达方式

衔接语也称串场词，有提前预备好的，也有根据现场具体情况即兴发挥的。为了使一台节目的各个部分成为一个整体，流畅地完成各个环节的起承转合，主持人就要使用衔接语来搭桥铺路、衔接过渡。

(1)引用资料，逐渐推进

有时候单纯用语言来实现话题的起承转合和衔接变换会略显单薄，为了使话题层次清晰、逐步深入，可以适当"用事实说话"，使转折更加顺畅自然，更容易为大家接受。

(2)言简意赅，画龙点睛

恰当的插话，精当的评议，引申纠偏，耐人寻味。

(3)设置悬念，引人入胜

一波未平，一波又起，主持人可以通过自己的语言把一个平淡的故事引向高潮，调足观众的胃口。

(4)巧用"重复"，突出焦点

"重复"是捕捉现场嘉宾、观众的话语或者反应，或者借用播放的短片中的某个情节，加以复述。它既表达了主持人的倾向，加深了印象，又不会有强加于人的感觉。

3.终结语的表达方式

终结语是主持人在活动即将结束时说的话。精彩的终结语不仅可以突出活动的主旨，起到画龙点睛的作用，而且可以升华主题，产生"余音绕梁，三日不绝"的效果。

(1)概括

使用议论作为结束语，对整场活动内容做出简要的归纳，用提纲挈领的语言做出清晰的表达。

(2)确定

对毋庸置疑的或已经取得共识的结论性认识，可以语气肯定，用精确简洁的语言说得清楚明白。

(3)强调

根据实际情况，可以不作面面俱到的总结，而是抓住关键之处，通过深化议论和"点睛"之语，给予强调。

(4)升华

通过议论的拓展，设疑引思，给人以启迪；或通过抒情性的表述，使思想感情提升到一个新的层面。

【示例借鉴】

一、某职业学校学生面试对话实录

李英哲(某公司人力资源部主任):你好,欢迎你来本公司求职,请谈谈你的情况好吗?

张博(求职学生):好的。我叫张博,弓长张,拼搏的搏。本省江滨市人,一九八零年出生,今年七月毕业于江滨市兴华职业学校。我学的专业是企业管理。

在学校的三年时间里,我不仅学习了相关专业知识,进行了较长时间和较为系统的专业训练,还学习了大致相当于普通高中程度的语文、政治、历史、地理、数学、物理、化学、计算机和外语等基础课程。现在可以说基本上,当然也只是基本上,具备了企业管理这一职业所需要的专业知识、文化素质和实践能力。

我的优点之一是乐于同领导、老师、同学、朋友等周围的人形成良好的人际关系,并通过这种良好的人际关系更充分地发挥自我。从初中到职业学校,我一直是学生干部,当过班长和学生会副主席,积累了一定的组织管理经验,这不但对我深刻理解管理学的内涵有很大的帮助,也养成了我积极团结社团同事、充分发挥集体力量解决问题的习惯和作风。这是我校提供的我在校三年各门功课的成绩和各方面表现的评价,这是另外一些有关材料,请李主任过目。如果还需要什么别的材料,我将尽快补上。

李主任:从你刚才的介绍和有关材料看,你是一个不错的职业学校毕业生。

张博:谢谢。

李主任:但是依本公司的惯例,我们只录取大学本科以上的男性作为管理人员。

张博:嗯……我想呢,李主任的意思是,咱们公司十分看中高素质和高水平的人。不言而喻,本科学历以上的人,知识结构、思维能力和整体素质相对较好。但学历和水平在有的时候是不等同的,起码有这样的特例。我认为,一个有开拓进取精神的公司,就像咱们公司,在人才选择上也一定是不拘一格的,不会在乎男女之别和只重学历的,否则,看了我自荐书上的学历栏后,李主任就不会让我来面试了。

李主任:你很聪明。请进一步介绍一下你的个人素质好吗?介绍最突出的,当然也别落下你认为重要的。

张博:好的。我想,有些基本的、也是很重要的素质,是和学历无关的,比如热情、顽强、冷静、自律等,我一直为我对学习、工作和生活充满热情而自豪。我在看似平常、枯燥的学习、工作和生活中获得乐趣,这种乐趣又推动我更深入地学习、更勤奋地工作,更加珍惜生活。有了这种热情,劳累变为轻松,复杂变为简单,顽强、冷静和自律也就很容易做到。所以我非常喜欢孔子的那句话:“知之者不如好之者,好之者不如乐之者。”

当然,知识的确是重要的。但不断获取知识的能力更重要。据一项调查表明,实际工作中所用到的知识只有百分之二十是在学校学的,其余都是在工作中自我探索、学习来的。关键是要在纷繁的事物中抓住本质,在复杂的关系中抓住矛盾的中心,在了解情况的基础上果断作出决策。

李主任：你很善于思考。能够有所成就的人必定是踏实努力而善于独立思考的人。

张博：我愿为公司奉献我的才智。

李主任：我们公司是一家民营企业，你考虑过吗？

张博：考虑过。我认为，民营企业没什么不好。江泽民总书记在十五大报告中指出，个体、私营等非公有制经济是社会主义市场经济的重要组成部分，省委、省政府去年还出台了《关于加快发展我省私营经济的决定》，应该说已经从思想上、政策上和体制上为民营经济的发展扫清了障碍。一个企业有无前途，不在于是国营还是民营。国营公司如果不能适应市场，同样会破产；民营企业通过艰苦经营也可以发展为跨国集团公司，这已经被改革的实践所证明。我不在乎别人的评论，在民营企业供职是光荣的，能为中国的民族工商业贡献自己的力量是光荣的。

李主任：很好。不过，即使在本市的民营企业中，我们也不是最大的。你为何看中我们公司？

张博：我看中的是公司的精神、经营理念和经营管理水平，而不是企业的大小。不瞒李主任，在来求职前我通过多种途径，包括实地考察，了解过咱们公司。公司的那句“为振兴民族工商业而奋斗”的口号，令我感到鼓舞和振奋。还有一点，就是咱们公司积极致力于改善同社区的关系，努力塑造良好的社会形象，这是现代企业的显著特点之一。但许多公司还没有认识到这一点。井然有序、令行禁止的管理也让我十分钦佩。前几天，我在公司看了一上午，有一阵实在累了，就打了个哈欠，在楼梯上坐了下来。一个年轻职员见了对我说：“你不是本公司的人吧？”我说对。他说：“在这席地而坐有碍公司形象，请离开好吗？”当时我很尴尬，但这充分反映了咱们公司的管理水平和职员的敬业精神。

李主任：你来上班后见到这个人，你告诉他，我很想跟他交个朋友。

张博：一定。同时谢谢李主任录用我。

李主任：我说录用你了吗？

张博：是的。你说，你来上班后……

李主任：对对，我为什么不要一个对本公司充满信心的职员呢？这张登记卡你拿回去填好，明天就来报到吧。

简析：这是某职业学校张博同学求职某民营企业的对话实录。从对话内容我们可以看到，张博在面试前做了的大量材料准备工作：这既包括他的自荐书、学校提供的三年的各门功课成绩和各方面表现的评价等个人相关资料，也包括他通过多种渠道甚至亲临这家私营企业，通过调查了解获得的公司经营理念、奋斗目标、管理水平等方面的第一手资料。而这种实地考察行为的本身，也反映出求职人的诚意和对这份工作的看重。在面试过程中，张博能抓住对方问题的实质侃侃而谈，介绍全面，条理清晰，语言质朴，表达流畅。在坦然承认自己学历偏低的同时，指出学历与水平有时并不等同，获取知识的能力比知识本身更重要，化解了不利因素，博得了考官的好感。

二、天津石家大院解说词(节选)

石家大院有三绝:牌坊、戏楼、文昌阁。现在我们看到的就是三绝之一的戏楼。戏楼顶子外面是一层铁皮,上面有铜铆钉铆成的一个大寿字。著名的京剧表演艺术家余舒岩、孙菊仙、龚云甫都在此唱过堂会。整个戏楼的特点是冬暖、夏凉、音质好。戏楼的墙壁是磨砖对缝建成,严密无缝隙,设有穿墙烟道,由花厅外地炉口入炭 200 斤燃烧一昼夜,冬日虽寒风凛冽,楼内却温暖如春。到了夏天,戏楼内地炉空气流通,方砖青石坚硬清凉,东西两侧开有侧门使空气形成对流,空间又高,窗户设计的阳光不直射却分外透亮,使人感到十分凉爽。戏楼建筑用砖均是三座马蹄窑指定专人特殊烧制。经专用工具打磨以后干摆叠砌,用元宵面打了糨糊白灰膏黏合,墙成一体,加上北高南低回声不撞,北面隔扇门能放音,拢音效果极佳,偌大戏楼不用扩音器,不仅在角落听得清楚,即使在院内也听得明白无误。因此,石府戏楼堪称“民间一绝”。

简析:这段解说,用简明的语言,阐释清楚为什么戏楼冬暖、夏凉、音质好,最终得出结论石府戏楼堪称“民间一绝”。条理清晰,用语通俗易懂,让人一听就明白。

三、坏了,少了一封电报

1990 年春节晚会,是我第一次参加这样重要的节目。晚会中的许多电报、电话都是临时交给主持人的。你基本上连看一眼的时间都没有就上场了。我记得,接近零点时,我刚下场又被导演推上了台:“快,这是四封电报,马上宣读,时间要占满 1 分 20 秒”。我接过电报一扭头就神采飞扬地走向了主持台,为了把即将到来的零点高潮推上去,我边走边用激昂的语调说:“亲爱的朋友们,我手里拿的是刚收到的四封电报,第一封是侨居马尼拉的……第二封是……第三封是……第……”当我要读第四封电报时,才发现我的手里已经空了。坏了,少了一封电报。我这时已经用余光看见了导演在台下拿着这封电报向我示意。此时的我既不能下台拿,导演也没这个胆量给我送上来,但观众已经听得清清楚楚我说的是四封电报,瞬间,大概也就是两秒钟吧,我就作出了决定,我合起手中的电报说:“今天晚上,打到直播现场的电报不计其数,特别是海外华人,他们都想在这个阖家团聚的夜晚为祖国亲人送上他们的祝福,由于时间的关系,在这里我就不一一宣读了。海外侨胞们,你们的问候,祖国人民都接受了,也请允许我代表祖国人民,向远离亲人的海外侨胞祝福,祝全世界的中华儿女万事如意!”台下响起了热烈的掌声,观众没有看出我的破绽。我走下舞台,看了一眼墙上的倒计时钟,一秒不差。台下的导演拥抱了我,她手里还举着那封忘了交给我的电报。

——选自倪萍《日子》

简析:倪萍的这段文字,讲述了她在主持 1990 年春节联欢晚会时,机智灵活地处理现场失误的亲身经历,一句“由于时间的关系,在这里我就不一一宣读了”,轻松地化解了主持现场貌似无法避免的重大失误,体现了一个成熟的节目主持人处变不惊,随机应变的优秀素质。

【综合训练】

一、作为一名求职者，试设想在某招聘现场，主考官会提出哪些问题，你该如何回答？

二、在一次面试中，考官向甲同学提了一个问题："你赞成'人往高处走'这句话吗？"甲同学说："'水往低处流，人往高处走'，这句话有道理，我当然赞成。"考官笑笑，"如果有一天你掌握了技术，也找到了更好的公司，那么你肯定会跳槽，另谋高就啦？"甲同学想了想，说了一番话。考官听了，脸上露出了赞许的神色。如果你站在甲同学的角度，你会怎么说？

三、下列求职者在应聘过程中存在什么问题？你能从中得到什么启示？

1.小李和小王去某公司应聘。小李不断地问："你们会给我什么样的职位"、"是不是经常加班"、"你们的福利待遇怎么样？上下班是不是有班车？"还有意无意地透露自己父亲担任某单位的领导。而小王则表示凡事听从安排，问对方主管："你看我适合干什么？"

2.面试结束了，考官问一位求职者："你有没有问题要说？"这位小伙子欠了欠身子问道："请问你们公司的规模有多大？中外方的比例各是多少？你们董事会成员里中外方人员各有几位？"

3.面试当天，我脱掉脏兮兮的牛仔服，换上笔挺的西装。面试时，考官要看我的实习鉴定材料，我赶紧打开资料袋，由于资料没有分类，我心一慌手一抖，资料散落一地。好不容易找到实习鉴定资料，我又在慌乱中将考官的水杯碰倒，心中暗暗骂着自己。这时，考官又要验看我的毕业证原件，可资料已经弄得一团糟了，等找出时已经花了一分多钟。考官脸色铁青。面试结束后，我长吁一口气，可马上又慌了，原来刚才我竟将毕业证落在考官那里了。想到事关重大，我只得硬着头皮回去拿。就在我拿了毕业证转身离去的一刹那，考官大笔一挥，把我的名字从复试名单中划掉了。

四、分析下列求职者的面试应答有何欠缺或成功之处？

1.主考官："这是一份充满创意的工作，需要逆向思维能力。请问从小到大，你做过最捣蛋、最让父母头痛的事情是什么？"

回答一："我一直是好学生、乖小孩，没做过坏事，也没想过做坏事。"

回答二："我常常胡思乱想，和朋友堆一天积木也不累。上学时，我参加过航模小组、文学社，但不曾做过什么破坏性的事，也不认为做坏事能体现创意。"

回答三："我爱发明，爱把家里的瓶瓶罐罐拿来做实验，或者把空木箱子改成音箱和唱机。好在得过几次科学试验奖，才没有被父母处罚。"

2.主考官："你是学×××专业的，为什么要跨专业求职？"

回答一："你们不是说'不限专业'吗？所以我来试试。"

回答二："据说，外行的灵感往往超过内行，因为他们没有思维定势，没有条条框框。"

回答三："我之所以跨专业求职，是为了给自己提供一种动力，终生学习才不会被社会淘汰。"

3.主考官："我觉得你太乖、太听话了，恐怕不适合这个岗位。要知道，我们经常会遇到一些很难缠的客户。"

回答一:“再难缠的客户也要讲道理,我觉得这和个性无关。再说,乖巧听话也是优点吧。”

回答二:“我显得内向,是因为我善于倾听,愿意把发言机会多让给别人,但这并不表示我不善言辞,必要时我也会侃侃而谈。”

五、在班级举行一次模拟求职面试训练,锻炼同学们的语言表达能力和应变能力,为将来真正的面试积累经验。

六、你了解现在就读的学校吗?现在,请你陪着一位新生在校园里走一走,边走边向他作解说,让他熟悉学校、热爱学校。

七、假如你是一位体育课代表,体育课上,老师要你给同学们演示一下篮球“三步上篮”的动作要领,作一个演示解说,你会完成任务吗?

八、结合所学专业,运用适当的方法,解说某一实验操作过程。

九、观看当天的《焦点访谈》,在节目结束之前,尝试着用半分钟时间说一段结束语。然后再对照节目本身的结束语,看看自己的设计和《焦点访谈》的设计有什么异同。总结差距后,第二天再次重复,如此一周时间。

十、每6～10名同学为一组,每位参与者轮流担任一次主持人,将自己在生活、学习中遇到的难题说出来向大家请教。

十一、学校召开元旦歌咏晚会,你担任主持人,请根据下列节目的内容,设计合适的开场语和衔接语,顺序可以自由确定。

《让我们荡起双桨》《双节棍》《17岁那年的雨季》《同桌的你》《青春》《听妈妈讲那过去的事情》《大中国》《闪闪的红星》《真心英雄》《难忘今宵》

第八讲　社交口语训练

【实训导航】

“社交”即指社会上人与人的交际往来，是人们运用一定的方式(工具)传递信息、交流思想，以达到某种目的的社会活动。这种社会活动是人类社会存在的基本方式，是人类实践活动的重要因素。而社交口语则是实现人际交往的重要的、必不可少的形式和手段。

本讲主要就介绍与交谈、拜访与接待、赞美与批评等社交口语进行学习、训练，旨在让学生了解这些社交口语的重要性及其应用形式、适用范围，熟悉相关的社交礼仪，掌握实用的技巧，培养学生重视口语训练的意识，促进学生的思维发展，提高学生的审美情趣和口语交际能力，为他们走上社会以及终身学习、生活和工作奠定良好基础。

【知识探究】

一、介绍与交谈

(一)介绍

介绍是一种在日常生活中实用性很强的口头表达方式。社交活动中，介绍可以分为自我介绍和居中介绍，介绍犹如一座桥梁，推介自己、认识他人，它是人们联络感情、交流信息、增进了解和获取知识的重要途径，也是人与人之间相互交流的基本出发点。

1.介绍的技巧

(1)把握场合和时机

不同的场合，介绍的内容和方式要有所不同。正式的场合要庄重、严肃，聚会的场合则可以轻松随意一些。如：“李总经理，请允许我向您介绍一下，这位是王秘书”。“我叫周欢，周杰伦的周，刘欢的欢，请多多关照。”介绍也要把握好时机，对方若没有相识的意愿或不便、不适时，喋喋不休，强人所难，往往会引起反感。

(2)遵从顺序和礼仪

介绍的共同点是“尊者居后”，让尊者优先了解对方的情况，以示对尊者的敬意。一般来说，把男士先介绍给女士，把年轻的先介绍给年长的，把职位低的先介绍给职位高的，把未婚的先介绍给已婚的，把后来的先介绍给先来的等等。

自我介绍时要举止大方，表情自然，只要自己做到彬彬有礼，对方自然也会以礼相待。居中介绍时要称呼得体，面带微笑，让双方都感觉到友善、亲切，良好的举止谈吐也会成为自己的另一张名片。

(3)善用语言和内容

根据介绍的场合、对象、目的的不同，选取恰当的介绍内容和语言形式。如：对长者、尊者要使用敬语，语速适中，口齿清晰；在聚会场合则可诙谐幽默。总之，对方感兴趣的内容要优先介绍、重点介绍，语言使用准确适当，简洁明了。

2.介绍的类别

社交活动中，常见的介绍形式包括介绍自我、居中介绍。

(1)介绍自我

怎样介绍自己，要根据实际需要、所处场合，切不可“千人一面”，一概而论。从目的和场合上讲，主要有以下模式：

①简洁式：“您好！我叫李路。”“我是姚小尧。”介绍内容最为简洁，表明双方没有继续交往的意愿。

②公务式：主要适用于工作之中。内容包括本人姓名、供职的单位及其部门、担负的职务或从事的具体工作等三项。如：“你好！我叫张小铭，是丰海区的宣教处处长”。“我名叫管至中，汽车工程职业学院的教师”。

③交往式：主要适用于社交活动中。希望能和对方进一步交流、沟通，除姓名、职业外，还会说到籍贯、爱好，共同认识的人和感兴趣的话题。如：“我叫鲁鸣，我刚才听见你在唱霍尊的《卷珠帘》，你喜欢看《中国好歌曲》吗？我也特喜欢，你还喜欢谁的歌?”

(2)居中介绍

也就是为他人介绍，通常是双向的，即将被介绍者双方各自均作一番介绍。首先要了解双方是否有结识的愿望。其次要遵循介绍的规则。如在某正式场合，“王书记，这位是物流学校的赵老师，这位是我校的王书记”；被介绍人在被介绍后应当做出礼貌的反应，如“您好”、“认识您很高兴”、“久仰久仰”等。第三，在介绍了彼此的姓名、工作单位后，还要为双方找一些可交谈的话题，比如双方共同的爱好、相似的经历等。

(二)交谈

交谈是由两个或两个以上的人参加的一种双向性的口语表述活动，它是社交活动中最基本的口语交际形式。学习和训练交谈，对于人们增进交流和了解、沟通感情和信息、提高工作效率以及改善生活质量，都是非常重要的。

1.交谈应注意的问题

(1)注意对象和场合

任何交谈都必须有一定的对象。了解交谈对象的年龄、职业、生活经历、文化程度、爱好、性格等，就可以有的放矢地运用不同的话题、用语、口吻、方式等与对方顺利地进行交谈，以达到预期的目的。

交谈场合包括时间、地点、环境等，办公场合、宿舍场合、聚会场合、户外场合等，不同的场合可以采取或端庄得体、或热情大方、或亲切友好、或幽默风趣等不同的交谈态度。

(2)注意文明礼貌

交谈时，一定要真诚质朴，谦和友善，语言得体，遵循坦诚、平等、含蓄等原则，才能使交谈充满和谐、愉快。

2.交谈的技巧

(1)善于寻找和控制话题

交谈当然要有话题，有了共同话题，交谈就很融洽；没有共同话题时，要善于寻找话题，如时事、天气、流行等，引发新的话题；同时还要善于控制话题，可以不经意地提醒对方，或强调中心话题，引导对方重回交谈主旨。

(2)善于倾听和提问

交谈中，善于倾听极其重要，它是一种尊重，也是获取交谈信息的重要渠道，聆听对方说话，以微笑、点头回应，会激发对方的谈兴；倾听中还要善于巧妙地、适当地提问，这是交谈的引线，既可以解决你的困惑，也可以引导转移话题。

(3)善于使用交谈艺术

交谈艺术包括语言运用和交谈技法，根据不同对象、场合，选取恰当得体的语言，包括词语的运用、句式的选择、语调语速的掌控，要区别长幼尊卑，亲疏远近。交谈技法常用的有：直截了当法、启发诱导法、幽默诙谐法、巧言激将法等，多种多样，贵在灵活运用。

二、拜访与接待

(一)拜访

拜访是指前往他人的工作地点或私人住所去拜见访问某人的活动。通常有事务性拜访、礼节性拜访和私人性拜访之分。

1.拜访礼仪

(1)守时践约

拜访之前，一般都要有预约。拜访务必遵守约定，准时到达。若因故不能践约，要及时通知对方，或另约时间，并向对方致歉。

(2)登门有礼

拜访时要仪容整洁，敲门等待。开门后，应主动向受访者问候致意。若初次见面，要自我介绍，在主人的引导下，方可进入指定的房间，待主人落座后，再坐在指定座位上。交谈时彬彬有礼，举止文雅，讲究分寸。

(3)适时而止

拜访他人时，一定要注意在对方的办公室或私人居所里停留的时间长度，可根据拜访目的和主人意愿而定，一般宜短不宜长。

2.拜访语言

拜访时，掌握一定的语言技巧，便可成为一位受欢迎的拜访者，并取得预期的效果。

(1)进门语

见到主人首先得体地打招呼，待主人同意后方可进门。进门说什么要区分初访、再访还是回访，如："初次登门，给你添麻烦了"、"很高兴，又见面了"、"上次劳烦你跑了一趟，今天特意登门拜谢"等。

(2)寒暄语

刚见面时,适当热情的寒暄,可以拉近双方的距离。寒暄的话题要自然引出,可以说说天气、谈谈时事、问问健康,也可视室内装饰而谈。

(3)晤谈语

寒暄之后,选择适当的时机,说明来意,切入正题。交谈时,要真诚质朴、谦和友善、行为规范。恰当的赞赏,会使对方心情愉快,而回避禁忌显示出你的练达老成。

(4)辞别语

辞别语与进门语相呼应。拜访结束后,一般握手告别,“初次拜访,耽误您时间了”、“谢谢您的款待,再见”、“谢谢您的接见!方便的话,我下周再来向您请教”等。

(二)接待

是指个人或单位以主人的身份招待有关人员,以达到某种目的的社交方式。接待主要有迎客、待客和送客三个环节。热情、周到、礼貌、友善,这是接待中必须遵循的原则。通常有公务接待和私人接待之分。

1.接待准备

接待与拜访一样,事前要做好充分的准备。

(1)了解客人

客人来访的时间、人数、职务、级别、性别构成、年龄分布及宾主关系等都要了解清楚,以便做好相应的准备工作。

(2)制订方案

有了客人明确的信息,就要制定好接待方案,包括:迎宾、会见、餐饮、住宿、车辆、送别等。

(3)其他准备

不论公务、私人接待,都需要做好接待环境的美化工作,接待人员的服饰要整洁,以示对客人的尊重。同时,还得准备适量的茶水、零食等。

2.接待的语言技巧

接待客人包括迎客、交谈、送客三个环节。

(1)迎客

热情相迎,亲切问候。主宾见面,热情适当的问候语,可拉近双方的心理距离。“欢迎。请进”、“您今天真漂亮,我都认不出来了”。请客人落座后,不要急于询问客人来访的目的,应等客人主动开口。

(2)交谈

知人善谈、真诚沟通。交谈时态度诚恳、自然、大方,要“看人说话”,善于倾听,不要做挠痒、打哈欠等一切不必要的小动作。若交谈过程中出现接电话、有人找等情况,要先向客人打招呼方可。

(3)送别

礼貌送客,致以祝愿。送客时,待客人先起身才起身。送客礼貌用语要适当,如“祝您健康，请慢走”、“欢迎再来”、“多保重，经常来玩”等。送别客人不要急于回转，客人请主人“留步”后，主人要目送客人走远，招手“再见”，再回转。

三、赞美与批评

赞美与批评都是人际交往中必不可少的交际手段。赞美是发自内心地对美好事物表示肯定和喜爱的一种表达方式。赞美宛如温暖人心的阳光，人人需要。赞美别人，愉悦自己，有助于建立良好的人际关系。

批评就是对缺点和错误提出意见，帮助对方明辨是非，提高认识，改正缺点的一种表达方式。忠言逆耳利于行，真诚的批评犹如春风化雨，滋润心田，既教育了对方，也收获了友谊。

(一)赞美的技巧

1.发自内心，实事求是

赞美的语言要情真意切、发自肺腑，赞美的内容应是对方拥有的、真实的，特别是一些独到之处，这会使受赞美者身心愉悦，也会对赞美者心生好感，便乐于深入交往；而毫无根据、言不由衷的夸赞之辞，只会使人感觉你虚情假意，产生厌恶之情。

2.因人而异，满足心理需求

赞美要因人而异，了解对方的好恶，以免适得其反。有些女性喜欢别人夸她漂亮、时尚，有些女性则愿意听到对其内涵的赞美。赞美老年人身体硬朗很容易引起良好反应，而赞美青年人牙齿坚硬却很难有积极效果。

3.把握时机和尺度

赞美在不同的场合、不同时机说出来，效果截然不同。善于把握时机，一要及时，二要适时。最有效的赞美之辞不是锦上添花，而是雪中送炭。赞美的尺度掌握的如何往往直接影响赞美的效果，现在满天飞的“美女”、“帅哥”，听来并不舒坦。

4.间接赞美收效好

除了正面赞美之外，不妨试一试背后赞美，这会让人感到赞美者真心实意，无所企图。既可以直接赞美，也可以间接赞美，如“相片照得真好，底板好啊”这样往往可以收到更好的效果。

(二)批评的技巧

1.注意时机和场合

批评要以“与人为善”为出发点和归宿点，切忌在大庭广众之下和对方心情恶劣的情况下进行批评，要顾及对方的颜面和自尊心，有些批评的话关起门来说更好，否则适得其反，弄巧成拙。

2.对事不对人

善意、客观、公正的批评，让对方感受到温情、关爱，就会收到良好的效果。批评不可捕风捉影、小题大做甚至上纲上线，而应就事论事，对事不对人。

3.慎重选择语气和方法

批评也可以很悦耳，比如“关于你的……”，“我有些想法，或许你可以听听看。”批评的方法很多，委婉含蓄、幽默诙谐都是有效的法则，美国著名实业家玛丽·凯什的“三明治策略”即夹在两大赞美中的小批评很值得推荐。

4.同时提出建议

挨批评总是心里不舒服，也不一定心服口服，留心追踪批评的后果，适时找被批评者个别交换意见，并提供正面的、有效的改进建议，这可以让你的批评更有说服力。

【示例借鉴】

一、介绍示例

（一）我叫章立，立早章，站立的立，我爱唱歌、跳舞，性格开朗，喜欢结交朋友，我希望通过努力，能早早在同学们心中站立。

（二）配音演员于民这样自我介绍：“我可以这样说话——（瓮声瓮气地）‘猴哥，哪儿有妖怪呀！’我也可以这样说话——（尖声尖气的）‘八戒，她就是妖怪！’我还可以这样说话——（女声女气地）‘长老，你快救救小女子 ’。以上是我，配音演员于民的说话方式。”

（三）央视节目《咏乐汇》现场，李咏介绍道：中国历史上第一个开办培训班的人是谁？孔子。春秋最重要的是人才，二十一世纪最重要的也是人才。今天请来的嘉宾跟孔老师有一拼，他也开办了一个培训班，中国最大，他的培训班平均培训的学生人次达七十万之多，如果他到世界各国去，凡是有中国留学生的地方，都有人叫出他的名字。他就是——新东方董事长俞敏洪。

二、交谈示例

（一）民国时的中国外交官顾维钧在担任驻美公使时，有一次参加各国使团的国际舞会，与他共舞的一位美国小姐突然问他：“请问你喜欢中国小姐还是美国小姐？”对于这个左右为难的问题，顾维钧巧妙回答道：“不论是中国小姐还是美国小姐，只要是喜欢我的人，我都喜欢她。”

（二）陈毅夜访齐仰之

一九四九年冬的一天深夜。化学家齐仰之的家。

在急促的电话铃声中启幕。

齐仰之：（极不耐烦地）谁？……你不知道我在工作吗？……知道！知道干吗还来打扰我？朋友？工作的时候只有化合、分解、元素、分子量是我的朋友！……好，你说吧！……不，我早就声明过，政治是与我绝缘的，我也绝不会溶解在政治里。……我是个化学家，我干吗要去参加政府召开的会议？……不去！不去！……什么？陈市长亲自下的请帖？哪个陈市长？……他是何许人？不认识！……对，不认识！……不论谁，就是孙中山的请帖我也不去！……对你算客气的了！要不是老朋友，我早就把电话挂了！……不不不，你别来，你来了也没有用！最近半年我要写书，谁来我也不接待！……好了，闲谈不得超过三分钟，时间到了！（不由分说地将电话挂上，然后又坐下继续工作）（少顷，陈毅上，按门上的电铃。）

齐仰之：（烦躁地）谁？

陈　毅：我！

齐仰之：（走过去开门）你找谁？

陈　毅：请问，这是齐仰之先生的府上吗？

齐仰之：你是谁？

陈　毅：姓陈名毅。

齐仰之：（打量陈毅）陈毅？不认识，恕不接待！（乓的一声将大门关上，匆匆回到桌边，又开始埋头工作）

陈　毅：（一惊）吃了个闭门羹！（想再敲门，又止住，思索）这可咋个办？真是个怪人！（转身欲走，又停了下来）我就不相信，偌大一个上海我都进得来，这小小一扇门我就进不去。（再次按门上的电铃）（齐仰之只是将头偏了偏。）

（陈毅索性将手指一直按在电铃的揿钮上，铃声持久不息。）

（齐仰之欲发作，气冲冲去开门。）

齐仰之：又是你！

陈　毅：对头！

齐仰之：你究竟是干什么的？

陈　毅：要问我是干什么的，我倒是干大事的。鄙人是上海市的父母官，本市的市长。

齐仰之：（一惊）什么？你就是电话里说的那个陈市长？

陈　毅：正是在下。

齐仰之：那……半夜三更来找我有何贵干？

陈　毅：无事不登三宝殿嘛。

齐仰之：可是我……我在工作。

陈　毅：我专程来拜访齐先生，也是为了工作。

齐仰之：（为难地）好吧。不过，我只有三分钟的空闲。

陈　毅：三分钟？

齐仰之：对。

陈　毅：可以，决不多加打扰。

齐仰之：请。

（齐仰之请陈毅进屋。）

陈　毅：（打量房间）齐先生就住这里？

齐仰之：对，好多年了。

陈　毅：我倒想起了刘禹锡的《陋室铭》："山不在高，有仙则名；水不在深，有龙则灵。斯是陋室，唯吾德馨。"

齐仰之：（高兴地）不不，过奖了，过奖了！

陈　毅：不过刘禹锡的陋室是"苔痕上阶绿，草色入帘青"，齐先生的这间陋室嘛，则是"苔痕上墙绿，草色室中青"。

齐仰之：（笑）陈市长真是善于笑谈。

陈　毅：（看到墙上贴的条幅，念）“闲谈不得超过三分钟”。

齐仰之：（看表）有何见教，请说吧。

陈　毅：（也看表）真的只许三分钟？

齐仰之：从不例外。

陈　毅：可我做报告，一讲就是几个钟头。

齐仰之：（看表）还有两分半钟了。

（齐仰之请陈毅坐下。）

陈　毅：好好好。这次我趋访贵宅，一是向齐先生问候，二是为了谈谈本市长对齐先生的一点不成熟的看法。

齐仰之：哦？敬听高论。

陈　毅：我以为，齐先生虽是海内闻名的化学专家，可是对有一门化学齐先生也许一窍不通。

齐仰之：什么？我齐仰之研究化学四十余年，虽然生性驽钝，建树不多，但举凡化学，不才总还略有所知。

陈　毅：不，齐先生对有门化学确实无知。

齐仰之：（不悦）那我倒要请教，敢问是哪门化学？是否无机化学？

陈　毅：不是。

齐仰之：有机化学？

陈　毅：非也。

齐仰之：医药化学？

陈　毅：不是。

齐仰之：生物化学？

陈　毅：更不是。

齐仰之：这就怪了，那我的无知究竟何在？

陈　毅：齐先生想知道？

齐仰之：极盼赐教！

陈　毅：（看表）哎呀呀，三分钟已到，改日再来奉告。

齐仰之：话没说完，怎好就走？

陈　毅：闲谈不得超过三分钟嘛。

齐仰之：这……可以延长片刻。

陈　毅：说来话长，片刻之间，难以尽意，还是改日再来，改日再来。

（陈毅站起，假意要走，齐仰之连忙拦住。）

齐仰之：不不不，那就请陈市长尽情尽意言之，不受三分钟之限。

陈　毅：要不得，要不得，齐先生是从不破例的。

齐仰之：今日可以破此一例。

陈　毅：可以破此一例？

　　齐仰之学者以无知为最大耻辱，我一定要问个明白。请！

　　（齐仰之又请陈毅坐下。）

陈　毅：好，我是说齐先生对我们共产党人的化学全然无知。

齐仰之：共产党人的化学？唷，这倒是一门新学问。

陈　毅：不，说新也不新。从《共产党宣言》算起，这门化学已经有一百年的历史了。

……

三、拜访示例

（一）一次成功的拜访

小王是一家公司的医药代表，早晨7点起床，洗漱完毕，边吃早餐，边看电视新闻，8点开始工作。他首先浏览了上次拜访这家医院的记录，再检查了应带的各种宣传单页、文献资料、名片夹和随身带上几件小礼物。在镜前审视一下衣冠，然后出门开始了自己的拜访行程。

9点，小王到了某医院门口，观察一下，从门诊到药剂科比较顺路。进入门诊大楼，看到张主任诊室门口等待不少病人，小王即转到药剂科。陆主任办公室门半掩着，陆主任正在看报，专注着国际版。小王观察片刻，轻轻敲门三下，陆主任示意小王进去。

小　王：陆主任早上好！您在看伊拉克战事吗？今天不知怎样了？

陆主任：你看怎么会突然刮起了沙尘暴，美军要能经受这种恶劣的天气可不容易。

小　王：是的，好像真有真主。主任，我上星期来您正好不在，听黄药师说您开会去了，是星期五回来的吧？

陆主任：是的。

小　王：（递过公司的小礼品）知道您回来，今天我特意给您送来。

陆主任：谢谢！

小　王：哦！陆主任，我还想向您汇报一下A产品的使用情况。我们的A产品现在除肿瘤科使用外，呼吸科也开始在一些干咳的病人中试用，普遍反应疗效不错，他们正尝试推广使用。所以，真得感谢陆主任，为临床选了一个有价值的镇痛、止咳且价格、效能较适合的好药。

陆主任：是吗？我还不知道用量情况怎样呢？

小　王：是的。上周以来呼吸科医生开始处方，肿瘤科应用明显提高。主任，您从专家的角度来看，A产品和B产品从药理基础上相比，在临床使用方面，哪个更有前景？

陆主任：应该说各有所长，虽然他们的作用机理不同，但在临床上更多关心的是疗效、副作用、服用的适应性和价格。中度癌痛的治疗两个作用相差不大，但如果从适应症来看，A产品应更有优势。

小　王：我想您的看法在临床上得到了较好的验证，他们觉得A产品适应症更广泛，适应更方便。主任，现在A、B产品各自的用量情况怎样？

陆主任：具体的你可要到库房去问问黄药师。

小　王：好！刘主任谢谢您接见我！我下周一再来看您，再见！

陆主任：再见！

（二）张大千拜访毕加索

1956年7月28日，张大千应约来到毕加索的住处。为迎接张大千的到来，75岁的毕加索一改过去在家里那种光肚皮、光膀子的形象，把胡子刮得干干净净，穿了一件夹克式的条格衬衫，站在门口迎接张大千。张大千走进画室，200多幅仿齐白石的绘画作品立刻吸引了他，惊讶地说："没想到您对中国画悟得这么深。"毕加索说："请多多指正。"张大千说："你不会使用中国毛笔，墨色浓淡难分。中国画是用毛笔蘸墨，依靠含水多少来控制深浅，从而形成焦、浓、重、淡、情五色。"

应毕加索的请求，张大千当场写下"张大千"三个大字，笔力苍劲雄厚，墨色深浅有致。毕加索赞叹不已，说："我真不明白，你们中国人为什么要到巴黎来学艺术？"张大千以为翻译有出入，不解其意。毕加索说："不要说法国没有艺术，整个西方、白种人都没有艺术。"张大千说："你太客气了。"毕加索更加激动了："配在这个世界谈艺术，第一是你们中国人；其次是日本人，日本艺术又源于中国；第三非洲黑人。除此之外，白人根本没有艺术。"毕加索缓了一口气说："如果把东西方绘画比作一块精美的大面包，那西方的不过是面包碎屑罢了。"说到这里，毕加索笑了："所以，我最莫名其妙的事，就是何以有那么多中国人、东方人要到巴黎来学艺术。"

这天，毕加索破例和张大千夫妇一起进餐、逛花园、合影留念，还将一幅《西班牙牧神像》赠送给张大千。

自从巴黎一见，张大千和毕加索就心心相印。后来，张大千画了一幅墨竹送给毕加索，画中的两枝墨竹，一浓一淡，一肥一瘦，一老一嫩，尽显中国画的精彩。毕加索将其视如珍宝。

四、接待示例

（一）周恩来接待美国代表团

1971年7月29日，基辛格率代表团秘密访华。来华前，尼克松总统曾不止一次为他们设想这次会谈的情形，以为中方会大拍桌子叫喊打倒美帝国主义，勒令他们退出台湾，滚出东南亚。为此基辛格一行非常紧张。

但事实出乎他们的意料。周恩来总理在钓鱼台国宾馆亲切会见了他们。周恩来总理微笑着握着基辛格的手，友好地说："这是中美两国高级官员二十年来第一次握手。"当基辛格把随行人员一一介绍给周恩来时，他的赞美更出乎他们的意料，他握住霍尔德里奇的手说："我知道，你会讲北京话，还会讲广东话。广东话连我都讲不好。你是在香港学的吧？"又对斯迈泽说："我读过你在《外交季刊》上发表的关于日本的论文，希望你也写一篇关于中国的。"最后他握住洛德的手，"小伙子，好年轻，我们该是半个亲戚，我知道你的妻子是中国人，在写小说。我愿意读到她的书，欢迎她回来访问。"

（二）老师家访

齐小梅一个人在家，门外传来敲门声。

齐小梅开门，高兴地说：您好！肖老师，欢迎，欢迎。请进。

老　师：小梅，身体好点没？你一个人在家吗？

齐小梅：好多了，谢谢老师。我爸爸妈妈上班去了。老师请坐。

齐小梅引领老师到客厅沙发坐下。

老　师：好，谢谢。那他们什么时候回来？

齐小梅：不知道，应该快回来了吧，肖老师，您稍等一下。

齐小梅：肖老师请喝茶。

老　师：谢谢！

齐小梅：老师，您找我爸妈有什么事吗？

老　师：没什么，就是来看看你好点没有？学习上有没有什么困难呀？

……

老　师：时间不早了，我先回去了！（起身）

齐小梅：老师就在我家吃晚饭再回去吧。

老　师：不了，下次你爸爸妈妈在家的时候再来。

齐小梅给老师开门，并说：肖老师再见！

老　师：注意多休息，再见！

五、赞美示例

（一）有一位心理医生在银行排队取款时，看到前面有一位老先生满面愁苦，这位心理医生暗想，我要让他开朗起来。于是他一边排队一边寻找老先生的优点，终于他看到，老先生虽驼背哈腰，却长着一头漂亮的头发，于是当这位老先生办完事情走到心理医生面前时，心理医生衷心地赞道："先生，您的头发真漂亮！"老先生一向以一头漂亮的头发而自豪，听到心理医生的赞美非常高兴，顿时面容开朗起来，挺了挺腰，道谢后哼着歌走了。

（二）韩国某大型公司有一位清洁工，本来可能是一位被人忽视、被人看不起的角色，但就是这样一个人，却在一天晚上，在公司保险箱被窃时，与小偷进行了殊死搏斗。事后，有人为他请功并问他的动机时，他的答案却出人意料。他告诉大家，因为公司的总经理从他身旁经过时，总会不时地赞美他："你扫的地真干净。"就这么一句简简单单的话，使这位员工受到了感动，并在关键时刻挺身而出。

（三）一次宴会上，曾国藩笑听幕僚论诸帅们的特点，有人说："左帅（左宗棠）严，人不敢欺。"也有人说："李帅（李鸿章）明，人不能欺。""那么我呢，诸位是否可以给个鉴定呢？"曾国藩突然问道。问题来得突然，又是当面议帅，众僚属面面相觑。正在尴尬之际，一位小官应声答道："曾公仁，人不忍欺。"合座称妙。曾国藩忙说不敢，内心却很高兴。后来还找机会给那人提了官。平心而论，曾国藩的待人之道，确实是颇重诚心，而幕僚的赞美也确实恰到好处。

六、批评示例

（一）鲁迅先生在教书的时候，他的一个学生把大部分时间都用在谈情说爱上，荒废了学业。鲁迅先生送他一本《中国小说史略》，在扉页上，鲁迅先生用诗的格式写道："请你从情人的怀抱里，暂时伸出一只手来，接受这干燥无味的《中国小说史略》。"

（二）美国前总统柯立芝有一位漂亮的女秘书，人虽长得很好，但工作中却常因粗心而出错。一天早晨，柯立芝看见秘书走进办公室，便对她说："今天你穿的这身衣服真漂亮，正适合你这样漂亮的小姐。"这句话出自柯立芝口中，简直让女秘书受宠若惊。

柯立芝接着说："但也不要骄傲，我相信你同样能把公文处理得像你一样漂亮的。"果然从那天起，女秘书在处理公文时很少出错了。一位朋友知道了这件事后，便问柯立芝："这个方法很妙，你是怎么想出的？"柯立芝得意洋洋地说："这很简单，你看见过理发师给人刮胡子吗？他要先给人涂些肥皂水，为什么呀，就是为了刮起来使人不觉痛。"

（三）一次，许世友将军到某部队视察工作，见泔水缸中浮着两个白面馒头。他什么都没有说，捞起这两个馒头，用纸包好带走了。在下午的全军大会上，许世友拿出了那两个馒头，对战士们说："我没有教育好你们珍惜粮食，这是我的错。但今后决不允许再有这样的事发生。"许世友说完，便吃了那两个馒头。耳闻目睹这一切，战士们深受教育。

【综合训练】

一、以"说说我自己"为题开一次班会，每个同学在班会上做一次自我介绍。

二、在下列情景下，该如何进行介绍或交谈。

1.某商务洽谈会现场，你巧遇了多年未见的小学同学。

2.在某正式社交场合，见到你仰慕已久的人，很想结识他，你该如何上前进行自我介绍？

3.初中毕业后的一次同学聚会，一般可以引发哪些话题？

4.在你主持的一次社交聚会中，有互不相识的参加者，你该如何为他们引见？该如何寻找话题进行交谈？

5.你妈妈给你买了一双运动鞋，回家试穿后发现小了一个尺码。妈妈告诉你，鞋是在某商场买的，女营业员25岁左右，让你拿着发票自己去换，你准备怎样和女营业员说？

6.你和袁帅一起参加某市团委举办的一次大型演讲比赛，你获得了一等奖，而袁帅只获得了优秀奖，他很难过。这时，你会如何安慰她？获奖后，你想立即把这个好消息告诉家人，在电话中你会怎么说？

7.学校邀请徐凡与学生座谈，请你以文学社成员的身份向同学们作口语介绍。

材料：(1)徐凡，男，江苏南京人，东方大学文学院教授；(2)系我国红学界后起之秀；(3)尤以考证作者身世见长；(4)专著《曹雪芹家世考》、《大观园人物论》、《＜红楼梦＞导读》(获优秀教育图书奖)在海内外享有盛誉。

三、角色模拟训练。

由几个同学分别扮演不同的角色，完成介绍或交谈的过程。

1.方某某是一个刚刚毕业的体育专业的本科生，应聘某中专学校的体育老师，已经通过文化课笔试，今天要去参加面试，需要作个自我介绍，你认为他该怎么做？

2.某中学五十周年校庆，武某某带着老公、孩子一起参加了校庆活动，活动中遇到已退休的中学班主任老师，武某某该怎样介绍？如何进行交谈？

3.张力和韩波是好朋友，张力发现韩波最近一直闷闷不乐，经询问，得知韩波妈妈生病住院，家里已花了很多钱，负担很重。韩波想辍学打工，筹集医药费，张力很震惊。课外活动时，张力约韩波来到操场，劝慰和鼓励他，希望他在学校、老师、同学的帮助下，积极面对困难，战胜困难，顺利完成学业。张力该怎样劝慰韩波？

4.马羚家的楼道里，到处贴满小广告，象“牛皮癣”一样，非常难看，也令人恼火。一天，马羚回家时，正好碰到一位中年女性又在张贴非法小广告的，马羚怎样说服她放弃制造城市“牛皮癣”的行为？

5.李强酷爱食品加工专业，填报志愿时，他想报考省经济技术学校食品加工专业，但是他的父母不同意，他们认为这个职业不体面、没出息，他们希望李强升高中、考大学，将来考公务员，双方产生了分歧。李强该怎样与父母交流沟通？

6.某天中午，小郝去某机场售票厅购买飞往北京的机票，看到大家都在排队，于是小郝就排进了队伍，可不久，就冲进来一个人，一句话不说就插进队伍最前头。小郝很生气，觉得这人太没礼貌，并且感到不公平。便上前和他理论，让他回去排队。小郝该怎么说？

四、看材料回答问题。

1.新学年，某食堂里，一位女生正在吃饭，一位男生走上前搭讪。“同学，新来的吧？以前没见过呀？”女生抬头看看，继续吃饭。男生又问：“吃什么呢？这么香。”女生没抬头。男生又接着说：“吃猪排呀。吃那么多，小心长胖！”女生站起来，扬长而去。

请问：这位男生的话存在什么问题？

2.朱元璋做了皇帝。某天，一位从前相交的苦朋友到京城来找他，对他说：“我主万岁！当年微臣随驾扫荡庐州府，打破罐州城，汤元帅在逃，拿住豆将军，红孩儿当官，多亏菜将军。”朱元璋听他说得好听，心里很高兴，也隐约觉得他的话里包含一些从前的事情，立刻封他做了大官。这消息让另一苦朋友听见了，也来到京城求见朱元璋。见面就说：“我主万岁！还记得吗？从前，你我都替别人看牛，有一天，我们在芦花荡里把偷来的豆子放在瓦罐里煮，还没煮熟，大家就抢着吃，把罐子打破了，撒了一地的豆子，汤都泼在泥地里。你只顾从地下满把抓着吃，却不小心连红草叶子也送进嘴里。叶子哽在喉咙里，苦得你哭笑不得。还是我出的主意，叫你用青菜叶子放在手上一拍吞下去，才把红叶子带下肚子去了……”朱元璋不等听完，就连声大叫：“推出去斩了！”

请问：(1)两位苦朋友为何待遇不同？(2)他们各运用了何种交谈方法？

3.在某公交车站，公交车马上就要开走了

吴某：(连跑带跳)等等我，等等我……

乘务员：快点，快点。

吴某：上车后(一脸怒气)：你们怎么为人民服务的啊，没看到还有人没上车吗？

乘务员：怎么回事你，没看到车已经开动了吗(很不耐烦)。

吴某：你什么态度！

乘务员：你什么态度？态度多少钱一斤？（有人开始劝解）

吴某：算了，算了，今天我心情好，不和你计较了。

乘务员：哼！（车启动声）车启动啦，请大家站稳扶好，注意安全，下一站是三孝口。

请分析该案例中吴某和乘务员交谈语言的不妥之处？

4.2013 年 11 月，在羊城广州召开的全国电子产品会上，金鑫公司的荣总看见了久闻大名的创新集团的牛董事长。自助晚宴上，荣总主动上前自我介绍，并递给对方一张名片。牛董事长接过名片，随便瞟了一眼，放在桌上，继续用餐。

请问：他们的做法是否正确？为什么？

5.有一对青年男女，相恋多年，年龄也不小了，到了谈婚论嫁的时候。然而有一天，女方因工作问题受到领导的批评，正在气头上，男方突然兴冲冲地跑来说："我们结婚吧，我父母催我们快点办呢。"女方听后，冲口而出"谁和你结婚哪"，然后，扭头就走了。

请问：女方为何发火？男方错在哪里？

6.《三国志·蜀志·诸葛亮传》记载：后汉末年，刘表宠爱后妻蔡夫人生的儿子刘琮，不喜欢长子刘琦。刘琦感到自己处在十分危险的环境中，多次请教诸葛亮，但诸葛亮一直不肯为他出主意。有一天，刘琦约诸葛亮到一座高楼上饮酒，等二人坐下饮酒时，刘琦暗中派人拆走了楼梯。刘琦说："今日上不至天，下不至地，出君之口，入琦之耳，可以赐教矣"，诸葛亮见状，无可奈何，便给讲了春秋时期晋献公的两个儿子申生和重耳的故事，告诉刘琦"申生在内而亡，重耳在外而安"，刘琦马上领会了诸葛亮的意图，立即上表请求派往江夏，避开了后母，终于免遭陷害。

请问：刘琦为什么能够如愿以偿？

7.某县太爷得子，摆满月酒的时候，下属官僚都去相贺，一人恭维说，"这孩子长的多好呀，你看，有富贵之相，以后必当大官。"另一个也不甘落后说，"你看，这孩子的手多大，是个掌钱的相，以后呀，必定发大财。"结果大家都很高兴，争先恐后说着恭维话。最后有个人来晚了，一时想不出什么话来说，就说了句，"这孩子以后一定会死的。"县太爷恼羞成怒。

请问：此人明明说的是大实话，为何招来县太爷的大怒？

五、将班级分成若干小组，每个小组再分成两组，自设一个情境来表演，分别担任拜访和接待的角色进行训练，然后交换角色训练，师生一起点评总结，选出最佳演员和最佳表演小组，优胜组上台表演。

六、利用周末去拜访或接待一位朋友或长者，将过程和感受到课堂上来和同学分享。

七、评析《一次成功的拜访》，你认为有哪些成功的经验值得吸取？

八、话题训练。

1.一位多年不来往的小学同学突然拜访你，你从他面有难色的表情和吞吞吐吐的话语中明显感觉到他有难言之隐，想得到你的帮助，却又难以启齿。你准备怎样进行这场谈话？

2.有位朋友去你家串门，天已经很晚，你也很累，他却没有离去的意思，这时，你该怎么办？又该怎么说？

3.你去朋友家拜访，女主人热情地端来一杯茶，正当你端起要喝时，却发现杯里有根头发，这时，你该怎么办？你该怎么说？

4.小利是陈经理的秘书。一天，陈经理的一位老朋友前来拜访陈经理，没有预约，而陈经理恰好出差了，如果你是小利，该怎样接待？

5.小周是某公司秘书，一天她接到公司正在洽谈合作的客户来的电话，说要来公司考察，请安排工作人员到机场接机。上级便派小周代表公司去接待客户。请重现小周接电话和接机时的场景。

九、看材料回答后面的问题。

1.某人穿了一件很讲究的新袍子去拜访朋友。坐下来等候主人时，忽然一只老鼠出来，打翻了近旁一只油瓶，油泼到了他的新袍子上，狼狈不堪。主人回来后，他强笑着说："鄙人坐在贵室的宝梁下面，因一时疏忽，惊动了府上的尊鼠，尊鼠跑动时，打翻了令油瓶，里面的贵油撒在小可的敝衣上面，以致鄙人在尊驾前露了丑态，失礼得很，尚祈尊驾海涵。"

请问：此人的一番话有什么问题？

2.李工程师夫妇为他们的日本好友举办家宴。席间，日本太太非常客气地说："李太太这样文雅，和我们日本女人一样，不像是中国人。"

请问：要做到既不失尊严，又不使对方过于尴尬，李太太该怎么回答呢？

3.小郑第一次做销售，卖考勤机。为了创造业绩，某天，小郑兴冲冲地来到某区长办公室，推门而入，区长吓了一下，问他怎么进来的，小郑大大咧咧地坐到区长的桌前椅子上开始了"精彩"推销："我是来推销这个××牌的考勤机的，区长你看你们区政府需要么？这个考勤机是这样的……"区长不耐烦地打断道："哦，你的产品很不错，不过我们不需要。你可以去其他地方试试。""哎！你不是区长么？区长不是说了算的么？你考虑一下？""我们不需要，我还有事，不能接待你了。"区长说完埋头写起东西来。小郑走出了区长办公室……

请问：小郑的拜访存在哪些问题？

4.康乐公司的林平山，是一位刚从大学经管专业毕业的学生。因他曾在该公司实习，他针对该公司管理撰写的毕业论文中的某些观点得到指导教师的赏识，他本人也认为对该公司改革有一定作用。工作一段时间后，他对论文中的一些观点和看法更加成熟，因此，小林很想找总经理谈谈。但他去找经理那天，恰好经理外出开会，只有张秘书在看当天准备上报的统计表。张秘书很客气地让小林坐下，并告诉小林："经理不在，有何意见，我可以代为转达。"于是，林平山就滔滔不绝地讲了起来。张秘书一边看报表，一边听对方侃谈，但精神却集中在报表上。小林言谈中常带"像我们这样的小公司"，张秘书越听越不高兴，结果，没等这位大学生把话说完，他便满脸怒气说道："公司小是否埋没了你的才能？你是大学生，大材小用，何不去大公司呢？……"张秘书的冷嘲热讽，激怒了小林，导致了双方的激烈争吵。最后，林平山非常气愤地离开了办公室。

请问：张秘书这样做对吗？如果换了你，你打算怎样做？

5.1962年，周总理到西郊机场为西哈努克和夫人送行。亲王的飞机刚一起飞，我国参加欢送的人群便自行散开，准备返回，而周总理这时却依然笔直地站在原地未动，并要求工作人员立刻把离去的人员请回来。这次总理发了脾气，他严厉地批评道："你们怎么搞的，没有一点礼貌！各国外交使节站在那里，飞机还没有飞远，你们倒先走了。大国这样对小国不是搞大国主义吗？"当天下午，周总理就把外交部礼宾司和国务院机关事务管理局的负责同志找来，要他们立即在《礼宾工作条例》上加上一条，即今后到机场为贵宾送行，须等到飞机起飞，绕场一周，双翼摆动三次表示谢意后，送行者方可离开。

请问：总理为何发火？工作人员违反了什么？

6.小胡受上司委托在新桥机场接到公司的一位重要客人，"欢迎、欢迎"，嘴里说着，并不主动伸手，等客人伸手了，小胡才与之相握。小胡一把拿过客人的行李，放入汽车的行李箱，接着引导客人到副驾驶座位上，说："坐在这里视野好。"而后，自己坐到汽车后排座位上。一路上，小胡非常关心地询问了客人所在公司的情况，打听客人的收入、福利和家庭情况，而这位客人似乎对这一切不很满意，话越来越少。小胡有点摸不着头脑，心想我这么殷勤地对待他，他怎么……

请问：小李的举止是否合乎礼仪？为什么？小李应该怎么做才是正确的？

十、判断题。

1.日常生活中，赞美别人比批评别人重要得多。（　　）

2.赞美别人时，可以对事又对人。（　　）

3.赞美就是要虚情假意地说好话。（　　）

4.赞美他人必须是真心实意的，赞美他人就是不应该指出别人的错误。（　　）

5.学习交往的技巧，只要学会倾听、表达和赞美他人就足够了。（　　）

6.为保护别人的面子，批评时最好含蓄委婉一些。（　　）

7.世界上并不缺少美，缺少的是发现美的眼睛：慷慨赞美，吝啬批评。（　　）

8.批评他人时，不逼对方认错。不要认为自己是正确的，就将其强加于别人。

（　　）

9.真诚的赞美，可以带给别人温暖和快乐。（　　）

10.批评是为了对方进步，所以发现错误就应该立刻指出来。（　　）

十一、观察班级的同学，找出五位同学最突出的优点，加以赞美。

1.我最欣赏　同学的勤奋，具体表现：

2.我最欣赏　同学的爱心，具体表现：

3.我最欣赏　同学的正直，具体表现：

4.我最欣赏　同学的幽默，具体表现：

5.我最欣赏　同学的细致，具体表现：

十二、根据下列情境，分角色相互赞美训练。

1.同寝室同学买了新衣服，正在试穿，你看见了，怎样赞美？

2. 同学刚换了新发型，你该如何赞美？

3. 晚会上，某同学唱了一首《青花瓷》，非常动听、投入，你该怎样赞美？

4. 有两个应聘者抽到的面试题都是“请赞美主考官”。两人的表现方式截然不同：其中一人的赞美是实事求是、适度的，让人听了舒服。而另一人则是夸大其辞，有意恭维，给人的感觉是俗气、虚伪。两位应聘者各自该怎么赞美？

5. 在学校组织的朗诵比赛中，你的好朋友姜山代表班级参赛，取得了第二名的好成绩。载誉归来，怎么赞美？

十三、根据下列情境，分角色相互批评训练。

1. 你的同学为参加比赛写了一篇演讲稿，请你帮忙看看。但该稿写得像散文，根本不适合演讲。你该怎么指出这个缺点？

2. 学校举行文明寝室评比，A 同学正忙着贴墙纸。B 同学认为 A 贴的不好，说：“你贴得太难看了，粗心大意，歪歪斜斜。”A 大怒，干脆罢工不干了。假如你是 B 同学，你该如何表达？

3. 某同学总喜欢晚归，又不注意保持安静，弄得同宿舍的同学都不满意，该怎样有效批评而又不伤和气？

4. 某公司要求上班时间必须穿职业工作装，可是刘小云时常不穿，作为她的主管你又不能不管。你应该怎么处理这件事？

十四、看材料回答后面的问题。

1. 公园里有个小女孩在伤心地流泪。她想自己怎么不能去唱歌呢？难道自己唱得真那么难听吗？想着想着小女孩就低声唱了起来，一支又一支，直到唱累了为止。“唱得真好，谢谢你，小姑娘，你让我度过了一个愉快的下午。”小姑娘惊呆了，说话的是个满头白发的老人，说完他就走了。第二天，小姑娘去公园，老人还在原来的位置上，满脸慈祥地看着她微笑。小女孩又开始唱，老人聚精会神地听。最后他大声喝彩，说：“谢谢你，小姑娘，你唱得太棒了。”许多年以后，小女孩成了一位有名的歌星，她特意去公园找那位老人，很遗憾，他早就去世了。可一个知情人告诉她：“他是个聋子，都聋了 20 年了。”原来那个天天聚精会神听一个小女孩唱歌并热情赞美她的老人竟是个聋子。

根据上述情境，请自己设计问题并作出回答。

2. 某中专学校教学楼，外语教师要给学生上英语课。走进教室时，明晃晃地亮着六盏日光灯，当时窗外阳光灿烂。这位老师环视了一下教室，又看了看学生，开口用英语问道：“同学们，今天天气怎么样？”同学们不假思索地回答：“好！”老师又追问：“真的好吗？”一句话，同学们恍然大悟。几位同学赶紧站起来，去关了日光灯。从此以后，教室里再也没有发生过类似的事情。

外语教师用了什么样的技巧使类似的事情再也没有发生？

3. 小胡把一份刚写完的报告交给科长，科长一看，皱眉道：“你的字怎么写得这个样子？蹩脚不说，还这么潦草，去，给我重抄一遍，一笔一画，端端正正地写。”小胡满脸通红，讪讪地走了，心里对科长充满怨恨。

如果你是科长，你会怎样让小胡改正写字潦草的坏毛病？

4. 两位老总，因六元钱吵了起来。一人正手，一人副手，工作中是搭档，生活中是十分要好的朋友。过年了，两人放弃休假投入紧张的工作。一天，他们约好到单位加班，可副手没来，正手一人默默地把工作做完。正式上班，单位发假期补助，少发了副手六元钱。副手呢，因遇到一件麻烦事正在气头上，于是，大发雷霆，正手默不做声，只是解释单位发假期补助的原则和副手出勤的天数。副手听完后说："那天我来了，下午来的。"正手笑了，"让你上午来，你下午来，工作都做完了。再说，你来了倒告诉我一声，你不说，我也不知道呀。"然后就像什么也没发生一样继续工作。第二天，副手见面满脸堆笑，向正手赔礼道歉。正手一脸疑惑："什么事啊？这还算事啊。"自此，副手更加尊敬正手，两人的友谊更加深厚。

分析两位老总的做法，说说有什么值得学习的？

5. 一位教师在讲分子运动论时，发现一个学生在偷吃橘子，便故作惊讶地提问："请同学们注意，教室里有股什么气味？"很快就有学生判断出是橘子气味，这位教师风趣地说："你看，我刚讲过分子的扩散现象，不知哪位同学就开始忍不住要做实验了，有实验精神这很好，不过，像这样的实验，还是应该在课后进行。"学生都笑了，那个违纪学生也悄悄地收起了橘子。

请问：这位教师的批评成功之处在哪儿？

下篇　实用写作能力训练

第九讲　日常文书写作训练

【实训导航】

日常文书，也叫日常应用文，一般来说，它是指在人们的日常工作、学习或生活中，办理公务、处理私事时所使用的一种实用性文书。它主要用以沟通感情、增进友谊、表达意愿、改善关系等。包括条据类、启事类、申请书类和书信类四大类。

【知识探究】

一、条据

（一）概述

“条”即便条，“据”即单据，所谓条据类应用文指人们在借到、领到、收到或归还钱物时写给对方作为凭据的便条或单据。有时候，通过简单书面条子的形式向有关人员托付事情说明情况，这样的条子也属于条据类应用文。

（二）条据的种类

根据内容和性质，条据可以分为两大类：一是说明性条据：如便条、留言条、请假条等；二是凭证性条据：如借条、欠条、收条、收据、领条等。

（三）条据的格式与写法

1.说明性条据

主要是向有关人员说明情况、托付事情、传递信息用的条子。其写作的基本格式为：

（1）标题

请假条一般都有标题，留言条、便条一般省略。标题要居中。

（2）称呼

因为条据一般是在熟人之间使用，称呼一般可以用简称，如张老师、小王等等。称呼要顶格写。

（3）正文

一般需要交代清楚原因、时间、具体事情或者有关要求等。行文要注意语言简洁、礼貌周全。

（4）致敬词

最常用的有此致敬礼、谢谢等用语。

（5）落款

包括署名和时间两个内容。

2.凭证性条据

一般涉及借、欠、收、还、领个人或公家现金、财物，它往往起到日后的凭证作用，钱物归还后，条据要回收作废或撕毁。凭证性条据主要有借条、欠条、收据、领条等。其通常写作格式为：

(1)标题

可以直接用条据的种类“借条”、“欠条”、“收据”或“领条”作为标题，标明条据的性质内容。标题要居中。

(2)正文

正文开头惯用语为“今借到”、“今领到”、“今收到”等，涉及钱物数量数字要大写。

(3)落款

包括制件人姓名和时间两项内容。如果是单位名称，除了写明单位名称外，还应写明经办人姓名。

(四)条据写作注意事项

1.条据必须由对方亲笔书写，接收方不能代笔，要交代清楚四项要素，即写给谁，什么事情，谁写的，什么时间写，要一一写明。

2.条据涉及的钱物数量要写清楚，数字要大写，数字前不能留空白，后面要写明计量单位，以防恶意添加或篡改。

3.语言要避免歧义，以免造成纠纷。

4.内容不可涂改，文面保持整洁。如确实需要改动内容，改动处必须加盖印章。

5.用墨应用蓝色或黑色钢笔或圆珠笔，不要用铅笔、易褪色的墨水或红色墨水。字迹应该工整、清楚，不要用草书，以免误认。

二、启事

(一)概述

启事是机关团体、企事业单位、公民个人有事情需要向公众说明，或者请求有关单位、广大群众帮助时所写的一种说明事项的实用文章。

(二)启事的种类

启事种类繁多，根据内容大体可以分为如下几类：

1.招取类。如招领启事、招工启事、招生启事、招聘启事等。

2.征求类。如征订启事、征文启事、征地启事、征婚启事等。

3.寻找类。如寻人启事、寻物启事。

4.变更类。如改期启事、更名启事、迁址启事、出租启事等。

5.经营类。如开业启事、停业启事、庆典启事。

(三)启事的写作格式

启事一般由标题、正文和落款三部分组成：

1.标题

在第一行中间用比正文大的字写上文种“启事”或说明事项内容和文种，如“招生启事”、“征稿启事”、“招聘中学教师启事”等。还有一种写明启事单位名称加内容、文种，如“北京显像管厂聘请法律顾问启事”等。

2.正文

在标题的下面，空两格写正文。总的要求是要说得有条理，清楚明白，简明扼要。正文因启事所说明的事项不同而异。寻物启事要写明失物的名称及数量、特征，丢失物品的时间、地点；寻人启事要说明人的相貌特征，最好附上被找人的照片；征文启事要写清征文的目的、意义、内容、形式、日期、注意事项等；招聘启事应让应聘人员了解有关招聘的具体情况，如招聘的原因、工作性质、对象、条件、要求、方式、待遇、起止时间等；招领启事应写明拾到物品的名称，也可以笼统写出拾到物品的时间与地点。至于拾到物品的具体特征如物品品牌、外观、规格、数量等，则不须写出，以防有人冒领。

3.落款

在正文右下角署上发表启事的单位名称（或个人姓名）和启事的发文时间。如果单位名称已写入标题，那么在落款处就无需再重复写。

三、书信

（一）一般书信

一般书信是指与家人（父母、兄妹、妻子、儿女等）以及友人之间交往的书信。利用书信相互问候、鼓励、祝福，有利于人们情感的联络，也有利于创造一种温馨和谐的情感氛围。

一般书信由 7 个部分构成。即：称呼、问候语、正文、结尾、署名、日期、信封，有的信话没有说完，还可以加上附言。

1.称呼

称呼位于第一行顶格，后加冒号，其写作要点是表示尊敬、亲切，可在称谓前加上“尊敬的”或“亲爱的”等词。这由写信人与收信人的关系的亲疏远近而定。

2.问候语

问候语通常自成一段，空两格写在称呼的下一行，其写作要点是运用礼貌语言，使收信人感到亲切，受到尊敬。“你好”、“您好”等，或围绕来信写一段话。长者多问候身体，中年人多问候事业和家庭，青年人多问候爱情和学业，少年儿童多祝愿健康成长。

3.正文

正文位于位地问候语后另起一行空两格，其写作要点是一般一事一段，注意要分层次叙述清楚，简洁清晰，语言要求准确通俗，明白如话，不要作过多过深的修饰，已免造成对方难于理解。

4.致敬语

致敬语位于分两行，正文的下一行空两格处写“此致”，另起一行顶格写“敬礼”，其写作要点是因人而异。如“此致敬礼”、“祝进步”等。如给长者的信往往写“祝您健康长寿”，给朋友写“祝工作顺利”，给晚辈写“祝你学习进步”。

5.署名

署名位于致敬语的右下方，其写作要点是根据写信人与收信人的关系，在姓名前可表明身份，如“学生：××× ”、“儿：×× ”等。

6.日期

日期位于署名的下一行，其写作要点是×月×日(20××年×月×日)。

(二)专用书信

专用书信是指用于某种特定的场合、针对某种特定的事务所写的书信。专用书信有许多不同的种类，如：介绍信、证明信、感谢信、表扬信、贺信、慰问信、咨询信、推荐信等。这些不同种类的书信，各有各的用途，应用于不同的场合，写给不同的对象，因此在写法上就有不同的格式和要求。

1.介绍信和证明信

介绍信是机关团体、企事业单位派人到其他单位联系工作、了解情况或参加各种社会活动时使用的一种专用书信。证明信是单位或个人为证明某人身份、职务、经历等情况以及证明某个事件原委、真相的专用书信。

介绍信和证明信的写作格式同一般书信相近，不同的是：介绍信和证明信有标题；证明信只写结尾语“特此证明”，不写祝颂语；介绍信和证明信都必须加盖公章，其中以个人名义写的证明信需加盖私章，否则无效。写作时还需注意以下几个方面：

(1)介绍信要填写被介绍人的真实姓名、身份，不得弄虚作假。所接洽办理事项要写得简明扼要。有存根的介绍信，存根联和正式联要内容完全一致。存根底稿要妥善保存，以备今后查考。

(2)证明信要实事求是，言之有据，证据确凿，不能隐瞒真相，弄虚作假。用语要准确、明晰，切忌含糊其辞、模棱两可。如果是随身携带的证明信，应该注明有效期限。

(3)介绍信和证明信都不能用铅笔、红笔书写，不能涂改。有涂改的地方，可加盖公章，否则被视为无效。

2.感谢信、表扬信、慰问信、邀请信

(1)感谢信

感谢信是对于关心、帮助、支持过自己的党政机关、企事业单位、社会团体或个人表示衷心感谢的专用书信。感谢信除了具有感谢的意思之外，还有表扬的功能，但是重点是感谢。感谢信既可以是写给集体的，也可以是写给个人的；既可以是公开张贴的，也可以是寄给单位、集体或个人的。

写感谢信要注意：第一，叙述对方对自己或本单位的帮助，一定要把人物、时间、地点、原因、结果以及事情经过叙述清楚，便于组织了解和群众学习。第二，信中要洋溢着感激之情。在叙述事实的过程中，除了要突出对方的好思想和表示谢意外，行文要始终饱含着感情。这感情要真挚、热烈，使所有看到信的人都受到感染。第三，写表示谢意的话要得体，既要符合被感谢者的身份，也要符合感谢者的身份。第四，感谢信以说明事实为主，切勿不着边际地大发议论。文字朴实、精练，措辞恰当，篇幅要短小。

（2）表扬信

表扬信是用来表彰某个单位、组织或个人先进事迹、高尚风格的专用书信。它主要用于作者在日常工作、生活中受益于被表扬者的高尚品行（或被其品行所感动），特向被表扬者所在单位或其上级领导致信，以使其受到表彰、奖励，使其精神发扬光大。表扬信语气要热情恳切，文字要朴素、精练，篇幅要短小精悍。叙事要实事求是，对被表扬的人和事的叙述一定要准确无误，既不夸大，也不缩小。评价要实事求是，恰如其分。要用事实说理，要充分反映出对方的可贵品质，写动人事迹要做到见人、见事、见精神。不要用空泛的说理代替动人的事迹。

（3）慰问信

慰问信是以组织或个人的名义，向在某方面作出特殊贡献、遇到意外损失和遇到巨大灾难的群体或个人表示热情关怀和亲切问候的一种专用书信。慰问信也可以在节假日向对方表示问候关心。写慰问信要明确写作的对象和写作目的。如果对方是在承担艰巨任务中作出了巨大贡献，信的内容就应该着重赞扬、歌颂对方的功绩；如果对方是遇到困难或遭受灾害，信的内容应该着重向对方表示关心和支援，使对方得到精神上的安慰，增强战胜困难的勇气和信心。写慰问信感情要充沛真挚，语言要朴实、精练、措辞要恰当，篇幅要短小。

（4）推荐信

推荐信是一种向用人单位荐举人才的书信。有向某单位自荐的，也有第三者举荐的。推荐人的身份、资历可以从一个侧面说明推荐意见的分量，所以一般应该尽量请社会名人、权威人士、有关专家、教授、导师及其他有影响力的人写推荐书。推荐信：一是写明被推荐者的基本情况，包括姓名、性别、年龄、学历学位，职业、业务水平、工作能力、身体状况等；二是说明推荐的理由，主要就学业成绩、专业特长、业务能力、工作实绩等方面做比较具体、充分的说明；三是表达愿望。恳请对方给予被推荐人工作或晋升机会，如“特此推荐”、“本人乐于推荐此人到贵单位任职”等。

以个人名义写的推荐信，一般在正文开头应先自我介绍，说明自己的姓名、职称、职务、成就、与被推荐人的关系、通讯地址等，以增加可信度。

（5）邀请信

邀请信又称“邀请书”或“邀请函”，是行政机关、企事业单位、社会团体或者个人邀请有关人士前往某地参加某项活动或事宜的专用书信。可以分为纪念邀请信、会议邀请信、商务邀请函信等几类。邀请信中应写明活动时间、活动地点、邀请事项等，措辞讲究，要求装帧尽可能美观、大方。隆重的礼仪场合多用请柬，参加学术研讨会、纪念会、订货会等多用邀请信。一般的会议发通知即可。邀请的事项单一，用请柬；邀请的事项复杂，则用邀请信。

四、求职信

（一）概述

求职信也叫“自荐信”或“自荐书”，它是求职者以自我推荐的方式向用人单位表达求职意愿，提出求职请求，并要求用人单位考虑答复的专用书信。

（二）求职信的写作格式

求职信的写作遵守书信体的格式，主要由标题、称谓、正文、结语、落款几部分构成。

1.标题

一般直接写“求职信”或“应聘信”即可，也可以省略标题。

2.称谓

求职信一般的读信人为用人单位的负责人，求职者不知其姓名，一般可以用“尊敬的××局局长”、“尊敬的××厂厂长”、“尊敬的××公司经理”等称呼。

3.正文

正文一般应该包括以下内容：

（1）引语

说明求职的缘由，如果是应聘信应该说明消息来源，如“近日在《××报》上看到贵公司招聘广告，获悉贵公司正在拓展业务，招聘新人，我有意角逐经理助理一职……”；如果不知道对方是否招聘新人，也可以投石问路，如“久闻贵公司实力雄厚，声誉卓著，故冒昧写信自荐，希望加盟贵公司……”。

（2）介绍个人背景，包括与应聘职位有关的学历、经历、成绩等，关键在于打动对方，引起对方的兴趣。当然这不能代替简历，较详细的个人简历可以作为附件附在求职信之后。

（3）展示自己能胜任竞聘职位的各种能力。这是求职信的核心内容，应该表明自己具有专业知识与社会实践经验，具有与工作要求相关的特长、兴趣、性格与能力。主要是让对方感到你能胜任这个工作，针对招聘条件突出自己的优势，与招聘条件无关的不谈。

4.结语

结语主要是以诚恳的态度提出自己的愿望与要求，如希望对方能给自己一个面试的机会，盼望答复，静候回音等。然后写上表示敬意、祝福之类的词语，如“祝贵公司财源广进”、“顺祝愉快安康”等等。

5.落款

署上自己的姓名和成文日期。

一般求职信还需要附件，在信后附上有关材料，包括简历和其能够证明自己的身份和能力的证明材料，如身份证、学历证书、职业资格证书，各种获奖证书等。

（三）求职信的写作要求

1.目的明确

求职人要根据用人单位的需求选择陈述内容，不要没有重点地泛泛而谈，缺乏针对性的材料，如“本人爱好广泛，能胜任各种工作”之类。要注意突出技术专长，根据用人单位的选拔条件，抓住重点、有的放矢，否则只会弄巧成拙。

2.内容真实

写求职信必须实事求是，不能夸大其词，更不可虚构材料、编造历史。

3.语言表述谦和、诚恳

求职者充满自信地推销自己是必要的，但要注意态度谦和、言词恳切、不卑不亢、情真意切。实践证明，只有那些既有真才实学，又言词得体的求职者才受人欢迎，易被录用。

4.文面整洁，杜绝错别字

求职信中若出现错别字、文面涂改等情况，会严重影响到求职效果，因为它反映了求职者工作态度不严谨，会给招聘方留下不好印象。如果写得一手好字，手写的求职信一般效果会更好些。

五、竞聘演讲稿

（一）概述

竞聘演讲稿是竞聘者在竞聘演讲之前写成的准备用做口头发表的文稿。其目的，就是要使听众对演讲者有充分的了解和认识，从而鉴别其是否能胜任该职位。演讲稿的撰写，是竞聘上岗演讲的一个不可忽视的重要环节，值得每一位竞聘者注意。

（二）写作

1.开头方法

（1）用诚挚的心情表达自己的谢意。如：“我非常感谢各位领导、同志们给了我这次竞聘的机会。”

（2）简要介绍自己的有关情况，如姓名、学历、职务、经历等。

（3）概述竞聘演讲的主要内容。如：“我今天的演讲内容主要分两部分：一是我竞聘人事局副局长的优势；二是谈谈做好人事局副局长工作的思路”。

2.竞聘演讲稿的主体内容

（1）介绍自己应聘的基本情况

这一部分实际上是要说明为什么要应聘、凭什么应聘的问题。竞聘者在介绍自己的情况时，一定要有针对性，即针对竞聘的岗位来介绍自己的学历、经历、政治素质、业务能力、已有的政绩等。并非要面面俱到，而应根据竞聘职务的职能情况有所取舍。

（2）简要介绍自身的不足之处

竞聘者在介绍自己应聘的基本条件时，要尽可能地展示自己的长处，但并非对自身的不足之处闭口不言。

（3）表明自己任职后的打算

评选者更关心的还是竞聘者任职后的打算。因此，竞聘者在竞聘演讲时，一定要用简明扼要的语言亮明自己的观点，也就是说，要紧紧围绕着听众关心的热点、难点问题，提出明确的工作目标和切实可行的措施。

3.结尾方法

(1)表明对竞聘成败的态度。

(2)表达自己对竞聘上岗的信心。

【示例借鉴】

请假条

王老师:

我因感冒发高烧,身体乏力,经医生诊断为重感冒。需要休息3天(4月12日至14日),不能上课。特此请假,恳请批准!

此致

敬礼!

08文秘2班 李乐

2013年11月10日

留言条

黄老师:

您好!

今天下午,我和李琴、舒晓等同学来看望您。可是不巧,您出去了。我们商量了一下,准备明天下午放学后再来。

您的学生:张虹

2013年11月1日

借条

今借到××学院××系课桌伍拾张、椅子壹佰张,作为晚会用,会后立即归还。

此据。

×××演艺公司(公章)

经办人:张云

2011年12月8日

领条

今领到院电教科发给的无锡电视机厂生产的 26 吋虹美牌电视机壹部，供我专业师生电化教学使用。

领取人：梁正民

2011 年 9 月 5 日

欠条

2011 年 4 月 2 日曾向李文借到人民币壹仟元整，今补欠条。壹个月内还。

此据。

周义

2013 年 4 月 8 日

××大厦开业启事

××大厦装饰工程已顺利完工，百货商场、餐饮旅馆定于×月×日正式开业，欢迎各界人士光临。

××大厦

2014 年 3 月 15 日

寻物启事

本人于 9 月 25 日下午 3 时左右乘 69 路公共汽车去市区时，不慎将一黑色肩背书包遗失在车上，内有学生证、校园卡、课本、笔记等，拾到者请与××学校×××联系，不胜感激。有酬谢。

联系电话：1376685××××

×××

2012 年 9 月 25 日

招领启事

我超市员工拾到手提包一个，内装人民币若干元及手机、信用卡等物，望失主前来认领。

地点：××大学××超市二楼办公室

电话：5346×××

××超市办公室

2013年10月25日

××市第二实验学校招聘启事

我校是一所融小学、初中、高中为一体的民办学校。学校坐落在××省××市区，占地13万平方米，办学条件优越。现面向全国招聘高中各学科教师。

一、招聘对象

首席教师、省级学科带头人、省级骨干教师、全日制高师院校应届或历届硕士研究生。

二、招聘条件及待遇

1. 身体健康，45周岁以下，特别优秀教师年龄可适当放宽。

2. 普通话在二级甲等以上。

3. 待遇：工资月薪为5000元(不包括校内补贴)，提供五险一金，免费提供食宿。首席教师津贴每年6～10万元，省学科带头人或省骨干教师津贴4～8万元。

三、应聘办法

应聘者将个人简历、身份证、毕业证、职称证、教师资格证、荣誉证等相关证件复印件及五英寸近照一张函寄或电邮××省××市第二实验中学西校王兴亮收，邮编130400。

四、报名时间及联系方式

报名时间：2013年4月15日～2013年5月20日

联系人：张老师

邮箱：52402××××@qq.com

联系电话：1532641×××× 0431－836××××

××市第二实验学校

2013年4月14日

【评析】这则招聘启事文字简明扼要，条理清晰。正文开头对招聘方的情况进行了简要介绍，使应聘者对其有个大致的了解。接着具体交代了招聘对象、招聘条件及待遇、应聘办法、报名时间及联系方式等。

毛主席的家信

岸英、岸青二儿：

很早以前，接到岸英的长信，岸青的信，岸英寄来的照片本，单张相片，并且是几次的信与照片，我都未复，很对你们不起，知你们挂念。

你们长进了，很欢喜的。岸英文理通顺，字也写得不坏，有进取的志气，是很好的。惟有一事向你建议，趁着年纪尚轻，多向自然科学学习，少谈些政治。政治是要谈的，但目前以潜心学习自然科学为宜，社会科学辅之。将来可倒置过来，以社会科学为主，自然科学为辅。总之注意科学，只有科学是真学问，将来用处无穷。人家恭维你抬举你，这有一样好处，就是鼓励你上进；但有一样坏处，就是易长自满之气，得意忘形，有不知脚踏实地、实事求是的危险。你们有你们的前程，或好或坏，决定于你们自己及你们的直接环境，我不想来干涉你们，我的意见，只当作建议，由你们自己考虑决定。总之我欢喜你们，望你们更好。

岸英要我写诗，我一点诗兴也没有，因此写不出。关于寄书，前年我托西安林伯渠老同志寄了一大堆给你们少年集团，听说没有收到，真是可惜。现再酌检一点寄上，大批的待后。

我的身体今年差些，自己不满意自己；读书也少，因为颇忙。你们情形如何？甚以为念。

毛泽东

一九四一年一月三十日

【评析】这是毛主席写给儿子岸英、岸青的家信，可以看出，伟人谈日常琐事少，谈学习科学文化知识多，但我们仍然看到了父亲对儿子的慈爱与关切，千言万语化为一句话："总之我欢喜你们，望你们更好。"

介绍信(存根)

××字第×号

兹介绍××等同志×人前往××××处联系××××××。

2014年3月12日

……………………第……………………号……………………

介绍信

××字第×号

×××：

兹介绍×××等同志×人，前往贵处联系×××，敬请接洽并予以协助。

此致

敬礼！

××人民政府(章)

2014 年 3 月 12 日

(有效期××天)

【评析】例文是存根联与正式联由间缝上下隔开的，在存根部分，有标题“介绍信(存根)”字样，在第二行有“××字第×号”字样需要填写，在正文处需要依次填上姓名、人数、相关身份内容及前往何处办理何事等。结尾处有祝愿或敬意的话，还有有效期。表述简洁明了，符合介绍信的写作要求。

介绍信

×证介字(　)号

×××：

兹介绍×××、×××等×名同志，前往贵处联系×××事宜，敬请接洽并予以协助。

此致

敬礼！

××人民政府(章)

2014 年 3 月 12 日

(有效期××天)

【评析】这是一份正式的不带存根的介绍信，与带存根的介绍信在正文印刷上无甚差别，随用随填，唯一不同的是不留存根。

证明信

×××局党委：

××同志，男，现年 40 岁，1964 年 9 月考入我校学习，系×××教授的研究生，1967 年 9 月毕业。由于历史原因，毕业时未能发给研究生毕业证书，现即将补发。

特此证明。

××大学(公章)

2012 年 9 月 16 日

【评析】这是一则以组织名义所发的证明信。是由一所高校发给××局党委以证明×××同志研究生身份的证明信。这则证明信实事求是、严肃认真、语言准确、短小精悍。

证明信

××日报社：

贵报2011年8月9日第一版《寻访“8·7”交通肇事目击者》一文我已看到，我就是当时目睹大卡车肇事和赵琴女士（此前我并不知道她的名字叫赵琴）热心救人的“绿衣人”，现将我当时目睹的情况证明如下：

2011年8月7日晚11时，天正下雨，我披一件绿色雨衣（该雨衣是一位外国朋友送的，国内没有生产，所以特别醒目）从朋友处回家，我当时由南向北在福安路上走，行至××银行门口，一个中年妇女站在屋檐下向我招呼，并用东北口音问我附近有没有柜员机。我俩正说话，一辆大卡车从北向南飞快地开过来，随后只听到一声怪异的急刹车声，我们回过身，发现那辆车在离我们大约20米处撞倒了什么东西，在我们急忙赶过去的时候，那辆大卡车已经匆匆发动起来开走了（我留意到车牌号码的尾数好像是“37”），我们过去一看，路上躺着一位老人，身边一辆手推车被汽车轧烂了。此时正好有一辆出租车过来，赵琴女士就招呼我一起将那个老人扶到车上，我因为要赶回家准备第二天一早飞往加拿大出差，心里很急，又看看老人不至于有什么生命危险，就拿出100元钱交给那位女士，随后就自己回家了，万没料到赵琴女士因此而蒙冤含屈。

××日报社，我因业务忙碌，近期又将飞往加拿大，谨以此信证明：

一、“8·7”交通肇事案的肇事者是某大卡车司机，车号尾数大约是“37”。

二、在此案件中，赵琴女士是一个热心救人的好人。

请贵报代我向赵琴女士致以崇高的敬意，如有必要，我愿出庭作证。

特此证明。

刘××（盖章）

2011年8月23日

【评析】 这则以个人名义所发的证明信，语言准确。对某些不太确定的事不是含糊其辞，而是经过自己仔细回忆后，以严肃认真、实事求是的态度写出作为目击者的亲眼所见，写清了人物、事件的本来面目。另外目击者刘××还写出虽然自己的业务忙碌、近期又将飞往加拿大，但若有必要愿意出庭作证等来提高所写的证明鉴别材料的真实性与可靠性。整体来说，这则证明信内容翔实，语言十分准确，言之有据，行文之中透出作者高度负责的精神以及实事求是、严肃认真的处世原则。

感谢信

尊敬的领导：

您好！

我是×××，是11月8号60位面试者中来自××大学的大四本科生。

感谢贵公司给了我一个面试的机会。这次面试，开阔了我的视野，增长了见识，相信您对我各方面综合能力的肯定一定能增强我的竞争优势，让我在求职的路上更加坚定自己的信心。感谢公司对我的关爱，感谢公司给我的这次毕生难忘的经历！

无论这次我是否能被公司录用，我都坚信：选择贵公司是明智之举。无论今后我会在哪个单位上班，我都将尽心尽责做一位具有强烈责任感、与单位荣辱与共的员工，一位扎根于单位立志为社会创造最大价值的攀登者，一位积极进取，脚踏实地而又极具创新意识的新型人才。

大千世界，芸芸众生，如我者甚众，胜我者恒多，虽然现在还很平凡但勤奋进取永不服输。如蒙不弃，惠于录用，必将竭尽才智，为公司鞠躬尽瘁！

感谢的同时，祝贵单位事业蒸蒸日上，一帆风顺！

此致

敬礼！

×××

2012年11月8日

【评析】这是一封面试归来后写的感谢信。正文概述了事由，清楚地交代了感谢的原因，表达了自己的感激之情。完全符合感谢信的一般写法。该感谢信语言朴实自然，措辞亲切中肯，是一种真情实感的自然流露。

表扬信

××高级中学：

昨天我食品公司第二门市部从外地运回一批糕点、糖果等商品，因卡车有急事暂时先将货投卸在马路边。下午3点左右，我们正往门市部仓库里运时，忽然雷声隆隆，豆大的雨点洒落下来。大家正急得不知所措时，放学回家的一群学生，立即投入了抢运货物的战斗。抬的抬、扛的扛、搬的搬，使我们几千元的商品免遭损坏。我们万分感激，拿出糖果表示点谢意，可他们坚决不肯接受，并且连姓名也不愿留下。

直到今天早晨，我们才了解到他们是贵校高一(3)班的王宁、陈飞等20名同学。他们爱国家、爱集体，做好事不留名的优秀品质使我们深受感动，我们深为祖国有这样的好接班人感到欣慰。

请贵校对他们的精神广为宣传，对他们的行为大力表扬！

××食品公司
2011年9月20日

【评析】这则表扬信是单位发给学校的，语气热情恳切，文字朴素精练，篇幅短小精悍。用概括叙述的语言首先交代人物事件的发生、发展过程，叙述清晰自然，条理分明，用事实说话突出了事情最本质的一方面。其次在叙事的基础上进行评价，赞颂对方所作所为的道德意义。表扬信的公开发表，有利于弘扬正气，褒奖善良，形成良好的社会风气。另外在行文中发信人把自己真诚的谢意蕴于字里行间，如"我们十分感谢张某某、施某某同学助人为乐的优秀品德"。在结尾处，写有希望学校予以表扬的句子。总体看来，表扬信以表扬为主，不乏感谢之意，同时也表现出发信人的诚恳态度与真挚的情感流露。

致全体灾区供电企业的慰问信

全体灾区供电企业：

入夏以来，全国部分地区灾情不断，先是江浙一带的龙卷风，接着是南方大面积强降雨、泥石流，以及淮河流域的洪水，再加上最近山东、重庆遭受的暴雨、洪水袭击，给国家财产、人民生命造成了巨大损失。

但是在灾难面前，广大供电企业的干部职工为了保证及时恢复供电，危险冲在前，困难踩脚下，夜以继日地战斗在抢修第一线，以大无畏的忘我精神，向国家和人民交上了一份合格的答卷，体现了供电职工高度的社会责任感和过硬的思想素质。你们是全国供电企业的榜样，是全体供电职工的骄傲。值此，谨向你们及家属，致以深切的敬意和亲切的慰问，你们辛苦啦！

目前防汛形势依然严峻，突发事件随时可能发生，各供电企业正在严阵以待。因此我们希望你们能尽快将抗灾中个人和集体的英雄事迹提供给我们，以便在《中国供电信息网》上进行宣传，进一步弘扬供电企业的优良传统和善于打硬仗的精神。同时在抗灾抢修期间各单位工作上有什么困难和诉求，也请及时向我们反映，我们将尽力为大家排忧解难。

预祝大家身体健康，早日取得抗灾保电的最后胜利！

中电联供电分会
2007年7月20日

【评析】整个慰问信亲切而暖人，比较全面地肯定了灾区供电系统的全体干部职工所做的突出贡献，并高度赞扬了供电企业的干部职工抗灾保电的可贵精神。最后希望供电企业在原有成绩的基础上继续努力，再取得抗灾保电的最后胜利！整体来说，这封慰问信行文诚恳、充满关怀和盛情；措辞恰到好处，充分表达了对抗灾保电干部职工工作生活的亲切关怀。

推荐信

××先生：

成坤先生 1984 年毕业于复旦大学中文系文学专业。在校学习期间各科成绩优良，曾先后发表过小说《×××》、剧本《×××》等十多部作品，还翻译过外国文学剧本《×××》。

成坤先生有较强的研究能力，社会知识比较丰富，富有钻研精神。近闻贵厂想请他参加系列片的编写工作，我深信他是可以胜任的。

顺颂近安！

福建大学中文系教授：×××

2010 年 10 月 26 日

【评析】这是一封以个人和专家双重身份写的推荐信。内容简明扼要，客观公正，评价中肯。特别是能突出重点，着重介绍工作能力和实绩，给人比较深刻的印象。

邀请书

尊敬的×××教授：

我们学会决定于 20××年×月×日在省城华祥宾馆举办民间文学理论报告会。恭请您就有关民间文学的现状与发展发表高见。务请拨冗出席。

顺祝健康！

××省文学研究会

联系人：×××

20××年×月×日

【评析】这是一封邀请专家教授参加会议活动的书信，用书信体的格式，清楚交代了有关的信息，态度诚恳热情，措辞讲究，体现了“请”意。而且言简意赅，简洁明了。

求职信

××进出口公司的领导：

感谢您在百忙之中翻阅我的自荐材料！

我叫徐××，中共党员，××大学国际贸易系2010级本科毕业生。四年大学苦读，我在德智体各方面都取得了较全面的发展，学习成绩一直在年级前三名，综合积分专业排名第一。2012年通过国家计算机二级等级考试，2013年通过全国大学英语六级等级考试，具有良好的英语写作与会话能力。连续四年获得“省级优秀三好学生”称号。

大学四年，我先后担任国际贸易10(1)班班长、系学生会主席、校《学生通讯》主编，承办“校园十大青年歌手”、“月光书会”等多项校园活动，业余时间我特别注重计算机能力培养，选修、自学了一些计算机课程，能熟练运用各类计算机办公软件。

2013年暑假实习期间，我参与了××公司对俄罗斯畜产品贸易谈判工作，获得实习单位的好评。

贵公司从事国际贸易，正是我向往的工作单位，如果能到贵公司工作，我相信我的工作能力一定不会让你们失望，我一定会珍惜这一难得的机会，努力作出自己的贡献。

此致

敬礼！

自荐人：徐××

2014年×月×日

【评析】这是由一位本科毕业生直接向自己希望前往谋职的公司介绍自己的情况、推销自己、希望得到欣赏与信赖、为达到谋求一份工作的目的而写的求职自荐信。首先他介绍了自己的政治面貌、所学专业以及在校苦读获得的成绩。其次介绍自己的特长及各种能力，如组织能力、实践能力等。最后提出该公司是自己向往的工作单位，并信心十足地表明愿为公司作出自己的贡献，表达了希望为公司效力的强烈愿望。一方面作者真实具体地把自己与众不同的特长优势展示给公司，证明自己是个优秀人才；另一方面作者也诚恳、谦虚地表达了自己的求职意愿。

应聘信

华升机械有限公司：

近日阅《××晚报》，敬悉贵公司征聘机械工程师。我出生于1960年，1982年毕业于华中工学院机械系，现在兴隆塑料厂任机械工程师。为了更好地发挥所学之长，本人愿到贵公司服务。今随函寄上本人简历及机械工程师资格复印件各一份。恭候复函。

此致

敬礼！

陶业强

2007年6月8日

联系地址：本市中山路208号二楼

邮政编码：××××××

联系电话：××××××××

【评析】这是一封求职者根据用人单位发布的招聘信息有目的地表达求职意向的应聘信。这里有针对性地介绍了自己的相关情况，用诚恳的语言表明自己的求职意愿，表达自己希望被录用的愿望。整封信语言简洁，态度自信、恳切，礼貌而又不卑不亢。

班长竞聘演讲稿

同学们：

你们好！

今天，我走上演讲台的唯一目的就是竞选“班级元首”——班长。我坚信，凭着我的勇气和才干，凭着我与大家同舟共济的深厚友情，这次竞选演讲给我带来的必定是下次的就职演说。

我从没有担任过班干部，缺少经验。但正因为从未在“官场”混过，没有“官相官态”，“官腔官气”；少的是畏首畏尾的私虑，多的是敢作敢为的闯劲。正因为我一向生活在最底层，从未有过“高高在上”的体验，对摆“官架子”看不惯、弄不来，就特别具有民主作风。因此，我的口号是“做一个彻底的平民班长”。班长应该是架在老师与同学之间的一座桥梁，能向老师提出同学们的合理建议，向同学们传达老师的苦衷。我保证做到在任何时候、任何情况下，都首先是“想同学们之所想，急同学们之所急”。当师生之间发生矛盾时，我一定明辨是非，敢于坚持原则。特别是当老师的说法或做法不尽正确时，我将敢于积极为同学们谋求正当的权益。

班长作为一个班的核心人物，应该具有统御全局的大德大能，我相信自己是够条件的。首先，我有能力处理好班级的各种事务。因为本人具有较高的组织能力和协调能力，凭借这一优势，我保证做到将班委一班人的积极性都调动起来，使每个班委成员扬长避短，互促互补，形成拳头优势。其次，我还具有较强的应变能力，所谓“处变不惊，临乱不慌”，能够处理好各种偶发事件，将损失减少到最低限度。再次，我相信自己能够为班级的总体利益牺牲一己之私，必要时，我还能“忍辱负重”。最后，因为本人平时与大家相处融洽，人际关系较好，这样在客观上就减少了工作的阻力。

我的治班总纲领是：在以情联谊的同时以“法”治班，最广泛地征求全体同学的意见，在此基础上制定出班委工作的整体规划；然后严格按计划行事，推选代表对每个实施过程进行全程监督，责任到人，奖罚分明。我准备在任期内与全体班委一道为大家办九件好事：

1. 借助科学的编排方法，减轻个人劳动卫生值日的强度，提高效率；

2. 联系有关商家定期送纯净水，彻底解决饮水难的问题；

3. 建立班组互助图书室，并强化管理，提高其利用率，初步解决读书难问题；

4. 组织双休日同学之间的“互访”，沟通情感，加深相互了解；

5. 在得到学校和班主任同意的前提下，组织旨在了解社会，体会周边人们生存状况的参观访问活动；

6. 利用勤工俭学的收入买三台处理电脑，建立电脑兴趣小组；

7. 在班组报廊中开辟“新视野”栏目，及时追踪国内改革动态，要和通勤生结成互帮互促的对子；

8. 建立班级“代理小组”，做好力所能及的代理工作，为有困难的同学代购物件、代寄邮件、代传讯息等；

9. 设一个班长意见箱，定时开箱，加速信息反馈，有问必答。

同学们，请信任我，投我一票，给我一次锻炼的机会吧！我会经得住考验的，相信在我们的共同努力下，充分发挥每个人的聪明才智，我们的班务工作一定可以十分出色，我们的班级一定能跻身全市先进班级的行列，步入新的辉煌！

谢谢大家！

【评析】这是一篇精彩的班长竞聘演讲稿，首先开门见山提出自己所竞聘的职务，继而摆出自己优于他人的竞聘条件，突出自己在担任班长这方面的优势，并具体说明自己任职后的治班措施。最后用最简洁的话语表明自己的决心和请求。语言简练有力且充满了自信。

【综合训练】

一、条据上涉及钱物数量的数字必须用汉字大写形式，你能写出“一、二、三、四、五、六、七、八、九、十、百、千”的大写形式吗？

二、下面的单据语言是否存在不妥之处？如有请指出。

1. 今领到厂劳资科发给的劳动布工作服 96 套，高筒胶鞋 82 双。

2.今借到车旅费3000元,一个月以内还。

3.我的隐形眼镜掉了一片,您的五官在我眼里变得线条模糊,我不能用这种不负责任的眼光来玷污您的美,为了您在我心中的形象,准我一回假吧!

4.今日我因贵体欠安,故请假一天,望老师批准。

5.今天下午4:20,我班与0702班进行乒乓球,现在是3:20,我来找你时,你出去了,回来后见此留言条,请立刻赶赴现场,你还要代表班里参加这次比赛。

6.因为临时有事,所以英语课没有去上,早上两节,望老师批准。

7.今晚是一个月圆之夜。我已经连续三年没有和奶奶爷爷共度中秋节了。如果老师给我们准假,我会真诚地对您说五个字:中秋节快乐。如果非要加一个期限,我们希望是年年如此。准吧,老师,不要犹豫了。谢谢老师。

8.请代购《演讲与口才》十本,尽快来,谢谢!

9.李某借周某现金人民币壹万圆整,现还欠款人民币叁仟圆。

三、下面这些情境中应该使用欠条还是借条?

1.借了单位或个人的钱物,到时不能归还或不能全部归还。

2.从学校财务科借到人民币若干。

3.借了单位或个人的钱物,当时没有写借据需要事后补写。

4.购买物品时,不能支付或不能全部支付钱额。

四、请根据以下内容进行情境表演,并进行启事写作训练。

情节A——(听到"表演活动开始喽"开始表演)

鲜花店负责人:(提或背着皮包上场)"就要放寒假了,看(远望,员工甲、乙上场),又是一个丰收年——我们园艺班的实验基地呀,生机勃勃,鲜花满园。"(开心地笑)

鲜花店负责人:"我是园艺班鲜花店的负责人,今天来校门口贴开业启事喽!(事先请同学们写好)"

(响起有爆竹声的喜庆音乐,丢失雨伞者、群众演员纷纷上场,"走哇"、"去看看"、"过年了"、"又开业了"、"走吧,买花去",老师投影开业启事,三人在幕布前一起做贴开业启事的动作,非常热闹)

员工甲:大家好!跟我去东边看看树栽盆景吧。

员工乙:大家好!跟我去西边看看绿叶鲜花吧。

(全体演员一起退场,坐回原位)

情节B——(听到"表演活动又开始喽"开始表演)

(响起愉快音乐,鲜花店三人出场)

员工甲:(望着幕布)今天是1月28日下午,快过年啦!

员工乙:(满脸喜悦)班长,生意兴隆呀,这几天把我们给忙坏了。(三人欢笑,忙碌)(丢失茶叶者从门外骑车入场,停车店旁,把装茶叶的袋子放在桌上)欢迎光临,先看一看吧！

丢失雨伞者：(匆匆上场)哎呀，今天上午，我在实验基地选购盆花时，不慎丢失了一把粉红色的“天堂”牌折式雨伞，还是全新的呢，你们可要帮帮我！

鲜花店负责人：她是桂花村杨女士，(望着幕布)联系电话 1364242××××，(望着右边学生)你们赶紧替她写寻物启事吧。

丢失雨伞者：(向负责人)谢谢，谢谢！(向右边学生)拜托了，拜托了！(和丢失茶叶者退场坐回原位，右边学生开始写寻物启事)

员工乙：哎呀，我们的生活越来越有意思了。(三人欢笑，忙碌)

员工甲：哎，这是什么？谁的呀？(拿起桌上的茶叶袋子左看右看)

鲜花店负责人：又是哪个粗心的顾客丢下的？哎呀，原来是一大一小两罐茶叶，(拿出大的)沿溪山白毛茶，(拿出小的)高山观音王，(向左边学生)你们赶紧替失主写招领启事吧。

(全体演员一起退场，坐回原位)

情节 C

(响起愉快音乐，鲜花店三人出场，欢笑忙碌)

冒领者：(东张西望，露出狡猾的笑出场)老板，我是来领我丢失的茶叶的，谢谢你们了。鲜花店负责人：你好！你丢失的茶叶是怎样的？(警惕而有笑容)

冒领者：啊，啊，我买的是两斤茶叶，啊，是两袋茶叶。(丢失茶叶者推车入场)鲜花店负责人：(有笑容)不好意思，你说的两袋茶叶，我们没看见。

丢失茶叶者：你好，我丢失的是一大一小两罐茶叶，大的是沿溪山白毛茶，小的是高山观音王，(指着招领启事)上面写的是我的吧？(冒领者尴尬退场)

鲜花店负责人：(拿出藏在桌下的茶叶袋子)是你的，看看有没有少了什么。

丢失茶叶者：谢谢了，谢谢了，你们真是 XX 职校的好学生呐！再见了！

(全体演员退场，一起热烈鼓掌感谢大家的精彩表演，坐回原位)

五、一位老裁缝，积攒了一点钱，送他儿子到伦敦上大学。一次，儿子来信，他不识字，只好请隔壁一位杀猪的屠夫代他看信。屠夫也识字不多，把信纸翻来覆去看了又看，对他说：“你儿子说，上次寄去的钱已花光了，请你赶快再寄 20 镑去。”裁缝问：“还说什么没有？”屠夫说：“什么也没有了！”裁缝回到家，越想越生气。心想：我凭十个指头每天辛辛苦苦为人家缝制衣服，省吃俭用，好不容易积攒下一点钱供他上大学，他竟然不知好歹，下命令似的，要我赶快寄 20 英镑，连一句问候平安的话都没有！真是白养活了他！不寄，看他怎样！正生闷气时，一位牧师来请他做衣服，听闻此事，把这封信从头到尾看了一遍后对裁缝说：“你的儿子写得很好！我读给你听。信上说：……”裁缝听了很高兴，当天就把 20 镑给儿子寄去了。你能恢复信的原貌吗？

六、家住辽宁省沈阳市皇姑区陵东街2号(邮编:110032)的陈晓明,想向《小学生》杂志社的王小红投一份稿件,但忘记了信封书写的格式,请你帮陈晓明一个忙,帮他写好信封。

《小学生》杂志社的地址:山西省太原市学府街502号凯通大厦601室。邮编:030006

七、以下是一封信的格式示意图,其中也包括内容片段。根据题目作答:

×××:(1)您好!(2)

××××××××××××××××××××××××××××××。

××××××。你想来参加大会,我们十分欢迎。只要你们单位领导同意你来,报销食宿费和路费,安排住处,领取出席证的问题,我们可以解决。

×××××××××××××××××××××××××××××××。

(3)

此致

敬礼!(4)

×××(5)

即日(6)

1.在图中用序号(1)—(6)标出六个部分,并写出相应的名称。

(1)______ (2)______ (3)______ (4)______ (5)______ (6)______

2.文中格式和内容上有四处不够规范和准确的地方,指出并加以改正。

第一处是:______________________________

应改为:______________________________

第二处是:______________________________

应改为:______________________________

第三处是:______________________________

应改为:______________________________

第四处是:______________________________

应改为:______________________________

八、请看下面的这封邀请函,找出其中四处有语病的地方,并改正。

尊敬的先生/女士:

①第二届“上海国际图书馆论坛”将于2004年10月12日至15日在上海图书馆举行。②作为大会组委会主席,我荣幸地邀请您参加这次会议。如您所知,③第二届“上海国际图书馆论坛”将汇聚图书馆馆员、研究人员及专家学者们④共同围绕大会主题——“城市发展与图书馆服务”有关的最新研究成果以及未来发展趋势展开讨论。⑤我们诚挚地邀请您在本次论坛会议发表您的见解,⑥并与来自世界各地的同事就当今图书馆界的

重要问题进行探讨。⑦请您务必在2004年5月12日之前提交您的论文题目。⑧请允许我再次感谢您为第二届“上海国际图书馆论坛”取得成功所做的努力。⑨我们热切地期待您的到来。

上海图书馆馆长：×××

2004年4月22日

序号：______改正：____。

序号：______改正：____。

序号：______改正：____。

九、下面是一位中职学校毕业生所写的求职信，请认真阅读，根据求职信的格式和要求，找出其中存在的问题。

尊敬的××单位领导：你好！

我是金融类独树一帜、享有盛誉的品牌学院——××财经学校2013届的毕业生。

在经济迅猛发展、人民生活日益提高的今天，人们的投资理财意识日益增强，我认为投身于金融事业大有作为。因此，我非常热爱我的专业，在校期间，刻苦学习，各科成绩名列前茅。性格开朗活泼的我待人随和，能与同学和睦相处。我最大的特长是爱好体育运动。长跑、短跑及球类运动都是我的最爱，在这方面取得了一系列优异的成绩：2012年上半年，我代表学校参加区运动会5000m比赛获得了第一名，在4×100m竞赛中获小组第一名；此外与其他同学一起代表学校与××代表队参加篮球比赛，以95∶72取胜，为学校赢得了荣誉。正因为体育锻炼，使我有强健的体魄和充沛的精力胜任工作。

在××银行实习期间，我热情招呼每一位客户，工作细致无差错，以优质的服务赢得了客户的喜爱。我的财会电算化水平也很好，能处理银行的存储、信贷等日常综合业务。恳请您在×月×日前务必给予答复。

此致

敬礼！

张小文

2014年5月28日

十、以下是竞聘演讲稿的开头和结尾，说说它们的优劣。

1. 我叫××，今年40岁，中共党员。首先，我要感谢上级党委给了我竞选校长的机会，并且衷心地感谢各位代表和同志们对我的支持和信任。我1987年大学毕业，分到第一中学任教；1990年任办公室副主任；1992年任办公室主任；1996年任副校长，主管教学工作。我认为我完全有能力胜任校长这一职务，因为我具有如下优势……

2. 我在大学参加过多次演讲，受到老师和同学们的热烈欢迎，他们都认为我的演讲非常精彩，我感到无限的欣慰。我相信，我今天的演讲也一定会很精彩，能够给评委领导和同志们交一份满意的答卷。

3. 我是政法系副主任、副教授。我1973年参加工作，1975年加入伟大的中国共产党，1986 年从师范大学政教系毕业，1989 年被学院任命为政法系副主任，至今已有 15 年了。与我同时任命为副主任的同志早已当上了处长，有的甚至当上了副厅长；比我晚提拔的同志也早已当上了正处长。是我能力差吗？不是！其根本原因是我不善于同领导交际，所以有些同志对我说："你啊，不善于联系领导，谁赏识你啊！"

4.大家对我非常熟悉，因为你们都是我的老领导、老同事。在过去 5 年的工作和生活中，你们给了我亲切的关怀和大力的支持。张书记一直关心我政治上的进步，还亲自做我的入党介绍人；王厂长、李主任等，曾手把手教我业务技能……各位的恩情，我一定铭记在心，永世不忘。今天借此机会，我对你们的关心和支持表示衷心的感谢，并致以崇高的敬意。（鞠躬）

5.踏着夏日的脚步，白色的荷花又静静地开了。我的心情格外激动，愿自己而在平淡的日子里，有如荷的心，处风不惊，默默奉献。用一颗如荷的心，继续与圣洁同在，与生命永恒！亲爱的朋友，如果您看到有一朵洁白的荷花，在一瓣瓣地、默默无闻地盛开，那就是我，是我们，是我们白衣天使的心！

6.尊敬的各位领导、各位老师，竞争上岗有上有下、有进有退，上固可喜、下也无悔，一如既往；进也可贺、退也不馁。我不敢奢求什么，只想让大家认识我、了解我、帮助我，从而喜欢我、支持我。今天借此机会，表达一下我的心愿，感谢各位领导多年来对我的教育和培养，感谢与我同舟共济、朝夕相处的全体同事对我的帮助和信任。

7.各位领导，各位评委，古希腊哲人说："给我一个支撑点，我会把地球撬起。"这是对生活的自信；而我现在要说："给我一个机会，我会干出我的风采！"，这是我对生活的热爱和对事业的无尽追求。我也深深地知道：此次竞聘意味着有一部分人会成功，而另一部分人会落选。对此我将以平常心来面对。此次竞聘，无论成功失败，我都将以此为新的起点，更加努力工作，勤奋学习，迎难而上，把自己的全部智慧与精力奉献给我们七冶公司，奉献给我所至爱的事业。我的演讲完毕，谢谢大家！

8.各位领导、各位评委，我今天参加竞聘是抱着积极参与的心态，希望更多的同志了解我、认识我，对于结果我会以一颗平常心对待，如果竞聘不成功，绝不会有任何思想负担，会在我原来的工作岗位上继续好好工作。如果我竞聘成功，我一定虚心向有经验的同志学习，决不辜负领导和同志们的期望，一定会在新的岗位上做出新的成绩，一定做的比说的好。谢谢大家！

十一、写作题。

1.假设你是某工厂工人李力。2012 年 10 月 1 日准备举行国庆联欢晚会，需要向保管室借 30 张椅子、2 台收录机、1 台电视机，准备 10 月 2 日下午归还。请你给保管室写一份借条。

2.今年 3 月 18 日，08 技能(1)班顾云向 08 技能(5)班常小宇借了 300 元人民币买鞋，说好了 3 月 26 日就还。结果顾飞怕家里责怪，没敢多要生活费，于是先还了 150 元，余下的将在 4 月 6 日前还清。请代顾云写一份欠条给常小宇。

3.高三(2)团支部李华在 2012 年 2 月 28 日收到校团委发给本支部的《团章》57 本，

团支部活动记录本2本。请你帮他写份收条。

4.生活委员小美到学校财管处领了2把扫帚、1盒粉笔，请你代她向财管处写一份领条。

5.11月22日，张星宇的奶奶生病了，病得非常严重。张星宇要和爸爸妈妈去老家看望奶奶，就写了一张请假条带给老师，希望老师批准他请假一天。请你帮张星宇写一张请假条。

6.3月11日下午王明去找红红，他想明天和李红一起去公园植树，可是李红不在家，他写了张留言条，让李红明天上午8点在家等他一起去。请你为王明写张留言条。

7.明州市新科中学的梁冬、王新等16位同学2010年暑假将要到汉川市中田贸易公司参加社会实践活动，请你代新科中学为他们写一封介绍信。

8.××省××市电视机厂工程师罗伟同志(男，40岁)、技术员刘敏同志(男，30岁)，前往豫、冀、晋、秦等省检查并重点修理该厂出产的××牌电视机。请你代表该厂草拟一封证明信。

9.××地区暴雨成灾，大部分地区被淹，交通受阻，许多人的生命和财产受到威胁和损失。××公司员工因距离较远，不能前去抗涝救灾，决定捐些钱和衣物寄去。在寄钱和衣物的同时，还准备寄去一封慰问信。请你代为起草这封慰问信。

10.新世纪小区附近的东明中学的初二(1)班20多名学生，在班长的组织和带领下，经常到新世界小区参加社区服务活动，如打扫环境卫生，帮助孤寡老人买米买菜，受到小区居民的高度赞扬。请你以新世纪小区管理处的名义，给东明中学写一封感谢信。

11.2014年×月×日为海南××学院建校五周年大庆日，请代学校写邀请信。时间、地点、活动形式等可以模拟酌定。

12.湖南钢铁公司正在招聘财会人员和中级技工，作为会计专业的同学，请根据自己的实际情况写一封求职信。

13.请根据自身实际情况拟写一篇学生会主席竞聘演讲稿。

14.张小强，男14岁，原来是某县三中学生。暑假前读完初二，期末考试各科成绩一般，只有物理不及格，开学前也没到校参加补考。开学后始终没到校上课，据说是他和他的哥哥(待业青年)到外地当临时工去了。学校曾和他家长联系过。他爸爸是退休工人，现在摆摊修自行车，每天平均收入十几元，加上退休金，每月有近500元的收入。母亲是家庭妇女。据邻里反映，小张和他哥哥外出做工是他母亲的主意，她想快点攒一笔钱，好给大儿子娶媳妇。小强的爸爸对此事并不赞成，但也没坚决反对。请你代表小强所在班级的全体同学，给小强的爸爸、妈妈写封信，敦促他们尽快让小强返校上课。

第十讲　事务文书写作训练

【实训导航】

了解事务文书的概念、特点、作用。掌握通知、计划、总结、记录的概念、特点、写作要求。重点掌握通知、计划、总结、记录的结构或简单的撰写。根据学生的实际情况，拟写校园通知、学习计划或读书计划、学习总结和学生会各种会议记录。

【知识探究】

事务文书是机关、团体、企事业单位为反映事实情况、解决问题、处理日常事务而普遍使用的文书，它具有很强的实用性、事务性和某种惯用格式。从广义上说，事务文书也是一种公务文书，目的是处理公务和传递信息，使用“事务文书”这一名称，是相对于正式公文而言的。事务文书有以下特点：

1.对象的明确性

事务文书的写作有明确的对象、特定的读者，对于对象有明显的约束力，一般来说对象非看不可。如给所属上级单位的计划、总结、简报、调查报告等，所属上级单位或领导必须看它。再如条例、办法、规定、章程等，凡涉及的人都一定得看。

2.内容的实效性

事务文书是直接用来处理事务工作的，要注意实用，讲求效率。为此，事务文书从主旨的确立到材料的使用都必须切合实际讲求效率；写作形式的运用也要讲求实际和效率，便于文书内容的落实和处理。

3.一定的程式性

事务文书一般都有一定的程式性，有约定俗成的惯用格式。虽然它不像法定公文那样有着非常严格的格式要求，但在长期的应用中，事务文书的实用性和真实性决定了它逐渐形成了较为稳定的结构层次、习惯用语、处理程序等组成要素。虽然格式上有一定的灵活性，但总体上是相对稳定的。

4.较强的时限性

事务文书总是针对工作、生活中的具体事务而撰写的。而一项工作任务的完成、一个问题的解决，大都有一定的时间要求，虽然它没有法定公文那样紧迫，但同样也要在限定的时间内及时完成，否则很难发挥事务文书的作用。

下面再说说事务文书的作用：

1.宣传教育作用

事务文书通过分析形势，申明政策，或者介绍经验、表彰先进及揭露时弊、抨击丑恶，可以起到宣传教育群众，使人们统一认识，并提高政策水平和工作热情的作用。

2.沟通和指导工作作用

事务文书是直接用来处理事务工作的，要注意实用，讲求效率。为此，事务文书从主旨的确立到材料的使用都必须切合实际讲求效率；写作形式的运用也要讲求实际和效率，便于文书内容的落实和处理。

3.积累和提供资料作用

有些工作的进行，需要人们积累有关资料，如计划、总结、调查报告、简报等文种，可以集中、详尽地反映情况，说明问题，起到为人们提供所需资料的作用。

一、通知

（一）概述

通知这一种公文，适用于批转下级机关的公文，转发上级机关和不相隶属机关的公文；发布规章；传达要求下级机关办理和有关单位需要周知或者共同执行的事项；任免和聘用干部。

通知的使用范围较广，在行政公文中，它是使用最多的一种公文。

（二）结构与写法

1.标题

通知的标题一般有三种写法：①发文机关＋事由＋文种，如《国务院关于清理检查“小金库”的通知》。②事由＋文种，如某省教育厅发的《关于做好期终教学检查工作的通知》。③仅写“通知”二字。

2.主送机关

在标题下、正文前顶格书写。

3.正文

通知的正文，包括通知缘由、通知事项、通知要求三部分。不同种类的通知，其正文的写法有所不同，下面分别作说明。

发布性通知的正文都很简短，只需写明发布的意义和目的，提出执行的要求就可以了。

批示性通知的正文一般包括发文的缘由、对批转、转发文件的评价、执行要求等部分。对下级机关要求的通常用语，有“参照执行”、“遵照执行”、“研究执行”、“认真贯彻执行”等不同提法。要根据所批转、转发文件的具体情况，仔细推敲，选择合适的词语。

指示性通知的正文，其缘由部分可以写发出本通知的依据或目的，也可以写发出本通知的意义，文字力求简短概括，然后用“特作如下通知”或“特通知如下”转入通知内容。通知的事项大多采用分条列项法，具体地提出要求和措施、办法。结尾可写可不写，如有结尾，可用“特此通知”这样的惯用语。

会议通知的正文，一般包括召开会议的机关、会议名称、会议起止时间、地点、会议内容和任务、参加会议人员的条件和人数、报到时间及地点、与会人员所携带的文件材料等内容。

任免通知的正文，要写清决定任免的时间、机关、会议或依据文件，以及任免人员的具体职务。

一般性通知的正文，要交代需办什么事，什么时间完成和要求等。

4.落款和发文日期

通知落款的写法，与其他公文落款的格式基本相同。如果发文机关的名称在标题中已经写明，正文之后也可以不写落款，但应加盖机关印章。发文日期可写在全文末尾的右下方，有的也可以提前，至于标题之下。

拟写通知，主题要集中，重点要突出，措施要具体，并且还要讲求时效，以便提高效率，不要贻误时机。

二、计划

（一）概述

计划是机关单位（或个人）对将要进行的某项任务，或某一阶段的工作，根据上级指示精神以及本部门、本单位的实际情况，作出的设想与打算。其中包括提出预定的目标和要求，制定出相应的措施，写明进行的步骤与方法，明确完成的时间等。目标、措施、步骤被称为计划的三要素。

（二）结构与写法

计划没有固定的格式，一般常用的格式有三种：条文式、表格式、文件式。

文件式的计划，其结构由标题、正文、署名和日期四部分组成。

1.标题

标题也就是计划的名称。标题要把制定计划的单位名称、计划内容、计划的期限和计划的种类准确地概括出来，如《安徽省2005年国民经济和社会发展计划》这个标题，其中“安徽省”是单位名称，“2005年”是计划期限，“国民经济和社会发展”是计划内容。有的计划标题，也可省略制定计划的单位名称，而将单位名称写在正文之后，订计划的日期之前。

标题要写在第一行正中，字体要稍大些。

2.正文

正文是计划的主体，包括做什么、怎么做，要求达到目的的时间和完成任务的时间。一般可分三部分：

(1)简短的序言

写明制定计划的主观目的，客观依据，指导思想，基本情况等。

(2)任务和要求（做什么）

这部分是计划的主要内容，写计划要达到的目标和达到这个目标的要求，要明确规定“做什么”、“什么时候完成”。要写清楚完成任务的数量、质量、工作步骤和时间进程。内容比较复杂的可按主次顺序分条叙述，并可在每个问题前加上一个小标题，以示醒目。

(3)具体措施(怎么做)

这部分要写实施计划的具体办法和力量部署,措施要有科学性,要实事求是,切实可行。如措施的内容较多,也可分条分项来写。

3.结尾

结尾要写制订计划的单位名称和日期,要写在正文下面的右下方。

三、总结

(一)概述

对一个时期或一个方面的工作作系统的回顾、分析和研究,认清经验和教训,找出规律性认识,并把这些书写成书面文字,就是总结。

(二)结构与写法

总结可以有多种多样的写法,如条文式、小标题式、问答式、书信式、三段式等。用得最多的是三段式。三段式的结构安排:

1.标题

标题要与总结的内容紧密相连,力求准确、简明、醒目。一般有以下几种方式:

(1)标明单位名称、时限及总结种类。如《××集团公司2004年营销工作总结》。

(2)概括总结内容范围。如《我厂是如何深化劳动改革的》。

(3)归纳中心,揭示主旨。如《实行优化劳动组合,调动了职工的积极性》。

有的总结,除了正题外,还可以有副题。副题有的指出总结的内容范围,有的起说明、限制的作用。

2.正文

主要包括以下三个方面:

(1)情况概述

主要指简要交代一下工作的时间、背景、取得的主要成绩和效果等,可以让读者了解全貌。

(2)主要做法、经验和体会

这部分是总结的重点,可以先讲做法,后讲体会、经验教训,也可以根据内容分成几个问题,一个一个地写,每个问题既有做法,又有体会;还可以把工作划分成几个阶段,按时间顺序来介绍情况,谈出体会。

(3)存在问题和努力方向

这是一个问题的两个方面,可以分开写,也可以合在一起写。这部分一般都写得比较简单,但问题要提得中肯,改进措施要订得切实可行,努力方向要提得明确。

3.署名和日期

本单位写的总结,如果在标题中没有写出单位的名称,在总结的篇末要署名。署名要用全称,日期要写明年、月、日。

四、记录

（一）概述

记录，是指把听到的话或发生的事写下来，这是采集、储存材料的重要方法，是应用写作的基本能力之一。

记录，从格式上分，可分为规范性记录（如会议记录、司法讯问笔录）和非规范性记录（如课堂笔记、听报告笔记）；从内容来分，可分为全记和部分记（即记要点、重点）。这里主要介绍会议记录、电话记录和报告记录。

（二）记录的基本要求

1. 目的明确。记什么，不记什么；哪里详记，哪里略记，要根据记录者的目的来决定，即准备将该材料来做什么用。

2. 内容准确。属于全记的必须一点不漏，甚至包括说话人的语气、语调、会场气氛；部分记的也必须符合客观实际，不能走样。

3. 格式合适。各种记录均有一定的格式，所有项目必须齐全。

（三）学会速记

平静地讲话，一般人每分钟能讲 120～150 个字；激烈地辩论，每分钟能达 300 字左右。而用汉字记录，每分钟只能写 30～40 个字。因此，在没有录音条件的情况下，要学会速记。常见的速记方式有：

①简称法。如“四个现代化”简称为“四化”，“蓉”简称为“成都”等。

②缩写法。如把“社会主义”缩写成“社——”，“马克思列宁主义”缩写成“马列——”等。

③合体法。把双音节词的两个汉字各取一部分，凑成一个新“字”，如“知识”写成“矢只”等。

④附小字法。把常用词组的开头字和结尾字（可以取其一部分）凑合一起，结尾字（或其一部分）写成小体字，如“政治学习”写成“正习”，“考勤制度”写成“考又”等。

⑤符号法。如“百分之三十五”写成“35%”，“一竿子插到底”写成“⊥”，“走弯路”写成“～”，“因为”写成“∵”，“所以”写成“∴”等。

⑥字母法。利用拼音字母拼写笔画繁多或生字，如“xièhòu”（邂逅）；利用英语字母开头的词语，如“CCTV”表示“中国中央电视台”，“WTO”表示“世界贸易组织”，“GDP”表示“国内生产总值”。

除以上速记方工外，只要自己能看懂，还可以自己创造。

（四）学会整理

用录音或速记法记录的东西，还必须整理成可读的书面材料。之所以需要整理，一是因为速记符号别人看不懂，二是因为开会发言或作报告时所说的话往往不规范，或重复，或条理不清晰，或因人插话，听起来还可以，但读起来就别扭，甚至难于理解。

【示例借鉴】

一、关于刘裕同志的任职通知

东南市文化局：

经东南市人民政府研究决定：任命刘裕同志为东南市文化局局长，同时免去其旅游局副局长的职务。

东南市人民政府

2009 年 5 月 8 日

简析：这是一则任免通知，写作格式规范，语言简洁，表意周密。

二、2014 年新春联欢会的通知

全体师生：

我校定于 2014 年 1 月 18 日召开全体师生 2014 年新春联欢会，具体通知如下：

时间：2014 年 1 月 18 日 14 时 30 分

地点：校礼堂

望全体师生准时参加。

经济管理学校办公室

2014 年 1 月 5 日

简析：这是一篇会议通知，标题事由概括清楚，让人一看便知通知的主要事项。通知的内容具体、明确、周到。

三、关于做好《餐饮服务许可证》启用及发放工作的通知

国食药监许[2009]257 号

各省、自治区、直辖市卫生厅(局)、食品药品监督管理局

依据《食品安全法》，自 2009 年 6 月 1 日起启用《餐饮服务许可证》。现就许可证的启用及发放事项通知如下：

一、自 2009 年 6 月 1 日起，对餐饮服务经营者申请新发、变更、延续、补发许可证的，各级餐饮服务监管部门应当严格按照《食品安全法》的要求，核发《餐饮服务许可证》。餐饮服务经营者在 2009 年 6 月 1 日前已经取得《食品卫生许可证》的，该许可证在有效期内继续有效，有效期届满，按有关规定换发《餐饮服务许可证》。

二、国家食品药品监督管理局目前正在抓紧制定《餐饮服务许可管理办法》及其相关配套规定，在该办法出台之前，请各级餐饮服务监管部门严格依照《食品安全法》、国务院有关行政法规及卫生部关于餐饮业食品卫生监管条件和程序的规定，实施餐饮服务许可工作。

三、餐饮服务许可按餐饮服务经营者的业态和规模实施分类管理。分类方式如下：

(一)餐馆(含酒家、酒楼、酒店、饭庄等)：是指以饭菜(包括中餐、西餐、日餐、韩

餐等)为主要经营项目的单位,包括火锅店、烧烤店等。

1. 特大型餐馆:是指经营场所使用面积在 3000 ㎡以上(不含 3000 ㎡),或者就餐座位数在 1000 座以上(不含 1000 座)的餐馆。

2. 大型餐馆:是指经营场所使用面积在 500～3000 ㎡(不含 500 ㎡,含 3000 ㎡),或者就餐座位数在 250～1000 座(不含 250 座,含 1000 座)的餐馆。

3. 中型餐馆:是指经营场所使用面积在 150～500 ㎡(不含 150 ㎡,含 500 ㎡),或者就餐座位数在 75～250 座(不含 75 座,含 250 座)的餐馆。

4. 小型餐馆:是指经营场所使用面积在 150 ㎡以下(含 150 ㎡),或者就餐座位数在 75 人以下(含 75 座)以下的餐馆。

如面积与就餐座位数分属两类的,餐馆类别以其中规模较大者计。

(二)快餐店:是指以集中加工配送、当场分餐食用并快速提供就餐服务为主要加工供应形式的单位。

(三)小吃店:是指以点心、小吃为主要经营项目的单位。

(四)饮品店:是指以供应酒类、咖啡、茶水或者饮料为主的单位。

(五)食堂:是指设于机关、学校、企事业单位、工地等地点(场所),供内部职工、学生等就餐的单位。

四、《餐饮服务许可证》应当载明单位名称、地址、法定代表人(负责人或业主)、类别、许可证号、发证机关(加盖公章)、发证日期、有效期限及备注等内容。《餐饮服务许可证》式样有关问题的说明和填写指南见附件 1.2。

五、各级餐饮服务监管部门要依照《食品安全法》要求和本省(区、市)餐饮服务监管部门的有关规定,依法加强本辖区餐饮服务许可工作,严格按本通知要求的式样、内容印制和核发《餐饮服务许可证》,做到餐饮服务许可工作有序开展、依法公正。

六、食品摊贩从事餐饮服务经营活动,按照《食品安全法》有关规定执行。

附件:1.《餐饮服务许可证》式样有关问题的说明

2.《餐饮服务许可证》填写指南

简析:这是一篇指示性通知,开头点名发文目的,主体部分分六条来阐述指示意见。此通知条理清楚、语言简明、表意周密。

四、××厂 20××年工作计划

(一)工作方针和经济指标

我厂 20××年的工作方针是“厉兵秣马、挺进市场、严格管理、减耗增效”。基本策略是通过外抓市场、内抓管理来提高素质,增加效益。本年度经济指标如下:

1. 合并销售总额×亿元;

2. 合并销售收入×亿元;

3. 合并实现利税×千万元,其中实现利润×千万元,力争合并实现利税×千万元，其中合并利润×千万元；

4. 在岗职工人均收入×万元；

5. 经营性国有净资产增值6%，非国有净资产报值率100%。

（二）生产措施和工作方法

为了保质保量完成上述各项指标，全体员工必须振奋精神、统一思想、服从大局，必须群策群力、精心组织、密切配合，必须抓住机遇、知难而进、乘势而上。从以下几个方面努力：

1. 积极开拓市场，争取更多订单。（略）

2. 依靠科技进步，加快新产品开发。

要继续做好第六代大中型成套空分设备的开发，对已承接的合同项目，有关领导要亲自挂帅，组织力量精心设计、精心制造、精心调制，确保一次成功。要加快大型液体设备的开发……

3. 加强质量管理，打好质量翻身仗。（略）

4. 以人为本，提高素质，合理配置劳动力。

20××年我们将继续开展合格员工达标活动，加强检查考核力度，不搞形式、不走过场，把员工达标活动落到实处。（略）

5. 加强财务管理，提高资金使用效益。（略）

6. 健全规章制度，严肃纪律，严格管理。（略）

7. 盘活存量资产，优化组织结构。（略）

“人讲称职、事争一流，艰苦奋斗、不息追求”，这是争取20××年成功的精神所在。让我们在新的一年里，坚持以邓小平建设中国特色的社会主义理论为指导，抓住时机，深化改革、拼抢市场、苦练内功，努力开创我厂生产经营工作的新局面，夺取新的胜利。

××厂

20××年×月×日

五、×××工厂20××年工作总结

20××年，我厂在上级党委的领导下，充分发挥广大群众，贯彻执行中央关于企业进行全面整顿的决定和关于经济体制改革的决定。积极落实军需生产工作会议精神，以整顿改革为动力，以提高主品质量为重点，搞活经营，较好地完成了20××年各项生产工作任务，取得了较好的经济效益，主要经济技术指标都超额完成了国家计划。

总产值：计划××××万元，实际完成××××万元。比计划增长6.36%。

总产量：计划××万匹，实际完成××万元，增产×万匹，比去年增长4.78%，创造了历史最好水平。

产品质量：军品混纺色布综合一等品率实际达到点81.8%，比计划提高1.8%，综合次品率实际达到1.34%，比计划降低0.16%。

利润:计划×××万元,实际完成×××万元,超额完成2%,比去年实际利润提高5.5%,同时,实际可向地方财政部门上缴税金×××万元,利税总额实际可达到×××万元,连续两年实现利税超千万元。

一年来,我厂在生产上取得了新发展,在职工生活福利方面也有了新改善。按照原定计划的要求,较好地完成了以下六件事:第一,新建职工宿舍已基本完工,目前正在抓紧内部装修等基本工作,在20××年第一、二季度可陆续交付使用。第二,劳动服务公司在全厂职工大力支持下办得有生气,有效益。今年不仅安排了20××应届毕业生20人,组织了部分下岗人员到工厂进行定向培训,而且取得了较好的经济效益,利润可达七八十万元,还向税务部门交纳税金××万元。第三,较好地完成了部分宿舍及其配套工程的修缮。厂前宿舍阳台全部加了钢窗,六、七、八栋宿舍区泥土路面全部修为水泥路面,从而使职工居住条件得到进一步改善。第四,逐步加强了食堂管理,增添了"小锅菜",夜班伙食有所改善。第五,进一步加强了医疗卫生和疾病防治工作,对全厂职工进行了胸透,对高温有毒工种112名职工进行了职业病检查,对全厂托幼儿童分批进行了体验和预防注射。第六,进一步组织开展文体活动,丰富了职工的文化生活。俱乐部的图书室进行了整顿,举办了五次知识竞赛,还开展了球类、棋类竞赛等活动。除以上六个方面外,今年我们还兴办了综合服务公司,为生产生活服务之外,还对外经营。在解决职工夫妻分居、计划生育、液化气供应等方面都做了不少工作,职工较为满意。

一年来,我们主要抓了以下几项工作:

一、坚持标准,严格要求,较好地完成了企业全面整顿工作。

整顿是加强企业管理的重要手段,是实行经济体制改革的基础,我厂的全面整顿,在20××年基本完成领导班子、基础工作、规章制度等工作整顿的基础上根据部调研组年初预检提出的104条意见,在第一季度又重点抓了生产现场、厂容厂貌、劳动纪律、财经纪律和仓库等五个方面的整顿。为了迎接上级党委的验收,全厂职工特别是染整、动力、机电、供销、总务等单位的职工积极响应了厂党委提出的"狠下'笨功夫',严守铁纪律,落实硬措施,暂夺高效益,确保整顿验收合格"的战斗口号,不计时间、不讲报酬、夜以继日地积极补课,较好地完成了五项工作整顿任务。3月15日上级党委对我厂五项工作整顿进行了全面检查验收,批准我厂为五项工作整顿合格单位。

在整顿验收合格的基础上,全厂职工又再接再厉,根据验收组提出的45个问题,进行专题研究。逐步制定措施,层层落实进行整改,着重狠抓了劳动纪律,专门修订了干部值班制度,规定值班干部每夜查岗不得少于两次。各单位经常组织检查。二、三车间领导轮流值班检查,对各种违法乱纪现象,进行批评教育和严肃,有力地保证了正常的生产秩序。为了较好地巩固整顿成果,我们又于4月、8月、9月份分别组织统计、物资整顿和财经纪律三个方面的专业性的自查,并于10月份组织全面复查。在此基础上,为了加快建设"六好"企业的步伐,根据市纺织总公司党委关于建设文明工厂的要求，我们还组织制定了《创建文明工厂规划》，开展了创建文明工厂的活动。另外根据中央和部关于简政放权和进行经济体制改革的精神，我们在分配制度和经营方式方面也进行了一些探索性的改革，并且取得了较好的效果。

二、坚持"以军为主，军民结合"的原则，基本上实现了增产增收。

1. 坚持以军为主。(略)

2. 充分发挥"市场调节"的作用，初步搞活了工厂的生产经营。(略)

3. 走内涵型发展生产的道路，进一步挖掘了生产潜力。(略)

4. 开展群众性的节约活动，努力减少支出。(略)

总之，一年来，在党委的领导下，由于全厂职工的积极努力，认真贯彻了十五届三中全会精神，较好地落实了军需生产工作会议精神，取得了较好的经济效益。20××年，我们将再接再厉，锐意改革，开拓前进，为"四化"建设作出更大的贡献。

××工厂

20××年 12 月 27 日

六、××× 学院学术委员会会议纪录

20××年第二次会议记录

时　间：20××年 2 月 25 日

地　点：院北二楼会议室

出席人：赵××、葛××、梁××、王××、段××、陈××、吴××、

列席人：陈××、李××、朱××、何××

缺席人：许××(公假)

主持人：赵××(主任委员、副院长)

记录人：张××

议　题：

(一)学术委员会如何开展工作；

(二)学术委员会如何参与提升教授、副教授工作。

讨　论：(按发言顺序摘要记录)

梁××：在参与提升教授、副教授的问题上，学术委员会只能做些审议工作，没有评定权和决定权。

葛××：学术委员会对准备提升的教授、副教授，审议要慎重，实事求是地予以评价，切忌夸大和缩小。

顾××：对教师学术水平的衡量、科研成果的鉴定、教学效果的结论，应由职称评定委员会决定。

吴××：赞成老顾同志的意见。最后对教师的职称评定，教授、副教授的提升，也应由职称评定委员会决定。

王××：对目前我院一批拟提升教授、副教授人员的学术水平的审议，学术委员会应拟订一个工作方案。

与会者：同意王老意见。

决　议：

（一）各系，各教研室、科研所拟提升教授、副教授人员的教学、科研成果，应先由本人写出材料，经所在系、室、所的负责人审议后，交学术委员会评定。

（二）各系、室、所对本单位提请学术委员会审议的人员，他们的教学科研成果，应先在本系、室、所组织初审，并作出审查鉴定意见。

（三）各系、室、所对本单位拟提升的教授、副教授的学术水平审查、鉴定，应于三月十五日前进行完毕，并将审议意见和教学科研成果报送学术委员会审议。

（四）学术委员会的日常事务工作，暂由教务处负责办理，科研所协助。

下午六时散会。

主持人（签名）

记录人（签名）

【综合训练】

一、批示性通知的主要内容有哪些？

二、今年是某校机电专业学生毕业二十周年，请你拟写一份举办毕业纪念会的通知。

三、下面两份计划，在组成要素及结构方面存在哪些问题。

1. 四季度工作计划

今年工作十分繁忙，尤其是四季度的工作，如何在本季度把工作搞好，作下列计划。

(1)抽出时间认真学习十六届三中、四中全会有关基建改革的文件。

(2)深入单位了解完成工作量的情况和资金使用情况，为审查好年终决算打基础。

(3)了解建设单位明年的计划安排和完成情况，以便做好明年的信贷计划工作。

2. ××汽车修配厂2015年财务收支计划

2014年就要过去了，今年在全厂职工的努力下，财务收支情况良好，各项计划得到全面完成。完成产值1197.7万元，收入1141.6万元，利润219.7万元。

取得以上成绩是和广大干部职工的努力分不开的。今年我们主要抓了质量、加强管理，降低了消耗。使产品成本比去年降低8.1%。

2015年的产值计划1318万元，收入1260万元，利润252万元。

要完成以上计划，困难是很多的，我们计划仍在管理上狠下功夫，向管理要利润。

几项具体措施是：

(1)减少干部人数，提高办公效率；

(2)加强定额管理，提高工时利用率；

(3)切实搞好第三产业；

(4)堵塞开支中的漏洞。

各部门要结合本部门的实际工作，围绕全厂的收支计划，制定出本部门切实可行的工作计划。并且加强各部门之间的衔接，保证2015年收支计划的完成。

四、拟写一份新学期学习计划。

训练考核：

1.标题正确无误，正文基本能按照计划三个组成部分来写，可评为优秀；

2.标题基本正确，正文基本能按照计划三个组成部分来写，可评为良好；

3.标题存在缺项，正文基本能按照计划三个组成部分来写，可评为合格；

4.标题存在缺项，正文没有能按照计划三个组成部分来写，须重写。

五、请你就你们班开展的某项活动作一个口头总结。

六、把你一学期的学习情况，在班会上向同学们作一个介绍。

七、修改病文。

红石村委会第五次会议记录

地点：本村办公室

时间：2014年×月×日

出席：李福仁（党支书）　李春武（村长）及村委会全体委员、各村民小组组长，共××人

缺席：陈玉兰（党支部副书记，因公外出）

列席：黄景文（县水利局技术员）

记录：何永年（村委会秘书）

主持人：李春武

（一）讨论

（原记录按发言人先后次序摘要记录原话。此处从略）

（二）报告事项

1.党支书李福仁讲了在本村兴建小型水电站的重要性和迫切性，提出初步的设想；

2.县水利局技术员黄景文介绍了经过初步勘测的地质和水文（包括水量、流速）等情况。

（三）决议

一致同意兴建一座小型水电站，并作出以下几项决定：

1.领导问题：由村长、三个村民小组组长及各小组选出的三名代表共七人，组成领导小组，并由村长担任组长，主持、处理兴建电站的全部工作。

2.投工、投资问题：原则上由三个小组按受益情况分摊。村委会将从公积金中提取××××元作为兴建电站的经费。

3.做好准备工作：

①请黄技术员于半个月内做好选定坝址和渠道线路的测量工作；

②请村支书拟写报告，向上级申请供应炸药、雷管、水泥、发电机，并派人购买钢钎、八磅锤等急需物品。

4.开工时间：待测量工作结束后，即行开工。

记录人（签名）

主持人（签名）

八、召开一次主题班会，做好会议记录。

九、以学习小组为单位，各派一名代表为一次校会做会议记录，会后分组讨论、修改。

十、选词填空。

（CD、VCD、LD、DVD、DAB、DTV、MTY、ISBN、ISBN 7. NBA、WTO、e _ book、MPA、E－mail 、IP、IQ、IP 卡、B 超、EQ、WC、ADSL、PAS、3G）

(1)____：数字电视

(2)____：数字音频广播

(3)____：数字视盘（高密度激光视盘）

(4)____：镭射影碟

(5)____：影碟机（视盘机）

(6)____：唱机

(7)____：音乐电视片

(8)____：国际标准书号

(9)____：中国标准书号

(10)____：全美篮球协会

(11)____：以电子版的方式在互联网上出版、发行的书籍（购买者在网上付费后，通过电脑和便携式阅读终端下载和接收，从而实现阅读。）

(12) ____：电子邮件

(13)____：网络电话

(14)____：IP 电话卡

(15)____：智商（即智力商数。智商＝智龄÷实足年龄×100。智商为 100，说明其智力中等；智商在 120 以上的叫做“聪明”；在 80 以下的叫做“愚蠢”。）

(16)____：情商（心理学上指人的情绪品质和对社会的适应能力。）

(17)____：盥洗室；厕所

(18)____：B 型超声诊断的简称；B 型超声诊断仪的简称，利用超声脉冲回波幅度调制荧光屏辉度分布而显示人体断面像并从中获得临床诊断信息的装置

(19)____：公共管理硕士

(20)____：宽带网

(21)____：小灵通（电话）

(22)____：第三代移动通信技术

十一、将下列省、市、自治区的简称分别填写在括号内。

安徽（ ）	北京（ ）	重庆（ ）	福建（ ）	甘肃（ ）	广东（ ）
广西（ ）	贵州（ ）	海南（ ）	河北（ ）	河南（ ）	黑龙江（ ）
湖北（ ）	湖南（ ）	吉林（ ）	江苏（ ）	江西（ ）	辽宁（ ）
内蒙古（ ）	宁夏（ ）	青海（ ）	山东（ ）	山西（ ）	陕西（ ）
上海（ ）	四川（ ）	台湾（ ）	天津（ ）	西藏（ ）	新疆（ ）

云南（　）　　浙江（　）　　香港（　）　　澳门（　）

十二、请将下列几段话分别整理成具有可读性的会议记录文字。

（1）质量，很重要，黑白、彩色，我们厂生产的黑白电视机、彩色电视机，质量很重要，啊，很重要的事。近几年，我们厂的，质量，质量还要提高。我们厂的彩色、黑白电视机质量有提高，很不错，可是还不够，所以质量是很重要的。

（2）这几年，学生，我们学校的学生，成绩这几年比过去，比过去好一些，教学秩序也好一些，学习成绩也好一些了，教学秩序整顿好了，旷课的少了，迟到的，这个，也少了。学习，学生也努力一些了，为四化学习。总之，教学秩序、成绩都比前几年好。

（3）你是有言在先，你给是两种，对，一个是教员，对，一个是语文工作，这个做文字工作的，你都包括了。（提示：这是一个会议发言的开头，其中两个“对”是别人的插话。）

（4）一位方音很浓的学者作报告：“无论干什么都要当一回事　不是表面上随便表演一下　招呼人家　对于对方的亲切尊敬要在语言中表示出来　要诚于中而形于外（注：“诚于中而形于外”是一句很重要的话，旁边的同志怕大家听不懂，便用普通话将其重复一遍）　有一次么　有个有两个小学生来来来到我家里来　那么我说　我希望你们么有几点　其中一点呢　要讲礼貌　那么说礼貌　什么叫礼貌呢　我说　我现在说了　因为我这个话啊　这个普通话是太差太差了啊不及格的普通话　叫我对你们说　说不清楚的　我的话对大学生还勉强可以　啊　中学生已经不够　已经不行了　对小学生简直是　他听起来我是就是外国话　好像是这样　哈哈哈　呃嘿　啊　那么我说啊　你　请你　你你们去问老师　什么叫礼貌　我说希望你们啊一点　要有礼貌　那么我礼貌对你们要详细说呢　说出来啊你们也听不清楚的　啊　请你们去问老师　那么不知道老师怎么讲的么　我不知我不知道了　大家都有责任使讲礼貌形成一种社会风气　学生　教师　家长　社会上所有的人都要提倡礼貌　礼貌不是外表　不是脸上笑嘻嘻　话说得天花乱坠　要诚于中而形于外　彼此相处非常亲切　在一起没有什么不舒服的感觉”

第十一讲　宣传文书写作训练

【实训导航】

宣传文书是指为配合一定时期、一定主题的中心工作和任务，借助于一定的媒体向社会公众介绍某些人物、事件或相关知识以实现让人知晓为目的的一类文书。它对社会公众的思维方式、行为习惯及生产生活等各方面都能产生重要的影响。它包括消息、通讯、广播稿、新闻评论等。

【知识探究】

一、消息

（一）消息的概念

消息是对新近发生或发现的有新闻价值和社会意义的事实迅速及时、简明扼要的报道。因其在新闻诸文体中使用频率最高，使用数量最多，是新闻报道中最常用的文体，故人们常把消息称为“新闻”。

“新闻”这一概念有狭义和广义之分。狭义的单指消息；广义的指消息、通讯、报告文学、特写、评论等等。

（二）消息的特点

1.内容真实，事实准确

真实是消息的生命，是力量的所在。事实是它的本源，也是它令人信服的基础。真实，就是事实真实，所写的人物、时间、地点、事情发生发展的经过不能虚构。准确，就是每个事实，包括细节在内都准确无误。如果一条消息失真或有差误，不仅会降低其新闻价值，失信于民，而且还会损害党和人民的事业。

2.内容新鲜，有价值

新闻贵在新，而且有认识、启迪和指导意义。消息只有新，才能引起读者的注意，先睹为快。新，不仅要把新人物、新事件、新经验报道给读者。而且要选择有意义、有价值，给人以启迪，有指导性的事物。那种一味追求猎奇的“狗咬人不是新闻，人咬狗才是新闻”的观点，是我们所不取的。

3.迅速及时，有时效性

迅速是消息的价值，消息报道速度迟缓便会降低消息的价值，“新闻”变成了“旧闻”。时效，就是速度要快，内容要新。对新人、新事、新情况、新问题，要敏锐地发现，尽快地了解，迅速及时地反映。

4.简明扼要,篇幅短小

简短是消息区别于其他文体的主要标志。所谓“简短”,就是“三言两语,记清事实,寥寥数笔,显出精神,概括而不流于抽象,简短而不陷于疏漏”,用笔要简洁利落,内容集中精练。

(三)消息的种类

作为传媒中最常见的一种新闻形式,消息的类型比较多。消息的划分可以按报道的内容、领域或字数等,但我国新闻界的习惯分法,一般是按消息的写作特点和表达形式来划分。这样,消息的种类大体上有六种:动态消息、综合消息、经验消息、特写性消息、评述性消息和人物消息。

1.动态消息

动态消息是新闻媒介中最常见的一种消息,它是指报道当前发生、发现或正处于运动状态的具体事实的一种形式。动态消息又可以分为事件性和非事件性两种,前者是指报道一个单独的突发性事件,后者是指时间性相对较弱的新成就、新情况、新动向、新问题等。大量的非事件性新闻是我国新闻传播的一大特点,许多记者的高明之处就在于赋予非事件性消息以事件性,从而使新闻具有强烈的动感和可读性。

动态性消息一般都要求五个 W 和一个 H 俱全,一般都有导语、主体、结尾,必要时还要穿插背景材料。用尽可能短的篇幅把事实交代清楚是动态消息写作的基本要求。

动态性消息的写作同样必须有创新精神,不能认为单纯描述完事实就万事大吉了,而是应当贯穿“感人心者,莫先乎情”的美学原则。

2.综合消息

顾名思义,综合消息不是一事一地式的报道,它是一种报道面广、材料丰富、时效性较差的非事件性新闻。它反映的是全局性的情况、成就、趋势、动向和问题,“点”“面”结合,高度概括,善于分析,把握全局是这一消息形式的特点。

3.经验消息

强调指导性,重视典型的作用,把“拨亮一盏灯,照亮一大片”作为指导工作的方法之一,这是我国新闻事业的性质和任务所决定的。因此,经验消息就是极具中国特色的一种新闻报道形式。

4.特写性消息

特写性消息的特点就是“放大”和“再现”,相当于影视中的近镜头,它的效果就是用活生生的形象说话,让读者如临其境、如闻其声、如见其人。有人曾对这种体裁的写作要领作了这样的概括:反映现场气氛,捕捉逼真形象,抓住事物特征,注意情节高潮。

特写性消息是报纸在面临广播电视的巨大冲击时的应对手段之一。在时效性上,报纸无法与广播电视相比,但电子传媒转瞬即逝的特点,又使得报纸在现场感、细节等方面有充分的创造空间。因此,特写性消息具有十分鲜明的时代特点。

5.述评性消息

述评性消息也叫“记者述评”或“新闻分析”,是一种报道事实和评论事实兼而有之的消息种类。夹叙夹议,读后让人既有新知,又有新悟,是述评性消息的突出特点。西方新闻界称之为“新闻分析”,也有人将其归入新闻的边缘文体之列。林荣强认为:“述评性新闻是介于纯新闻和新闻评论之间的一种报道方式。”“述评性消息其实就是有记者直接议论的消息。它在写作形式上同一般消息没有区别,也由导语、背景、主体、结尾等几个部分组成。”述评性消息在写作上最大的特点就是夹叙夹议,甚至颇有些论文的味道。

6.人物消息

全面反映新闻人物的通讯有许多脍炙人口的佳作,如《县委书记的榜样——焦裕禄》等。而人物新闻则是主题更集中、时效更强、篇幅更短的一种消息种类。报纸上常见的人物新闻往往从某一个侧面去反映人物的性格、精神、境界等。

(四)消息的写作格式

写作消息要设想并回答读者问的问题,这些问题就构成了新闻五要素,即:When(何时)、Where(何地)、Who(何人)、What(何事)、Why(何故)。有的新闻学上补充了一个要素:How(如何)。在五个W和一个H中,最主要的是What(何事)、Who(何人)。写作时要认真写好这几个方面的内容。

只要我们用心分析一下报刊发表的消息,就会发现,消息的结构比较固定、简单,大多数消息的结构都是“倒金字塔”式的,即:最重要的材料放在开头,次要材料放在后面。消息的结构具体表现为:标题、导语、主体、结尾,并在文中穿插背景材料。

1.标题

标题是消息的眼睛,拟写得好,可以吸引读者;拟写得差,一篇好消息也会被埋没。可见标题有着向读者推荐的作用。

消息的标题必须简明、准确地概括消息内容,帮助读者理解报道的事实。消息标题有主题(正题)、引题(眉题)、副题(次题)三种。其中,主题概括与说明主要事实和思想内容;引题揭示消息的思想意义或交代背景,说明原因,烘托气氛;副题提示报道的事实结果,或作内容提要。

2.导语

导语是指一篇消息的第一自然段或第一句话。它是用简明生动的文字,写出消息中最主要、最新鲜的事实,鲜明地提示消息的主题思想。

导语的要求,一是要抓住事情的核心,二是要能吸引读者看下去。要做到第一条,必须具备训练有素的分析能力;要做到第二条,则要有写作技巧。

导语写作中的思维过程,通常是以作者的自问自答开始的:

①什么事情是已经发生的事件中最重要的?

②什么人参加进去了?——谁干的或谁讲的?

③是用直接性导语,还是用延缓性导语?

④有没有什么吸引人的词汇或生动形象的短语要写进导语中?

⑤主题是什么?什么样的动词能最有效地吸引读者?

以上五个问题中,第三个问题涉及导语的类型。那么,导语有哪些类型呢?

一类是直接性导语：直接写出事实的核心的导语。多是陈述性的像速记一样地反映事实。

另一类是延缓性导语：多用于“软”消息。即所报道的不是正在发展中的、变化中的或突发性的事件。它通常用来设置一种现场或创造某种气氛。多是解释性、说明性的。

导语的形式主要有：

①叙述式。用摘录或综合的方法，把消息中最新鲜、最主要的事实简明扼要地写出来。

②描写式。对消息的主要事实或某一有意义的侧面作简洁朴素而又有特色的描写，以酿成气氛。

③提问式。先揭露矛盾，鲜明地、尖锐地提出问题，再作简要的回答，引起读者的关注和思考。

④结论式。把结论写在开头，提示报道某一事物的意义，或目的，或总结。

⑤号召式。发出希望，提出号召，给读者指出方向和奋斗目标。

3.主体

这是消息的主干部分。它紧接导语之后，对导语作具体全面的阐述，具体展开事实或进一步突出中心，从而写出导语所概括的内容，表现全篇消息的主题思想。应按“时间顺序”或“逻辑顺序”写作，但仍然要先写主要的，再写次要的。

4.背景

新闻背景，是指事件的历史背景、周围环境及与其他方面的联系等。背景部分是对消息所报道的事件的历史条件和环境条件的补充说明材料。写新闻有时要交代背景，目的在于帮助读者深刻理解新闻的内容和价值，起到衬托、深化主题的作用。常见的背景类型有三种：对比性、说明性、注释性。

5.结尾

新闻的结尾有小结式、启发式、号召式、分析式、展望式等。这些结尾写作与一般记叙文结尾的写作并无大的不同，需要特别指出的是，有些消息没有必要刻意安插结尾，顺其自然即可。

(五)消息的写作要求

一是内容要新鲜，写作要快，讲究时效性；二是事实要准确，不能闭门造车，夸大虚空；三是要写得通俗、生动、形象，具有可读性；四是要对语言进行反复锤炼，讲究逻辑性。

二、广播稿

(一)广播稿的概念

广播稿就是为了广播需要而准备的文稿。

(二)广播稿的特点

1.通俗化、口语化

报纸是给人看的，广播是给人听的。看起来顺眼的文章，听起来不一定顺耳。看起来清楚的句子，说起来不一定好懂。再说，一个人在看报的时候，遇到不懂的字句，可以多看几遍，听广播就不行了，一句没听懂，另一句又播出来了。因此，写广播稿，一个很重要的要求，就是通俗化和口语化。

通俗，不是庸俗，而是要求朴素自然，不装腔作势。口语化，不是要滥用方言土语，而是要求写的稿子大家都能听得懂。口语化也不是照录说话，而是要简短精悍，合乎语法。

要做到口语化，一是用句要短，避免用长句。如："由于去年入冬以来，天气连续干旱，后来又遇上几次寒潮，结果麦苗长得又黄又瘦。"这就太长了。可写作"去年冬天受干旱和寒潮的影响，麦苗又黄又瘦"。二是不要使用文言句和倒装句。有些句子在报纸上适用，在广播里却不适用，要尽量不用、少用或者改写。如："全乡投入积肥造肥的劳力迅速由原来的两千九百人增加到四千人。"这句话里的"迅速"可以改成"很快就"。再比如"立即"一词，一般可以写成"马上"，有时候可以写成"立刻"；"因而"、"因此"、"由此"、"从而"，能不用的尽量不用；"从而"，有时候可以写成"这样就"；"地处"，可以写成"位置在"；"备足"、"备齐"，可以写"准备好了"或"准备齐了"；"降雨"，有时不如写成"下雨"；"降雨量"，是个专用名词，可以不用……。

三是同一个意思有几个词都可以表达的，尽量选用能使人一听就懂的词。如"东方泛白"，不如写成"天刚亮"；"中国乒乓球队跟日本队明天比赛"，有人写成"对垒"、"交锋"，就不如"比赛"通俗易懂。

四是不该省的字不要省。如"已经在"，不要写成"已在"；"并且在"，不要写成"并在"；"应该做"，不要写成"应做"；"但是为了"，不要写成"但为"；"同期"，最好写成"同一时期"；"婆媳之间"，最好写成"婆婆和媳妇之间"……这样写，听起来更清楚。

五是音同字不同的字和词要分清。如"全部"，容易听为"全不"，不如写成"全都"，"喉头"跟"猴头"分不大清楚，写成"喉咙"更好。

六是受地区限制，尽量不用或少用方言和土语。如"阿拉"（上海话），要写成"我们"；"商店"与"店铺"是一回事，还是写成"商店"好。

七是尽量不用简称。如"六届人大"、"农林站"、"血防站"等，最好用全名。

八是有些标点符号，在广播中一定要想法用文字表达出来。写稿时对某些词语打个引号，以表示相反的意思，可是在广播里就听不出来。如："这就是地主办的'慈善事业'"，会让人听成是肯定的意思；应加个"所谓"，以"所谓慈善事业"来区别。还有括号，也不易听出，最好不用，或者改写。

九是有些难懂的、文绉绉的成语，最好不要用，或者根据它的意思改写，但不能简单化、庸俗化。当然，有很多成语实际上已经成为习惯用语，完全可以不改。如"大公无私"、"以身作则"、"热火朝天"等。

以上所举的例子，都是说明怎样"说来上口"，"听来顺耳"。"上口"、"顺耳"都是为了让大家听懂广播的内容，并不单纯地为了广播的口语化而口语化，还要从广播稿的内容出发来遣词造句，绝不能因词害意。

2.新、快、短

新。即要报道"新近发生的事情"，杜绝那些"最近"、"不久以前"、"自……以来"一类的旧闻和“迟到消息”。要理解新精神，研究新情况，抓住新问题，传播新经验，宣扬新人物，给听众以新的观点、新的启发。如春节报道，按过去的惯例，都要报道市场供应情况，其内容往往是讲市场供应如何安排、商品如何琳琅满目等等。当然，这些报道是需要的。问题是如果年年都这样，千篇一律，没有个性，那就太乏味了。为了使今年春节的市场报道不一般化，报道人根据今年纺织品调价后给人们衣着上带来的变化，采写了“新春换新装，今年更多彩”的市场见闻。从新年穿新衣不算新闻说起，讲到今年春节人们穿化纤的多了。这就比一般化的报道有了改进，立意较新，表现手法也较新。

快。所有的宣传都要求快，而作为广播，就应该特别快，更要先“声”夺人。否则，就会丧失广播的优势。广播工作者的时效观，不能只是“昨天”、“今天”，而应该是“几点”、“几分”、“几秒”，力争多播出“刚刚收到的”和“……正在进行的”消息。以 1981 年中国女排夺魁的消息为例。当时，卫星转播时间到了，电视却转不出，广播工作者就争分夺秒，用最短的时间，在当晚零点就把中国女排夺得冠军的消息播了出来。

短。广播新闻和评论要短，广播通讯报道也要提倡短小精悍，在有限的时间内，为听众提供尽可能多的信息。“短”和“广”是互相结合的，稿件要尽可能把那些空话、大话、套话以及不必要的背景、过程和作者自己的抽象语言删去。

（三）广播稿的种类

1. 录音讲话

录音讲话（包括录音座谈会），是直接广播人民群众和各级负责同志声音的一种重要广播报道形式。它或者是在一定会议上的讲话，经录音以后播出；或者是由记者、通讯员邀请各条战线的先进人物、先进集体的代表讲话、开座谈会，经录音以后播出。录音讲话的优点，是能直接表达出讲话人的思想感情，富有感染力。录音讲话要求有感情、自然、口语化，一般要先准备好文字稿，录音后再加以整理。

2. 录音报道

这是以新闻发生的现场音响和记者的叙述（或写成文字稿由播音员播读）为手段的一种广播形式。它给人以强烈的现场感，听其言，闻其声，如临其境。录音报道受题材和条件的限制比较大，凡是缺少现场音响和捕捉不到典型场面的事物，就不适宜采用录音报道。

（1）录音新闻

这是一种比较简短，时间性很强，利用现场音响进行报道的广播形式。它应该具备广播新闻所具备的一切要求。报道的事实必须具有新闻性，必须具有音响场面。

录音新闻由文字新闻演变而来，它要求简短、精悍、迅速、及时。结构上同文字新闻差不多，一般也有导语、主题、结尾，背景材料可有可无。这种形式宜于报道各种重要会议的开幕、闭幕，或重要工程开始和完成的消息；工农业生产和其他各条战线的新成就；国家或民族间的外交活动等等。

录音新闻是由音响和文字两部分共同来表现主题的。因而，除了一般新闻稿件写作的基本要求之外，还必须注意文字和音响之间的配合。

音响和文字的关系不是简单的混合，而是有机的结合。内容上互为作用，风格上协调和谐。音响和文字互相配合，相得益彰，组成一个完美的作品。一般地讲，通常是文字引出实况音响，或者实况辅以文字叙述。凡是音响能够说明问题的地方，就不要用文字。由于音响是客观存在的，要使音响与文字配合得好，写稿时要认真听音响的实况，特别是听人物讲话时要注意人物的语气、内容、情绪，以便使文字的描写接近现场音响。这种形式，比录音新闻及其他形式的录音报道要简单得多、迅速得多、亲切得多。

(2)录音通讯

这是一种运用典型音响进行报道的广播通讯。它跟文字通讯一样，不仅有一般过程的叙述，还有一些生动场面和细节的描述。要求有比较丰富的音响材料，包括人物讲话录音、人物活动以及一些生动场面的实况音响。这种形式适合报道典型事件，宣传英雄模范人物和集体的先进事迹，反映祖国在四化建设中出现的新面貌。

录音通讯所反映的问题，比录音新闻要细致深刻，应用范围也广。它可能是一条录音新闻的更系统的报道，也可能是记者以目击者的身份对一件事物的发生和成长过程的报道，还可能是围绕着一个人物活动和一个特定的地方所形成的报道。这种形式十分灵活，它还可以包括运用现场音响素材的访问记、游记、巡礼等形式。

(3)录音访问

这是利用录音手段进行访问、谈话的一种形式(包括《答记者问》)。有时候由记者在前面加一点简短的介绍和说明；有时候开门见山直接进行访问谈话；有时候在谈话中间插介绍。

这类形式，通常是记者提出问题，请有关人员发表意见，回答问题。除了谈话以外，一般不用任何题外描写和其他背景音响。这种报道篇幅短，主题集中，有针对性，是一种制作较为简便而又受听众欢迎的广播形式。

3.配乐广播

这是根据稿件内容，配上适当的音乐或音响效果，与文字混播的一种广播形式。采用这种形式，主要是为了烘托气氛，增强感染力，以加深听众的印象。就报道本身讲，它是文字报道，但是所配的音乐或音响效果不一定是现场实况，而是配上去的，所以称“配乐广播”(或称“配间广播”)，以示与录音报道有所区别。

4.广播对话

这是通过对话讨论问题，讲解事情的一种广播形式。在广播对话中，播音员像拉家常那样，亲切平易地进行谈话，既生动活泼，又通俗易懂。它适合于对某种不正确的思想倾向进行思想教育，具体地宣传党的方针政策或通俗地讲解一些科学知识等。

5.广播新闻评论

这是一种专供广播新闻使用的新闻性评论，是受报纸评论的影响，逐步发展起来的。广播评论的写作，要求与报纸评论相同，所不同的是它的广播特点：用语要通俗、浅近，让人一听就懂。

6.重大集会的实况广播

如群众集会游行、欢迎友好国家的使者或政府首脑的大会、重大节日、庆祝大会、联欢大会的实况广播等。在通常的情况下，除盛大节日游行要有解说词外，一般只要会前作简短介绍，集会后说几句结束语，而对集会过程中的情况，就完全转播现场实况。

7. 重要文艺、体育表演活动的实况转播

对戏剧的实况广播，要对剧情、人物作扼要的介绍。对球赛的实况转播，主要情况要靠记者采访和解说员在现场进行解说。有时也可以在实况广播的时间内进行实况录音，以后再剪辑播出，这种形式叫“录音剪辑”。运用剪辑的方法，还可以广播电影，这叫“电影录音剪辑”。

（四）广播稿的写作要求

1. 通俗口语化

①多用短句，少用或不用长句。

②少用方言、土语，尽量不用群众不熟悉的简化词或简称。

③少用书面词汇、文言词汇和单音词。

④不宜用小括号、破折号、省略号。

2. 结构简洁

①突出句子的主干，不滥用不必要的附加成分。

②用准确的词贴切地表达要说的意思，不说空话、套话。

③不用倒装句，不用倒叙和插叙。广播稿的叙事，一般按事物过程的发展顺序，因为这样顺乎人们听的思路和习惯。

3. 生动活泼

①采用多种写作方法，避免单调乏味。

②句式富于变化，运用设问、排比、对偶等句式，使文章有文采；适当选择主动句、被动句、肯定句、否定句等句式，使文章有感染力。

③具体的事例比抽象的议论更能吸引听众的注意力。

4. 主题单一集中

开头要吸引观众，主体要设计悬念，结尾要不落俗套。

5. 音调和谐

广播稿要避免连续出现仄声字，平仄声要互相交错、配合得当，读起来就会抑扬顿挫，悦耳动听。

【示例借鉴】

重庆市长：让年轻人工作 10 年就能买房

王鸿举接受境内外 30 余家电视媒体集中采访，当有记者问及备受关注的打黑行动时，王鸿举表示，平安重庆构成有 3 个系列：一是依法惩治各种犯罪活动；二是大量人民内部矛盾要处理，我们用干部大下访方式解决过去群众多年申诉应该解决而未能解决的问题；第三方面是交通安全、生产安全、社会安全问题。

谈打黑　拔出萝卜带出泥

“打黑除恶属于第一个领域，违法犯罪都在我们的惩处之列。”王鸿举说，经济社会发展到一定程度的时候，比如国际上公认人均收入2000～5000美元阶段，是各种社会矛盾高发期。在这个高发期，经济社会发展迅速，而制度管理、体制建设尚未跟上，就可能出现黑恶势力。

“打击黑社会必然‘拔出萝卜带出泥’，对于黑恶势力，我们是见黑就打，露头就打。”王鸿举介绍，到目前为止，已查出50多个司法干部涉黑，其中包括少数厅局级干部。凡是被带出的“污泥”，重庆都会依法惩处。

谈宜居　工作10年能买房

“8000亿元进行宜居重庆的打造。”王鸿举表示，“五个重庆”的建设，正在全面建设，宜居重庆是其中非常重要的一部分。打造宜居重庆，就是要让老百姓有房子住。特别是年轻人，经过自己的努力，10年内能买到称心的住宅，让近乎百分之百的人都住在带有厨房和卫生间的房子里，周边也有理想的环境。

“需要8000亿来完成，其中政府投入3000亿，其余5000亿主要通过市场化的方式来实现。”王鸿举介绍，政府投入的3000亿资金中，中央拨付的专项资金占一半。

谈外资　重庆有独特优势

“去年重庆投资环境差不多翻一番，实际利用外资是27亿美金。”王鸿举表示，今年可望突破36亿美金。

王鸿举认为，重庆有三大独特优势能吸引大企业。一是重庆享受西部大开发的政策支持；二是重庆的水、电、气、土地等生产要素成本大体上相当于沿海地区的60%，而且供应比较充分；第三是作为西部地区重庆有一个特殊优势就是母亲河长江，重庆水运成本低廉，而且库区通航后，重庆到宜昌的水运时间缩短了一半。

谈健康　重庆平均寿命76.3岁

“已提高了4次。”王鸿举表示，还将继续提高我市的医保水平。他称，重庆人的寿命高于全国73岁的平均寿命，达到76.3岁，但孩子的身高不足。现在，我市出台相关政策，把学生的体育课，由每周两节，增加到每周四节，让孩子每天有1小时的体育活动。

【评析】这篇消息针对社会热点问题——买房问题设置标题，引用重庆市长王鸿举言论“年轻人工作10年就能买房”，惹人眼球，达到吸引读者的目的。导语主题鲜明，直指平安重庆涉及的3个问题：依法惩治各种犯罪活动的问题；处理人民内部矛盾的问题以及交通安全、生产安全、社会安全问题。主体部分围绕4个小问题展开，而且每个问题都设置一个小标题，每个小标题均概括了重庆市长王鸿举谈话的重点。这则消息结构明了，思路清晰，堪称综合消息的典型。

防灾减灾知识宣传

各位老师同学，下面是校园广播进行防灾减灾、自护自救知识宣传。同学们不会忘记今天是5月12日，是汶川同胞遇难日。首先我要告诉大家的是经国务院批示，将今天确定为我国第一个“防灾减灾日”，也就是今后每年的今天就是“防灾减灾日”，希望大家要高度重视，做好宣传。下面我给同学们介绍地震及应急逃生相关知识。

一、地震：由于地球不断运动和变化，地壳的不同部位受到挤压、拉伸、旋扭等力的作用，逐渐积累了能量，在某些脆弱部位，岩层就容易突然破裂，引起断裂、错动，于是就引发了地震。地震由于相对“频繁”，造成的危害也更大。

二、地震一旦发生，首先要保持清醒的头脑，及时判别震动状况，千万不可惊慌失措。总之，震时可根据建筑物布局和室内状况，寻找安全空间和通道躲避，减少人员伤亡。震时就近躲避逃生，震后迅速撤离到安全地方，这是应急避震较好的办法。破坏性地震从人感觉震动到建筑物被破坏时间很短，如果人身处平房，可以迅速跑到门外。如果身处楼房，千万不要跳楼，这一点极为重要。其次，可躲避在坚实的家具下，或墙角处，亦可转移到承重墙较多、开间小的厨房、厕所去暂避一时。因为这些地方结合力强，尤其是管道经过处理，具有较好的支撑力，抗震系数较大。暂避到洗手间等跨度小的地方，震后迅速撤离，以防强余震。

在地震中，不少人并没因房屋倒塌而被砸伤或挤压致死，而是由于乱冲乱撞，乱喊、乱叫，在极度恐惧中“扼杀”了自己。这是因为，乱喊乱叫会加速新陈代谢，增加氧的消耗，使体力下降，耐受力降低；同时，大喊大叫，必定会吸入大量烟尘，易造成窒息，增加不必要的伤亡。正确态度是在任何恶劣的环境，始终要保持镇静，分析所处环境，寻找出路，等待救援。

三、如在街道上行走时遇到地震发生，应用手护住头部，迅速远离楼房，到街心一带。如在郊外遇到地震，要注意远离山崖，陡坡，河岸及高压线等。正在行驶的汽车和火车要立即停车。

四、如果不幸被废墟埋压，要尽量保持冷静，设法自救。无法脱险时，要保存体力，尽力寻找水和食物，创造生存条件，耐心等待救援。

下面由各班主任向学生介绍应急逃生路线及逃生应注意事项……

【评析】这是“5·12”地震后，学校进行防灾减灾知识宣传的广播稿，该广播稿采用广播对话的形式，口语化色彩浓重，采用了与听众沟通交流的语气，互动性强，能够达到宣传教育的目的。

运动之歌

风对我耳语：“运动是我这样的轻盈岁月！”艳阳下的歌，朝阳的金色洗亮了跑道，青春的旋律谱成了这首歌，充满激情的心是这首歌的音符，花季的少年火热的心，永远的真诚不变的心，你的身影是跑道上的风景，矫健的步伐迈出你的自信，听，我们都在为你喝彩,"加油",不能表达我们的激动。胜利的橄榄枝,黎明前黑暗的苍穹繁星点点,普罗米修斯将体育的圣火点燃,随着一道霞光,运动的火焰升腾在奥林匹亚山。今日的健儿们,英姿勃发、志存高远,精神饱满地将目光凝聚在终点线。努力吧,拼搏吧,奋斗吧,女神将献上胜利的橄榄枝编成的花环。

【评析】这是一个运动会的广播稿。广播稿的写法和新闻的写法基本一致,只不过广播稿更短小精悍,一般要求用口语、尽量少用书面语,要和平常说话一样明白,尽量用一些语音响亮、不拗口、优美形象、易记易懂的词句,防止同音相混现象,尽量用双音节词。广播稿尽量用结构简单、通畅易懂的短句,不用带特殊用法和含义的标点符号。

【综合训练】

一、评改例文。

1. 下面这篇报道的导语存在问题,试做分析并修改。[附原文]

深圳职称评审有重大改革

优秀专业人才申报高中级职称不受外语学历资历限制

本报深圳七月十三日电(记者易运文) 据深圳市职称管理办公室透露,从今年起,深圳市专业技术资格评审工作将进行重大改革,对部分高中级职称评审、申报开辟"绿色通道",可不受外语、学历、资历等条件限制,直接由市职称管理办公室随时受理相应的中、高级职称申报,初级职称不再评审,全部实行考核认定,以便更好地为有突出贡献的或成绩显著的专业技术人才服务。

深圳市职称管理办公室的人士指出,所谓"绿色通道",即指凡是国家、省部级自然科学奖、科技进步奖、发明奖、优秀设计奖获奖项目的主要完成人;获得国家发明专利、实用新型专利的主要完成人;获得国家、省科技成果的主要完成人,可不受学历、资历、外语等条件限制,直接由市职称办公室随时受理相应的高、中级职称申报。每年也不再局限于原来的唯一的一次机会。同时,深圳市还将重组职称评审委员会,设立评委专家库,适当增加高新技术企业的专家和年轻专家加入,并在评审时随机抽取各学科专家当评委。(原载《光明日报》2002 年 7 月 14 日)

2. 下面一则消息的导语的写法比较规范,请略作分析。

本报讯:昨日从市新华书店教材发行部门获悉,我市 200 多所中、小学新学期所需 140 余万册教材已全部到位并分发至各校。13 日各校开学,学生即能使用新课本。

今年春季教材到货较晚,70%的课本都集中在元旦以后抵锡。市新华书店教材发行部门的 6 位同志克服人手少、工作量大的困难,提货、运输、清点、分类,并分发各校,在短短一个月时间共分发教材 140 余万册。

二、为了使新闻播报更加平易自然,编辑准备在每条新闻之间加上一些承上启下的话。请你帮助他们在下面三条新闻之间,设计两段这样的话。要求衔接自然,转换巧妙。

①沈阳人要不了多久将有第二个"身份证",因为沈阳市公安局将把市民的指掌纹集

中起来，建立全民指掌纹数据库。(《华商晨报》)

②上海市灾害天气预警信号发布制下月开始实施，凡遇有台风、暴雨、高温、低温等灾害性天气，上海市中心气象台将统一发布预警信号，以便市民及时调整衣食住行等活动计划。(《解放日报》)

③发生在广东揭东县、湖南武冈市、安徽马鞍山市雨山区和新疆生产建设兵团农12师的4起高致病性禽流感疫情已被扑灭，昨天疫区封锁被解除。(新华社)

三、用一句话概括下面新闻材料的主要内容(不超过20字)。

新华网联合国2004年1月19日电　联合国秘书长安南19日在这里与应邀到来的美国负责伊拉克战后重建事务最高文职行政长官布雷默和伊拉克临时管理委员会代表团举行会谈。安南会后表示，将考虑派遣联合国工作人员重返伊拉克。

安南说，在联合国决定向伊拉克派遣工作组前还要做“进一步深入的讨论”。此外，联合国还将研究今年7月1日美英占领当局向伊拉克人移交主权期限之前举行直接选举的可能性。

布雷默对媒体说，他与安南的谈话令他“感到鼓舞”。参加会谈的伊拉克9人代表团由临管会本月轮值主席帕沙希率领。美国中东问题特使伯恩斯、美国负责国际组织事务的助理国务卿金·霍姆斯，以及英国驻伊拉克大使格林斯托克等美英官员也参加了会谈。

四、阅读下面的材料，写出概括性的标题，不超过15个字。

前一段时间，辽宁大连市旅顺口区一些中小学的周边环境和治安状况令老师们大蹙眉头，不法分子在学校周围向学生兜售有淫秽或不健康内容的书画、音像制品，还有的把电子游戏厅开设在学校周围……日前，旅顺警方重拳出击，对滋扰学校的不法分子给予坚决打击，对学校周边的各种摊点彻底加以清理，对电子游戏厅一律取缔。通过整顿，现在全区56所中小学校园秩序井然。

五、下面是报道第45届世乒赛的一条消息，根据内容，为这条消息配上一单行标题，要求是宽泛意义上的对偶句，不超过16个字。

在今天进行的第45届世乒赛小组预赛中，上届男团亚军法国队以0:3负于中国台北队，爆出冷门。法国队老将盖亭、希拉、埃洛瓦先后上场，但都发挥欠佳，遭遇到最惨重的失败。中国男女队分别迎战西班牙和荷兰队均未遇到有力的抵抗，都以3:0轻取对手。

六、根据下面这则新闻内容，将这则新闻的结语补充完整。

南方网讯 至6月4日，三峡工程蓄水进入第四天，越来越多的漂浮物，在库区水面成片聚集，给三峡大坝垃圾清理工作带来巨大压力。自秭归县凤凰山顶放眼望去，一条条长短不一的垃圾带和一片片面积不等的漂浮物明显可见，形成一道道与峡江平湖美景极不谐调的“另类风景”，向库区上游延伸。附近居民告诉记者，大坝蓄水后，江面的漂浮物日益增多，主要是一些生活垃圾、工业废物和牲畜尸体等。这些漂浮物不但污染环境，而且易使三峡发电机组进水口拦污栅破损、破裂，威胁发电机组安全，降低发电效益。不少有识之士强烈呼吁：____________。

七、请在下面横线上补写这则消息的导语。

抗日战士聚徐州

本报讯 今天是徐州沦陷纪念日。

记者了解到，9名老人分别来自上海、北京、镇江、济南、南京、长沙等地，但都是徐州籍，年龄最大的86岁，最小的也已83岁。值抗日战争胜利60周年之际，老人们相约在徐州沦陷日前夕，相聚到徐州，重话昔日的峥嵘岁月，再游当年生活、战斗过的地方。

前日上午，他们参观后感叹徐州的变化太大了。这些耄耋老人谈起徐州沦陷前后的战斗经历，激昂慷慨，还激动地唱起了《救亡军歌》。

八、下面一个长单句不便于广播，请将它改成适合广播的一段话。

要求：①分成四个短句；②每句包含一个要点；③句与句之间要连贯。

一座缩短了从淮南市到淮北市几百公里路程的淮河铁路公路两用大桥今天在省委领导同志参加下举行了通车典礼。

九、请修改下面的广播稿。

1.(　　)句中有一个词语使用不当，有一个错别字，请分别找出并改正。

2.(　　)句是病句，指出病因并修改：(　　)

广播稿：(第一句)昨天下午，七年级五班组织了"放飞理想"主题班会活动，教室里热闹非凡。(第二句)在阵阵掌声伴着欢快的笑声里，学生们先后上场，尽情表达自己的特长，倡谈自己的理想。(第三句)有的同学大方地走上来，深情款款地朗诵着；有的同学则把自己的满腔热情，借着笔墨，尽情挥洒成心爱的书法作品，献给大家……(第四句)这场班会课不是学生才艺与特长的展示，就是他们理想和心情的放飞。

十、广播稿要求通俗，让人一听就明白。下面是登在报上的一则"业务通告"，如把它改成广播稿，最需要改动的两处是(　　)。

为满足用户的需要，我分局已购进大批量手提电话(大哥大)。凡今年已交费的用户，均可前往陵园西路1号之1广州市电信局无线电器材营业处办理领机手续。

A.(大哥大)凡　　　　B(大哥大)均

C.均1号之1　　　　D.凡1号1

十一、写广播稿要突出听觉语言的特点，防止同音相混，要口语化，尽量少用书面语言和结构复杂的长句。用标点表达的意思，要改用文字表达。试将下面例句改成适合广播稿用的语句。

1.这种所谓"文明惩罚"，有时候会叫你继续到两个小时以上。

2.这些产品全不合格。

3.出席讨论会的有省劳模傅昌旺(山西矿务局)、刘栓壁(灵邱县)。

4.如果想对中国古代史的史料有一个初步的了解，可以参阅《四库全书简明目录》(1957年古典文学出版社)史部的有关部分。

5.书中错误纰漏在所难免。

6. 我凭舷远望，江水滔滔。

7. 他做木工活业已驾轻就熟。

8. 书目——打开知识宝库的钥匙。

十二、校运动会中，机电一班的张明同学在 4×100 米接力赛中跑最后一棒，当第三个同学跑完后，机电一班位居小组第三，大家都对张明寄予厚望。果然，张明接棒后如离弦之箭，奇迹般地追上了第二名，眼看就要追上第一名了，却在离终点 10 米处一个趔趄，失去重心，跌倒在地……请你写一份不超过 100 字的广播稿，表达你的看法和感情。

十三、下面广播稿中画线的句子表达欠简明，请给予修改(不超过 60 字)。

今天下午在学校礼堂举行了为希望工程筹款的文艺义演。这场义 演由学校团委会组织，由学生艺术团和教工合唱团联袂演出。演员的演出十分精彩，会场的气氛也十分热烈。全校 200 多名教职工和 2000 多名学生都踊跃捐款、捐物。据组织者的初步估计，这次由学校团委和学生会组织的希望工程筹捐的文艺义演将会筹到 3 万多元和一批图书文具。最近将会把这次义演筹得的 3 万多元捐款和图书文具一并转送到清远市的希望小学。到发稿时，义演刚刚结束，已共筹得捐款 3 万多元及图书文具一批。

十四、电台计划播送旅游天气预报时，在各条信息之间加上一些衔接的话，以增加知识性、趣味性和人文性。请你在下面的天气信息之间，为电台设计两段这样的话。

三亚(海南)　　晴　　24～32℃

①＿＿＿＿＿＿＿＿＿＿＿＿＿＿＿＿＿＿＿＿＿＿＿＿＿＿＿＿＿＿

漠河(黑龙江)　小雪　　－22～4℃

②＿＿＿＿＿＿＿＿＿＿＿＿＿＿＿＿＿＿＿＿＿＿＿＿＿＿＿＿＿＿

大理(云南)　　多云转小雨　12～24℃

第十二讲　专业文书写作训练

【实训导航】

本讲主要介绍学习诉讼文书、经济合同两种专业文书，其中诉讼文书学习民事起诉状和民事上诉状。通过学习、训练，旨在帮助中职生了解这两种专业文书的应用范畴、基本格式和写作要求，学会写作这两种文书。同时让中职生掌握一定的法律知识、合同知识，增强他们的法制意识和法律观念，为在今后的法律活动和经济活动中自觉地履行自己的义务，获取并维护自己的合法权益。

【知识探究】

一、诉讼文书

（一）民事起诉状

1.概念

民事起诉状是指民事原告为了维护自身民事权益，在自己的民事权益受到侵害或与他人发生争执、纠纷，依据事实和法律向人民法院提起诉讼，要求依法裁判时所提交的诉讼文书。

民事案件的当事人，可以是自然人，也可以是法人。

2.特征

(1)原告必须与本案有直接利害关系；

(2)必须有明确的被告和具体的诉讼要求及事实根据；

(3)起诉的案件应属于法院的职权和管辖范围。

3.格式与写法

民事起诉状由首部、正文、尾部和附项组成：

(1)首部

①标题。首页上方居中写上"民事起诉状"或"民事起诉书"。

②当事人的基本情况。原告的基本情况，若为公民，则写其姓名、性别、年龄、民族、工作单位、职业、住址、身份证号、联系方式等；若系法人或者其他组织，则写明单位名称、所在地地址及法定代表人或者主要负责人的姓名、职务、联系方式；被告的基本情况，写法同原告。

(2)正文

正文是起诉状的核心部分。包括以下几项必备的内容：

①诉讼请求。诉讼请求是原告通过人民法院向被告所主张的具体权利，具体表现为

原告提起诉讼的目的和要求，即要求人民法院依法解决原告要求的有关民事权益争议的具体事项。诉讼请求要明确、合法、具体、简明扼要，切忌含糊、笼统。

②事实与理由。这是起诉状的主体部分，是请求人民法院裁判当事人之间权益纠纷和争议的重要依据。首先，应写明当事人双方纠纷的具体情形或被告的侵权事实，要把争议的起因、地点、经过、现状，特别是争议的焦点写清楚；然后，依据事实，分析出双方纠纷的性质，被告所应承担的民事责任；写清楚诉讼请求的政策和法律依据，分清是非责任，以论证其诉讼请求的合情、合理、合法。

③证据。写明向人民法院提供的能够证明案情的证据的名称、件数或证据线索，及证据来源。有证人的，应写明证人的姓名和住址等。这一项目，可以单列，也可以结合叙述案情事实，边叙事实边举证。在正文结束前，通常要写上“根据法律有关规定，特向贵院提起诉讼，请依法公正裁判”。

(3)尾部

①致送人民法院的名称。“此致”、“××人民法院”。

②起诉人签名。如果是法人应加盖公章。如果委托律师代为书写起诉状，可在原告签名下方写上代理律师的姓名及其所在的律师事务所名称。

③起诉日期。

(4)附项

①本诉状副本×份(按被告人数确定)。

②物证×件。

③书证×件。

④证人姓名、住址。

(二)民事上诉状

1.概念

民事上诉状是指民事案件的当事人，有独立请求权的第三人或他们的法定代理人在上诉期限内对地方各级人民法院的第一审判决或裁定不服，依法请求上一级人民法院撤销、变更原审裁判而写的诉讼文书。

2.特征

(1)必须是民事诉讼的当事人及其法定代理人提起的，别人无权提起；

(2)必须是对地方各级人民法院第一审裁判不服所提起的；

(3)必须依照法定程序和期限，向制作第一审裁判的上一级人民法院提起上诉。

法律规定：当事人不服地方人民法院第一审判决的，有权在判决书送达之日起15日内向上一级人民法院提起上诉。当事人不服地方人民法院第一审裁定的，有权在裁定书送达之日起10日内向上一级人民法院提起上诉。

3.写法与格式

民事上诉状由首部、正文、尾部和附项组成：

(1)首部

①标题。首页上方居中写上“民事上诉状”。

②当事人的基本情况。

上诉人的基本情况，写明上诉人的姓名、性别、年龄、民族、职业、工作单位、住址、身份证号、联系电话等；上诉人若系法人或者其他组织，则写明单位名称、所在地地址及法定代表人或者主要负责人的姓名、职务、联系方式等；

被上诉人的基本情况，写法同上诉人。

特别注意：在当事人称谓上，应标明他们在原审的诉讼地位。如“上诉人(原审被告)”或“被上诉人(原审原告)。

③案由。

依次写明案由、原审人民法院名称、原判决或裁定时间、文书的字号以及裁判文书名称，作上诉的表示等内容。一般写作“上诉人因××一案，不服××人民法院于×年×月×日×字第×号民事判决(或裁定)，现提出上诉，上诉的请求和理由如下：”

(2)正文

①上诉请求。这是上诉状的重要组成部分。上诉请求的内容应当概括地、准确地、有针对性地请求第二审人民法院撤销(一部分或全部)、变更原审判决或裁定，或请求重新审理，要写得明确、具体、详尽。

②上诉理由。这是上诉状的核心部分，根据具体情况从三个方面或其中之一来阐述：一是认定事实方面。认定事实不实、不清、不准、不当甚至全部错误；二是适用法律方面。适用法律条文不当或错误，定性不当；三是适用诉讼程序方面。认为原审裁判违反民事诉讼程序。最后重申上诉请求：“综上所述，上诉人认为，一审判决中事实认定不清，证据不足，且缺乏必要的法律依据和根据。为此，特向贵院提起上诉，请依法作出公正裁判。”

(3)尾部

①致送人民法院的名称。“此致”、“××人民法院”。

②上诉人签名：如果是法人应加盖公章。如果委托律师代为书写上诉状，可在上诉人签名下方写上代理律师的姓名及其所在的律师事务所名称。

③上诉日期。

(4)附项

①上诉状副本×份。

②书证×件。

③物证×件。

④证人姓名、住址。

(三)民事起诉状、民事上诉状的区别

1.诉讼程序上。民事起诉是向一审(地方各级人民)法院提出；民事上诉是向一审法院的上一级提出，上一级法院必须受理，作出二审判决或裁定。

2. 诉讼时效上。民事起诉是就已经发生但未超过诉讼时效的民事案件向一审法院提出；民事上诉是对未发生法律效力的判决或裁定不服提出的，有时间限制。

3. 诉讼内容和写作角度上。民事起诉是把被告的侵权行为或民事纠纷和客观事实陈述清楚，请求法院依法追究其民事责任，维护原告的合法权益。民事上诉是对一审判决或裁定不服提出的，拟写时针对原审在认定事实、定性、适用法律或诉讼程序等方面的错误提出请求撤销或变更原审裁判，或重新审理，原被告双方都可以上诉。

二、经济合同

（一）概念

经济合同是指平等民事主体的当事人之间，为实现一定的经济目的，明确相互权利义务关系而订立的书面协议。经济合同依据当事人权利义务关系的不同分为：购销合同；建设工程承包合同；加工承揽合同；货物运输合同；供用电合同；仓储保管合同；财产租赁合同；借款合同；财产保险合同；科技协作合同等。

《合同法》规定经济合同的基本条款有：1. 标的；2. 数量和质量；3. 价款或酬金；4. 履行期限、地点和方式；5. 违约责任。

（二）格式和写法

合同通常分为标题、约首、正文、约尾等四大部分：

1. 标题

合同首页上方居中，通常有两种写法：一是合同性质＋文种：如“租赁合同”、“借款合同”等；二是合同标的＋合同性质＋文种：如“苹果买卖合同”、“建筑安装工程承包合同”等。

2. 约首

一般注明合同编号、签约时间、签约地点。合同没有编号的，签约时间和签约地点放在合同签署后面（约尾）。

当事人的名称或者姓名和住所，为行文方便，当事人名称或姓名可简称为“甲方”、“乙方”，或“供方”、“需方”，或“出租方”、“承租方”等。

3. 正文

（1）开头语

用极简洁的语言写明双方订立合同的原因、目的或依据，说明经双方协商一致，签订该合同。如：“为了……（目的），经双方协商，签订本合同”，或写成“根据……（法规）的规定，经双方协商，特订立此合同”。

（2）主体

此部分应写明双方协议的主要条款，其一为法定条款：①标的；②数量和质量；③价款或者报酬；④履行期限、地点和方式；⑤违约责任；⑥解决争议的方法。其二为约定条款。

(3)订立合同的有关事项说明。

4.约尾

内容有四部分:一是双方当事人签名、盖章;二是双方地址、电话、电挂、传真、邮编;三是开户银行及其账号;四是必要时双方可请公证或鉴证机关,应签名盖章。

(三)写作要求

1.内容完备,条款齐全

合同一经签订,对双方都具有法律效力,任何缺陷、疏漏,都可能给合同履行带来麻烦,甚至造成经济损失。

2.语言准确,表述周密

合同语言表述要周到、严密、明白无误,不要含糊笼统、造成歧义。不然,小则引起争议,不能顺利履行;大则造成重大损失。

3.格式规范,文面整洁

正确使用字词和标点,字迹清楚、工整,不可多字错字漏字;使用标点明白无误,易于辨认;涉及期限、金额、数量等数字要大写,不得单方随意涂改,如修改须双方加盖印章。

【示例借鉴】

一、民事起诉状示例

民事起诉状

原告:郭某,女,汉族,40岁,安徽省肥东县人,个体户,现住址肥东县××镇×号,身份证号×××××××××,电话××××××××

被告:王某,男,汉族,45岁,安徽省合肥市人,××公司职工,现住址合肥经开区××小区×栋×号,身份证号×××××××××,电话××××××××

诉讼请求:

1.依法判令被告承担因交通事故给原告造成的各项损失共计人民币59578.25元(包括医疗费、误工费、护理费、伤残赔偿金、交通费、营养费、伙食补助金、后续治疗费、精神损害赔偿金)。

2.由被告承担本案诉讼费用。

事实与理由:

2009年12月25日7时40分,被告王某驾驶无号牌两轮摩托车沿合肥经开区芙蓉路由东向西行驶至与翡翠路"十"字路口时,与同向行驶的骑自行车的郭某相刮,造成郭某受伤。郭某于2009年12月25日至2010年3月26日在合肥市安医二附院住院治疗,共住院93天。经安徽医科大学附属第一医院法医司法鉴定所鉴定,郭某的伤残程度为十级。2010年3月28日,合肥市经开区公安分局交巡警大队下达了交通事故认定书,认定被告王某承担此事故的全部责任,原告郭某无责任。被告的行为给原告的身心均造成了巨大伤害,被告已给付医疗费20000.00元,故依法请求法院支持原告的诉讼请求,保护原告的合法权益。

此致

合肥市经开区人民法院

起诉人：郭某

2010 年 9 月 28 日

附：1. 本状副本 1 份；

2. 物证、书证 10 件。

二、民事上诉状示例

民事上诉状

上诉人(原审被告)：李××，女，26 岁，汉族，农民，住含山县经济开发区××村，身份证号××××××××××，电话 189××××1254。

被上诉人(原审原告)：姚××，男，28 岁，汉族，工人，住址同上。身份证号××××××××××，电话 139××××8219。

上诉人因与被上诉人离婚纠纷一案，不服含山县人民法院(2013)含法民一初字第 005 号判决，现依法提起上诉。

上诉请求

1. 撤销原审判决；

2. 依法改判不准离婚；

3. 一、二审诉讼费用由被上诉人承担。

事实和理由

一、一审判决认定上诉人与被上诉人感情彻底破裂判令离婚，无事实与法律依据。

原判决认定的婚前缺乏了解，婚姻基础不牢，与事实不符。上诉人与被上诉人结婚虽由双方父母做主，但订婚后双方不断约见，彼此印象很好。被上诉人提供的手写清单中明确提到，婚前被上诉人利用周末到上诉人工作地恋爱产生的消费费用，可以证明双方婚前是经过自由恋爱交往的，有感情基础。证人也明确说明婚前被上诉人和上诉人经常一起游玩。综合证据显示，双方婚前感情较好。

结婚时，被上诉人欢天喜地，绝无异议，亲朋好友可以作证。结婚 3 年，育有一女，家庭和睦。近一年来，被上诉人在经济和生活方面对家庭、子女照顾不周，导致时有争吵，但都是家庭小事、琐事，因此被判离婚，于法无据。关于上诉人认为被上诉人心有别恋，也不是原判决所认定的“毫无根据”，被上诉人与同厂名叫××的女青年保持暧昧的男女关系，经多方了解，有周围同事证实。上诉人去被上诉人单位反映，既是为了家庭，也是为了被上诉人不至于越陷越深。考虑到这里面也有第三者不道德使然，更加考虑到孩子现在年纪还小，这么早就双亲离异，绝对不利于孩子的健康成长，上诉人多次找被上诉人谈心，动之以情、晓之以理。原判决不查究竟，得出了错误的判断。

……

综上所述，上诉人认为双方婚前基础牢固、婚后感情和睦、两人的感情还没有完全破裂、还有和好的可能，俗话说："宁拆十座庙，不拆一桩婚"，为了维护家庭的稳定和保护妇女、儿童的合法权益。针对一审在没有查清事实的情况下做出的不当判决，请求二审人民法院依法查明事实，撤销原判决，不准离婚。

此致

马鞍山中级人民法院

上诉人：李某某

2013 年 6 月 10 日

附：1. 本状副本 1 份。

2. 书证、物证 10 份。

3. 证人证言 3 份，证人王××，住址：含山县经济开发区××村；证人张××，住址：含山县经济开发区××村；证人陈××，住址：含山县经济开发区××工厂。

三、租赁合同示例

房屋租赁合同

出租方(甲方)：钱一勇

承租方(乙方)：孙玉龙

依据《中华人民共和国合同法》及有关法律法规的规定，甲、乙双方在平等自愿的基础下，就房屋租赁有关事宜达成如下协议：

第一条　房屋基本情况

该房屋坐落于芜湖市中山路××小区 10 栋 1801 室，该房屋为二室一厅一卫，建筑面积80 平方米，装修情况：精装修。

第二条　房屋用途

该房屋用途为：自住房。乙方保证，在租赁期间未征得甲方书面同意，以及按规定经过有关部门审核批准前，不得擅自改变房屋的用途

第三条 交验身份

(一)甲方应向乙方出示身份证、房产证等真实有效证明。

(二)乙方应向甲方出示身份证等真实有效身份证明。

第四条　租赁期限

(一)房屋租赁期自2012 年 2 月 15 日至2013 年 2 月 14 日，共计12 个月。

(二)租赁期满，甲方有权收回该房屋，乙方有意继续承租的，应提前30 日向甲方提出续租要求，征得同意后甲乙双方重新签订房屋租赁合同。

如乙方未签订合同继续使用租赁房屋，甲方未提出异议的，本合同继续有效，租赁期限不定期，甲方有权随时解除合同，但应提前15 日通知对方。

第五条 租金

(一)租金标准:每月1500元,租金总计18000元(大写:壹万捌仟元整)。

(二)租金支付方式:按季度交付,每季度到期后提前10天交付下季度房租。

第六条　房屋租赁保证金

(一)甲方交付该房屋时,乙方向甲方支付房屋租赁保证金,具体金额为:1500元(大写:壹仟伍百元整)。

(二)租赁期满或者合同解除后,房屋租赁保证金除抵扣应由乙方承担的费用,租金,以及乙方应承担的违约赔偿外,剩余部分如数归还乙方。

第七条　其他费用

租赁期间内,与该房屋有关各项费用由乙方承担,包括:水、电、电话、电视、供暖、燃气、物业及其他应当由租方承担的费用等,乙方应保存并向甲方出示相关缴费凭证。

第八条　房屋的交付及返还

(一)交付:甲方应于2012年2月15日,将房屋按约定条件交付给乙方。《房屋附属设施、设备清单》经双方交验签字盖章并移交房门钥匙,视为交付完成。

(二)返还:租赁期限满或者合同解除后,乙方应返还该房屋及其附属设施。甲乙双方验收认可后,在《房屋附属设施、设备清单》上签字盖章,乙方需向甲方结清应承担的房屋设施,设备损失费用。

第九条　房屋及附属设施的维护

(一)乙方应合理使用并爱护该房屋及其附属设施,因乙方保管不当或使用不合理,致使该房屋及其附属设施发生损坏或者故障,乙方应承担全部赔偿责任,乙方委托甲方维修或者购置新物的,费用由乙方承担。

第十条　合同的解除

(一)经甲乙双方协商一致,可以解除本合同。

(二)乙方有下列情形之一的,甲方有权单方解除合同,收回该房屋:

1.不支付或者不按照约定支付租金达30日。

2.欠交各项费用达500元的。

3.擅自改变该房屋用途的。

4.擅自拆改变动或损坏房屋主体结构的。

5.擅自将该房屋转租给第三人的。

6.利用该房屋从事违法活动的。

7.其他:乙方在租赁期间,不得大声喧哗,影响周围住户的正常生活。如由此引起的提前解除合同,甲方不承担任何责任,并且乙方需承担一个月租金的违约金。

第十一条　违约责任

(一)乙方擅自对该房屋进行装修、装饰或者添置新物品的,甲方有权要求乙方恢复原状或者赔偿损失。

(二)租赁期间内,乙方需提前退租的,应提前30日通知甲方,并支付一个月租金为违约金。

(三)乙方不按约定支付租金但未达到解除合同条件的,以及乙方未按约定时间返还房屋的,应按月租金的50%支付违约金。

第十二条　合同争议的解决办法

本合同项下发生的争议,由双方当事人协商解决或者申请向有关部门调解解决,协商或者调解不成的,可依法向人民法院起诉。或按照另行达成的仲裁条款或仲裁协议申请仲裁。

第十三条　其他约定事项

本合同经甲乙双方签字盖章后生效,本合同(及附件)一式2份,甲乙双方各执一份。

本合同生效后,双方对合同内容的变更或补充应采取书面形式,作为本合同的附件,附件与本合同具有同等的法律效力。

出租方(甲方)签章:钱一勇

住所:芜湖市中山路××小区10栋1801室

身份证号:××××××××××

电话:138××3464

2014年2月14日

承租方(乙方)签章:孙玉龙

住所:河南省固始县××路××号

身份证号:××××××××××

电话:139××3379

2014年2月14日

附件一:甲乙双方身份证复印件

附件二:《房屋附属设施、设备清单》(包括当前的水、电、气等表状况)

注:划线部分需要甲乙双方填写的。

四、购销合同示例

苹果购销合同

甲方:××贸易有限公司

乙方:××果品农场

为了发展经济,繁荣市场,互通有无,甲方向乙方订购一批苹果,为保障双方共同利益,经双方协商一致,签订如下购销合同共同信守。

一、乙方向甲方提供自产的套袋红富士苹果20000斤(两万斤)。

二、果品规格及标准、价格:单果直径大于或等于8厘米,个头大小均匀,色泽红润,新鲜,熟度为九成;表面干净,无病虫害,腐烂、伤果、冻果、畸形概不装箱,单价每市斤2.5元(两元伍角整),合计总价50000元(伍万元整)。

三、乙方于摘果后立即装箱,包装箱用纸板箱,每箱40斤(四十斤),个体用白色泡沫网袋包装。

四、甲方付给乙方定金20000元(贰万元整),余款待乙方把苹果包装完之后,由乙方搬运到甲方指定的地点或大车到的地方,货上车后余款一次性付清。

五、本合同自签订之日起生效,至合同义务完毕自行失效。如遇下雨等天气原因不能装果，货期顺延。

六、果品上车前，乙方有义务保质、保量保管好所装果品，因保管不善，造成损失的果品，责任乙方自负。

七、以下情形属于违约：

（一）如掺杂使假、以次充好，甲方有权拒收，乙方除退还定金处，同时应向甲方偿付该批货款总值25%的违约金。

（二）在未经协商一致情况下，甲方拒收，定金作废，处以拒收量价款总值10%的违约金。

八、本合同一式两份，甲乙双方各一份。

甲方：××贸易有限公司（盖章）
代表人：洪××
电话：1399330××××
签订日期：2014年6月20日

乙方：××果品农场（盖章）
负责人：杨××
电话：1383030××××
签订日期：2014年6月20日

【综合训练】

一、填空题。

1. 民事起诉状是______为了维护自身民事权益，在自己的民事权益受到______或与他人发生争执、纠纷，依据______向人民法院提起诉讼，要求依法______时所提交的诉讼文书。

2. 民事起诉状通常是由______、______、______和______组成的。

3. 民事起诉状的首部主要包括______和当事人______的两个项目。

4. 民事上诉状是指______的当事人，有______或他们的法定代理人在______内对地方各级人民法院的第一审______，依法请求上一级人民法院______、______原审裁判而写的诉讼文书。

5. 民事上诉状是由______、______、______和______组成的。

6. 民事上诉状的首部主要包括______、当事人______的和______三项内容。

7. 民事起诉状的正文主要包括______、______和______、______三个方面的内容。

8. 民事上诉状的正文主要包括上诉______和上诉______两项内容。

9. 民事起诉状的尾部包括______、______和日期。

10. 民事上诉状的附项应写明______、______、______以及证人的姓名、住址等。

11. 经济合同是______为实现一定______，明确双方______和______签订的书面协议。

12. 经济合同的结构一般由______、______、______、______四部分构成。

13. 签订经济合同是一种______行为，合同依法成立，即具有______约束力，当事人必须全面履行合同规定的义务。

14. 经济合同的立合同方必须写______称。为行文方便，可以用______和______来代称。

15. 经济合同的正文可以是条文式，也可以是______，还可以是______。

16. 经济合同的标题一般由________和______构成。

17. 按《合同法》规定，经济合同必须具备______等基本条款。

18. 经济合同中的数量和质量是指______。

19. 经济合同的违约责任是指______。

20. 经济合同中的标的是指______。

二、单选题。

1. 民事起诉状的首部包括标题和（　　）

A. 起诉人自然情况　　B. 被告人自然情况

C. 当事人基本情况　　D. 送达法院全称

2. 民事起诉书中的事实部分，主要内容写（　　）

A. 当事人身份事项　　B. 争执的焦点和具体内容

C. 证据的名称、来源、证明力　　D. 分析论证纠纷的性质、危害、结果

3. 民事起诉状是民事案件的原告或法定代理人向哪个部门提起诉讼的书面文件？（　　）

A. 人民政府　　B. 公安局　　C. 检察院　　D. 人民法院

4. 民事起诉状首部的内容中必须写明（　　）

A. 原被告基本情况　　B. 证据清单

C. 起诉理由　　D. 起诉日期

5. 民事上诉状与民事起诉状的区别在于（　　）

A. 作者不同　　B. 授理法院不同

C. 依据法律条款不同　　D. 针对对象不同

6. 下列说法表述正确的一项是（　　）

A. 民事起诉状是原告为维护自己的合法权益，向地方各级人民法院递呈的诉讼文书。

B. 民事起诉由与本案有利害关系的公民或者亲属提起诉讼。

C. 民事起诉状可以递呈给任何人民法院。

D. 罪轻的用民事起诉状提起诉讼；罪重的用刑事起诉状提起诉讼。

7. 下列表述符合民事起诉状写法的一项是（　　）

A. 由法定代理人代为诉讼的民事起诉状，应写明法定代理人与被代理人之间的关系。

B. 民事起诉状包括开头、中间、结尾三部分。

C. 被告的基本情况，不必像原告的基本情况一样，必须一一写明。

D. 第一行的正中可写可不写标题“民事起诉状”。

8. 下列有关“诉讼请求”表述正确的一项是（　　）

A. 诉讼请求一般可以写得高一些，多一些。

B. 诉讼请求可以写得含糊其辞，以便进退自如。

C. 诉讼请求必须明确、具体、有依有据。

D. 诉讼请求必须围绕要求被告赔偿损失来写。

9. 下列有关“事实和理由”表述错误的是（　　）

A. 一般先写事实，后写理由；

B. 案情陈述要写明时间、地点、原因、事件经过、结果等内容。

C. 为达到目的，陈述事实可以适当加以取舍，带上自我的主观色彩。

D. 理由部分既要列举证据，又要援引相关的法律条文。

10. 下列有关“尾部”的表述正确的是（　　）

A. “此致”后面的“××民法院”应另起一行顶格写。

B. 起诉人的姓名必须写明，而起诉时间并不重要。

C. 起诉人是法人或其他组织的，写明单位或组织名称即可；

D. 附项中的内容只需大致提及即可。

11. 民事案件的当事人认为法院的裁决有错误，向法院提出重新审理的文书应是（　　）

A. 民事申诉状　　B. 民事上诉状

C. 民事复议意见书　　D. 民事再审申请书

12. 法律文书叙述案情事实的总要求是（　　）

A. 叙事清楚，井然有序　　B. 叙事生动，要素齐备

C. 叙事生动，材料真实　　D. 叙事清楚，材料真实

13. 民事诉状中“附：证据××份”属于民事起诉状结构中的（　　）部分。

A. 首部　　B. 正文　　C. 尾部　　D. 附项

14. 民事诉讼中对判决不服提起上诉的期限和对裁定不服提起上诉的期限应该是（　　）

A. 10 天 15 天　　B. 15 天 10 天　　C. 5 天 10 天　　D. 10 天 5 天

15. 对未按经济合同规定履行义务的法律责任称（　　）

A. 违约金　　B. 赔偿金　　C. 罚则　　D. 违约责任

16. 买卖合同中品种、规格属于合同条款中的（　　）

A. 标的　　B. 数量　　C. 质量　　D. 履行方式、

17. 烟台某园艺场与合肥某果品公司签订了一份苹果购销合同，履行地点应是（　　）

A. 烟台某园艺场　　B. 合肥某果品公司

C. 合肥火车站　　D. 双方议定的地点

18. 经济合同在执行中，如果需要补充或修订，其条件是（　　）

A. 当事人一方提出　　B. 经上级机关同意

C. 经鉴证或公证机关批准　　　　D. 双方当事人协商一致

19. 下列各项(　　)的变更，属于合同的变更。

A. 合同债权人　　　　B. 标的物的数量、质量

C. 合同债务人　　　　D. 合同当事人

20. 合同解除可分为单方解除和(　　)

A. 协议解除　　B. 法定解除　　C. 约定解除　　D. 由法院自行解除

21. (　　)是承包人进行工程建设和发包人支付工程价款的依据，是约束双方义务和权力的具有法律效力的文书。

A. 工程法律　　B. 工程法规　　C. 工程规范　　D. 工程合同

22. 合同纠纷解决方式有和解、调解、(　　)

A. 行政命令　　　　B. 工程师命令和诉讼

C. 仲裁和诉讼　　　　D. 前三者都是

23. (　　)是解决合同纠纷的一种主要方式。

A. 和解　　B. 仲裁　　C. 调解　　D. 诉讼

24. 甲公司与乙公司订立合同，甲公司签字盖章后寄给乙公司签字盖章，合同成立时间为(　　)

A. 甲公司与乙公司口头协商一致时　　B. 甲公司签字盖章时

C. 甲公司签字盖章后交付邮寄时　　D. 乙公司签字盖章时

三、多选题。

1. 经济合同的特点是(　　)

A. 反映友谊关系　　　　B. 反映双边关系

C. 反映厉害关系　　　　D. 反映经济关系

E. 反映法律关系。

2. 经济合同有比较规范的固定格式，它的构成项目一般包括(　　)

A. 标题　　B. 当事人　　C. 前言　　D. 正文

E. 落款

3. 经济合同的主体部分，要写合同的基本内容，即双方协商同意的主要条款，这些条款包括(　　)

A. 标的　　　　B. 数量和质量

C. 价款或酬金　　　　D. 履行的期限、地点和方式

E. 违约责任

4. 采用书面形式订立合同的，合同成立的标志是当事人(　　)

A. 签名　　B. 盖章　　C. 签日期　　D. 经公正和鉴证

5. 当事人一方不履行合同义务或履行合同义务不符合约定的，应承担(　　)等违约责任。

A. 继续履行　　　　B. 采取补救措施

C. 赔偿损失　　　　　　　　　D. 恢复原状

6. 不可抗力是指（　　）的客观情况。

A. 不可避免　　B. 不能克服　　C. 不能预见　　D. 不能阻止

四、判断题。

1. 经济合同的当事人就是法人。（　　）

2. 经济合同一经签订就是合法的，受法律的保护。（　　）

3. 标的指合同当事人双方权利和义务共同指向的对象。（　　）

4. 价款和酬金是一回事，都以货币数量来表示。（　　）

5. 合同履行期限和有效期限是同一概念。（　　）

6. 合同如有错误或遇到特殊情况确需修改时，应将双方同意的意见改写在合同上。（　　）

7. 经济合同的主体应为法人。个体经营户有营业执照也不具有法人资格，所以不能签订经济合同。（　　）

8. 签订经济合同当事人的任何一方，都不能随意变更或解除合同。（　　）

9. 不信守合同，是违反道德的行为。（　　）

10. 经济合同依法成立，还必须经过签订或公证方为有效。（　　）

五、简答题。

1. 简述民事起诉状首部中原告人基本情况的写作内容。

2. 简述民事上诉书首部中被告人基本情况的写作内容。

3. 民事上诉状主要应针对原审裁判的什么错误而提出上诉？

4. 民事起诉状中“诉讼请求”的写作有什么要求？

5. 民事上诉状应该向什么部门提出？

6. 民事起诉状的“附项”主要包括哪些内容？

7. 民事上诉状的“尾部”应该怎么写？

六、改错题。

1. 下面是根据案情所写的一份起诉状，请运用所学知识找出该起诉状存在的问题。

案情：2004 年 1 月 21 日，某高校何同学来到一酒店就餐。由于酒店地面沾了许多油污，在走近餐桌的过程中，何同学不慎摔倒，造成右腿骨折，遂起纠纷。双方就赔偿事宜争执不清，何同学于是起诉至法院。

起诉书

××人民法院：

我叫何××，今年 20 岁。今年 1 月 21 日，我应朋友之邀，到××酒店去吃饭，结果因餐馆地面泼有许多油污，导致我上桌时摔了一跤，摔成骨折。而酒店方却拒绝赔偿我的医药费。我实在无法忍受，于是只好用打官司的方式来解决问题。请人民法院做主，判决××酒店赔偿我的全部医药费。

此致

敬礼

何××

2.指出下列合同语言不确切的地方,并加以修改。

(1)某加工承揽合同的交货时间是"甲方要求乙方于2013年8月10日前完成全部加工物件。"

(2)某外贸公司从国外进口原木,合同规定的质量标准为"直径50厘米以上"。

(3)某合同规定"交货地点:上海。"

(4)某合同中的"违约责任"写到:"乙方不能按期交货,每延期一天,应偿还甲方5%的违约金。"

3.修改下面一则合同。

合同

甲方为了繁荣市场,与乙方商量,为了我们的共同利益,决定签订合同条款如下:

一、甲方向乙方购买洗发液5000瓶,价格15元,要求洗发效果良好。

二、交货期限、方法及地点:甲方希望乙方在2011年8月10日以前将货物分两次送至安庆市××公司仓库。

三、验收方法:安庆市××公司仓库清点数目、核查验收。

四、运输、包装要求:纸箱包装、乙方代办运输;武汉至安庆的运输费由甲方负担。

五、货款结算方式:先预付一部分货款,货发出后就办理托收承付。

六、签订合同日期和期限:2011年2月29日至2011年9月10日止。

七、本合同一式两份,甲乙双方各执一份。

甲方:安庆××公司(买方)乙方:武汉××集团(卖方)

4.分析指出下面一则合同的问题(格式、内容等)。

经济合同

立合同人:××红四方化工厂第二车间(甲方)

××市第二建筑公司生产科(乙方)

为建筑红四方化工厂第二车间东厂房,经双方协商,订立本合同。

(1)甲方委托乙方建造东厂房一座,由乙方全面负责建造。

(2)乙方包工包料,全部建筑费(包括材料、人工)壹拾贰万柒千元。

(3)甲方负责场地的三通一平工作。

(4)红四方化工厂在订立合同后先交一部分建造费,其余在东厂房建成后抓紧归还所欠部分。

(5)工期待乙方筹备就绪后立即开始,力争三月中旬开工,争取十一月左右交活。

(6)本合同一式二份,双方各执一份。

立合同人:红四方化工厂第二车间(公章)　　××市第二建筑公司生产科(公章)

主任:范××(私章)　　科长:任××(私章)

2011年12月29日

七、写作题。

1. 根据下列案情材料，拟写民事起诉状。

案件一：甲市某高校五位同学利用清明放假乘坐甲市运输公司的长途汽车去乙市某风景区旅游。汽车行至丁市时，司机称汽车刹车出现故障，便停车修理，到傍晚时分，仍未修好。于是请五位同学另搭别的汽车到目的地，并退还部分车费。五位同学认为所退余资不够他们在丁市住宿以及到达目的地的费用，并认为司机还应该赔偿因耽误他们的时间造成的经济损失。司机不同意，因而产生了分歧。五位同学约定去法院起诉该运输公司。

案情二：学生王某和李某周日下午到某超市购物。购物后正欲离开时，被两名工作人员叫住，并被质问有没有拿超市的东西，两人即告知所购物品均已付款。但工作人员不信，强行要求二人摘下帽子、解开衣服、打开手袋，由工作人员检查，面对如此难堪的场面，王、李伤心地流下眼泪。工作人员仔细检查后，确未查出什么东西，这才向王、李二人道歉并放行。王、李想找经理说理，得到的答复是“经理不在”。高高兴兴地去购物，却遭如此“待遇”。面对超市的做法，王、李二人觉得非常委屈，决定通过诉讼的途径来讨个说法，于是，王、李以超市的行为侵害其人身权为由，向当地法院起诉。要求超市赔礼道歉，并赔偿每人3000元作为精神损害费。

2. 根据下列案情材料，拟写民事上诉状。

案情一：王申住江苏省甲市东区，李全住甲市西区，二人系同一工厂工人。两人于2012年2月18日在甲市南区发生口角，并相互扭打，李全将王申打成轻伤，王申住医院治疗花去医药费4500元。经本厂领导调解，二人达成如下协议：“李全于2012年3月底前赔偿工申医药费10000元整，并在本厂当众公开向王申赔礼道歉：如因履行本协议发生争议，双方协商解决，或者提交北区（双方工厂所在地）王桥居委会调解解决，或者提交江苏省内的仲裁委员会进行仲裁。”事发，李全下岗，失去工资收入，未能按期履行赔偿义务，也未公开赔礼道歉。王申以伤害赔偿为由，于2012年5月向甲市西区人民法院提起诉讼，要求李全赔偿医药费10000元，并公开赔礼道歉。法院受理了本案。李全认为本案打架地点在南区，二人所在工厂在北区，同时双方已订立仲裁协议，西区人民法院无权受理，故提出管辖异议。西区人民法院认为李全的管辖异议成立，以“（西民）初字（2012）第87号民事裁定书”驳回起诉，王申对此裁定表示不服。如果你是王申的代理律师，请代写一份行使诉讼权利的诉讼文书。

案情二：张可贵（男，32岁，肥东县人，个体经营户，好再来饭店经理，住该饭店）2004年经××工商局许可，领取个体营业执照，经营饭店业务。同年，经人介绍，承租黄裕美（女，60岁，肥东县人，个体经营户，××公司经理，住××区××号）在××路××号的门面房5间，每月租金5000元，每月底付清，并签订有租赁合同。张可贵按照合同规定每月按期如数向黄裕美交付房租，但是，张可贵了解到黄裕美租给其他人的同质量的甚至高质量的房屋，租金为每间每月750元，为此，张可贵在继续使用黄裕美房屋的同时，与黄裕美协商，要求黄裕美在出租房屋问题上一律平等，减少其房屋租金，遭到黄裕美拒绝。在此期间，张可贵没有向黄裕美交纳 2006 年 1 月到 8 租金 4 万元。为此，黄裕美诉至肥东县人民法院。肥东县人民法院以（2006）××法经字第××号民事判决书判决张可贵将 2006 年 1 月至 8 月交租金 4 万元一次付清。张可贵不服判决，以原合同租金过高、显失公平为理由上诉于合肥市中级人民法院。

3.请依据以下材料拟一份合同。

（1）某公司根据国家有关规定，为公司职工发工作服一套，即 60 号服 50 人，单价 150 元～170 元；70 号服 60 人，单价 170 元～190 元；80 号服 70 人，单价 190 元—210 元。

注：①材料不齐请补充；②如有错误请纠正。

（2）某职业学院膳食科拟向新东方公司每月购买牛肉 100 公斤，时间一年，采用滚动式结账。

注：①材料不齐请补充；②按市场经济运行；③如有错误请纠正。

4.假设同座的两同学分别为供方、需方，请拟写一份购销合同。

附录一　容易读错的字一览表

A

1.挨紧 āi	2.挨饿受冻 ái	3.白皑皑 ái	4.狭隘 ài
5.不谙水性 ān	6.熬菜 āo	7.煎熬 áo	8.鏖战 áo
9.拗断 ǎo	10.拗口令 ào		

B

1.纵横捭阖 bǎi hé	2.稗官野史 bài	3.扳平 bān	4.同胞 bāo
5.炮羊肉 bāo	6.剥皮 bāo	7.薄纸 báo	8.并行不悖 bèi
9.蓓蕾 bèi lěi	10.奔波 bō	11.投奔 bèn	12.迸发 bèng
13.包庇 bì	14.麻痹 bì	15.奴颜婢膝 bì xī	16.刚愎自用 bì
17.复辟 bì	18.濒临 bīn1	9.针砭 biān	20.屏气 bǐng
21.摒弃 bǐng	22.剥削 bō xuē	23.波涛 bō	24.菠菜 bō
25.停泊 bó	26.淡薄 bó	27.哺育 bǔ	

C

1.粗糙 cāo	2.嘈杂 cáo	3.参差 cēn cī	4.差错 chā
5.偏差 chā	6.差距 chā	7.搽粉 chá	8.猹 chá
9.刹那 chà	10.差遣 chāi	11.谄媚 chǎn	12.忏悔 chàn
13.羼水 chàn	14.场院 cháng	15.一场雨 cháng	16.赔偿 cháng
17.徜徉 cháng	18.绰起 chāo	19.风驰电掣 chè	20.瞠目结舌 chēng
21.乘机 chéng	22.惩前毖后 chéng	23.惩创 chéng chāng	
24.驰骋 chěng	25.鞭笞 chī	26.痴呆 chī	27.痴心妄想 chī
28.白痴 chī	29.踟蹰 chí chú	30.奢侈 chr	31.整饬 chì
32.炽热 chì	33.不啻 chì	34.叱咤风云 chì zhà	
35.忧心忡忡 chōng	36.憧憬 chōng	37.崇拜 chóng	
38.惆怅 chóu chàng	39.踌躇 chóu chú	40.相形见绌 chù	41.黜免 chù
42.揣摩 chuǎi	43.椽子 chuán	44.创伤 chuāng	45.凄怆 chàng
46.啜泣 chuò	47.辍学 chuò	48.宽绰 chuò	49.瑕疵 cī
50.伺候 cì	51.烟囱 cōng	52.从容 cóng	53.淙淙流水 cóng
54.一蹴而就 cù	55.璀璨 cuǐ	56.忖度 cǔn duó	57.蹉跎 cuō tuó
58.挫折 cuò			

D

1.呆板 dāi
2.答应 dā
3.逮老鼠 dǎi
4.逮捕 dài
5.殚思极虑 dān
6.虎视眈眈 dān
7.肆无忌惮 dàn
8.档案 dàng
9.当(本)年 dàng
10.追悼 dào
11.提防 dī
12.瓜熟蒂落 dì
13.缔造 dì
14.掂掇 diān duo
15.玷污 diàh
16.装订 dìng
17.订正 dìng
18.恫吓 dònghè
19.句读 dòu
20.兑换 duì
21.踱步 duó

E

1.阿谀 ē yú
2.婀娜 ē nuó
3.扼要 è

F

1.菲薄 fěi
2.沸点 fèi
3.氛围 fēn
4.肤浅 fū
5.敷衍塞责 fū yǎn sè
6.仿佛 fú
7.凫水 fú
8.篇幅 fú
9.辐射 fú
10.果脯 fǔ
11.随声附和 fù hè

G

1.准噶尔 gá
2.大动干戈 gē
3.诸葛亮 gé
4.脖颈 gěng
5.提供 gōng
6.供销 gōng
7.供给 gōng jy
8.供不应求 gōng yìng
9.供认 gòng
10.口供 gòng
11.佝偻 gōu lóu
12.勾当 gòu
13.骨朵 gū
14.骨气 gǔ
15.蛊惑 gǔ
16.商贾 gǔ
17.桎梏 gù
18.粗犷 gu ǎng
19.皈依 guī
20.瑰丽 guī
21.刽子手 guì
22.聒噪 guō

H

1.哈达 hǎ
2.尸骸 hái
3.稀罕 hǎn
4.引吭高歌 háng
5.沆瀣一气 háng xiè
6.干涸 hé
7.一丘之貉 hé
8.上颌 hé
9.喝彩 hè
10.负荷 hè
11.蛮横 hèng
12.飞来横祸 hèng
13.发横财 hèng
14.一哄而散 hòng
15.糊口 hú
16.囫囵吞枣 hú lún
17.华山 huà
18.怙恶不悛 hù quān
19.豢养 huàn
20.病入膏肓 huāng
21.讳疾忌医 huì jí
22.诲人不倦 huì
23.阴晦 huì
24.污秽 huì
25.浑水摸鱼 hún
26.混淆 hùn xiáo
27.和泥 huó
28.搅和 huò
29.豁达 huò
30.霍乱 huò

J

1.茶几 jī
2.畸形 jī
3.羁绊 jī
4.羁旅 jī
5.放荡不羁 jī
6.无稽之谈 jī
7.跻身 jī
8.通缉令 jī
9.汲取 jí
10.即使 jí
11.开学在即 jí
12.疾恶如仇 jí
13.嫉妒 jí
14.棘手 jí
15.贫瘠 jí
16.狼藉 jí
17.一触即发 jí
18.脊梁 jǐ
19.人才济济 jǐ
20.给予 jǐ yǔ
21.觊觎 jì yú
22.成绩 jì
23.事迹 jì
24.雪茄 jiā

25.信笺 jiān
26.歼灭 jiān
27.草菅人命 jiān
28.缄默 jiān
29.渐染 jiān
30.眼睑 jiǎn
31.间断 jiàn
32.矫枉过正 jiǎo
33.缴纳 jiǎo
34.校对 jiào
35.开花结果 jiē
36.事情结果 jié
37.结冰 jié
38.反诘 jié
39.拮据 jié jū
40.攻讦 jié
41.桔梗 jié
42.押解 jiè
43.情不自禁 jīn
44.根茎叶 jīng
45.长颈鹿 jǐng
46.杀一儆百 jǐng
47.强劲 jìng
48.劲敌 jìng
49.劲旅 jìng
50.痉挛 jìng
51.抓阄 jiū
52.针灸 jiǔ
53.韭菜 jiǔ
54.内疚 jiù
55.既往不咎 jiù
56.狙击 jū
57.咀嚼 jǔ jué
58.循规蹈矩 jǔ
59.矩形 jǔ
60.沮丧 jǔ
61.龃龉 jǔ yǔ
62.前倨后恭 jù
63.镌刻 juān
64.隽永 juàn
65.角色 jué
66.口角 jué
67.角斗 jué
68.角逐 jué
69.倔强 jué jiàng
70.崛起 jué
71.猖獗 jué
72.一蹶不振 jué
73.诡谲 jué
74.矍铄 jué
75.攫取 jué
76.细菌 jūn
77.龟裂 jūn
78.俊杰 jùn
79.崇山峻岭 jùn
80.竣工 jùn
81.隽秀 jùn

K

1.同仇敌忾 kài
2.不卑不亢 kàng
3.坎坷 kě
4.可汗 kè hán
5.恪守 kè
6.倥偬 kǒng zǒng
7.会计 kuài
8.窥探 kuī
9.傀儡 kuǐ

L

1.邋遢 lā ta
2.拉家常 lá
3.丢三落四 là
4.书声琅琅 láng
5.唠叨 láo
6.落枕 lào
7.奶酪 lào
8.勒索 lè
9.勒紧 lēi
10.擂鼓 léi
11.羸弱 léi
12.果实累累 léi
13.罪行累累 lěi
14.擂台 lèi
15.罹难 lí
16.潋滟 liàn
17.打量 liáng
18.量入为出 liàng
19.撩水 liāo
20.撩拨 liáo
21.寂寥 liáo
22.望 liào
23.趔趄 liè qiè
24.恶劣 liè
25.雕镂 lòu
26.贿赂 lù
27.棕榈 lǘ
28.掠夺 lüe

M

1.抹桌子 mā
2.阴霾 mái
3.埋怨 mán
4.耄耋 mào dié
5.联袂 mèi
6.闷热 mēn
7.扪心自问 mén
8.愤懑 mèn
9.蒙头转向 mēng
10.蒙头盖脸 méng
11.靡费 mí
12.萎靡不振 mǐ
13.静谧 mì
14.分娩 miǎn
15.酩酊 mǐng dǐng
16.荒谬 miù
17.脉脉 mò
18.抹墙 mò
19.蓦然回首 mò
20.牟取 móu
21.模样 mú

N

1.羞赧 nǎn
2.呶呶不休 náo
3.泥淖 nào
4.口讷 nè

5.气馁 něi　6.拟人 nǐ　7.隐匿 nì　8.拘泥 nì
9.亲昵 nì　10.拈花惹草 niān　11.宁死不屈 nìng　12.泥泞 nìng
13.忸怩 niǔ ní　14.执拗 niù　15.驽马 nú　16.虐待 nüè

O

1.偶然 ǒu

P

1.扒手 pá　2.迫击炮 pǎi　3.心宽体胖 pán　4.蹒跚 pán
5.滂沱 pāng tuó　6.彷徨 páng　7.炮制 páo　8.咆哮 páo xiào
9.炮烙 páo luò　10.胚胎 pēi　11.香喷喷 pèn　12.抨击 pēng
13.澎湃 péng pài　14.纰漏 pī　15.毗邻 pí　16.癖好 pǐ
17.否极泰来 pǐ　18.媲美 pì　19.扁舟 piān　20.大腹便便 pián
21.剽窃 piāo　22.饿殍 piǎo　23.乒乓 pīng pāng　24.湖泊 pō
25.居心叵测 pǒ　26.糟粕 pò　27.解剖 pōu　28.前仆后继 pū
29.奴仆 pú　30.风尘仆仆 pú　31.玉璞 pú　32.匍匐 pú fú
33.瀑布 pù　34.一曝十寒 pù

Q

1.休戚与共 qī　2.蹊跷 qī qiāo　3.祈祷 qí　4.颀长 qí
5.歧途 qí　6.绮丽 qǐ　7.修葺 qì　8.休憩 qì
9.关卡 qiǎ　10.悭吝 qiān　11.掮客 qián　12.潜移默化 qián
13.虔诚 qián　14.天堑 qiàn　15.戕害 qiāng　16.强迫 qiǎng
17.勉强 qiǎng　18.强求 qiǎng　19.牵强附会 qiǎng　20.襁褓 qiǎng
21.翘首远望 qiáo　22.讥诮 qiào　23.怯懦 qiè　24.提纲挈领 qiè
25.锲而不舍 qiè　26.惬意 qiè　27.衾枕 qīn　28.倾盆大雨 qīng
29.引擎 qíng　30.亲家 qìng　31.曲折 qū　32.祛除 qū
33.黢黑 qū　34.水到渠成 qú　35.清癯 qú　36.瞿塘峡 qú
37.通衢大道 qú　38.龋齿 qǔ　39.兴趣 qù　40.面面相觑 qù
41.债券 quàn　42.商榷 qiè　43.逡巡 qūn　44.麇集 qún

R

1.围绕 rào　2.荏苒 riěn rǎn　3.稔知 riěn　4.妊娠 rièn shēn
5.仍然 réng　6.冗长 rǒng

S

1.缫丝 sāo　2.稼穑 jià sè　3.堵塞 sè　4.刹车 shā
5.芟除 shān　6.潸然泪下 shān　7.禅让 shàn　8.讪笑 shàn
9.赡养 shàn　10.折本 shé　11.慑服 shè　12.退避三舍 shè
13.海市蜃楼 shèn　14.舐犊之情 shì　15.教室 shì　16.有恃无恐 shì
17.狩猎 shòu　18.倏忽 shū　19.束缚 shù fù　20.刷白 shuà

21. 游说 shuì　22. 吸吮 shǔn　23. 瞬息万变 shùn

24. 怂恿 sǒng yǒng　25. 塑料 sù　26. 簌簌 sù　27. 虽然 suī

28. 鬼鬼祟祟 suì　29. 婆娑 suō

T

1. 趿拉 tā　2. 鞭挞 tà　3. 叨光 tāo　4. 熏陶 táo

5. 体已 tī　6. 孝悌 tì　7. 倜傥 tì tǎng　8. 恬不知耻 tián

9. 殄灭 tiǎn　10. 轻佻 tiāo　11. 调皮 tiáo　12. 妥帖 tiē

13. 请帖 tiě　14. 字帖 tiè　15. 恸哭 tòng　16. 如火如荼 tú

17. 湍急 tuān　18. 颓废 tuí　19. 蜕化 tuì　20. 囤积 tún

21. 逶迤 wēi yí　22. 违反 wéi　23. 崔嵬 wéi　24. 冒天下之大不韪 wěi

25. 为虎作伥 wèi chāng　26. 龌龊 wò chuò　27. 斡旋 wò　28. 深恶痛疾 wù jí

X

1. 膝盖 xī　2. 檄文 xí　3. 狡黠 xiá　4. 厦门 xià

5. 纤维 xiān wéi　6. 翩跹 xiān　7. 屡见不鲜 xiān　8. 垂涎三尺 xián

9. 勾股弦 xián　10. 鲜见 xiǎn　11. 肖像 xiào　12. 采撷 xié

13. 叶韵 xié　14. 纸屑 xiè　15. 机械 xiè　16. 省亲 xǐng

17. 不朽 xiǔ　18. 铜臭 xiù　19. 星宿 xiù　20. 长吁短叹 xū

21. 自诩 xǔ　22. 抚恤金 xù　23. 酗酒 xù　24. 煦暖 xù

25. 眩晕 xuàn yùn　26. 炫耀 xuàn　27. 洞穴 xué　28. 戏谑 xuè

29. 驯服 xùn　30. 徇私舞弊 xùn

Y

1. 倾轧 yà　2. 揠苗助长 yà　3. 殷红 yān　4. 湮没 yān

5. 筵席 yán　6. 百花争妍 yǎn　7. 河沿 yán　8. 偃旗息鼓 yǎn

9. 奄奄一息 yǎn　10. 赝品 yàn　11. 佯装 yáng　12. 怏怏不乐 yàng

13. 安然无恙 yàng　14. 杳无音信 yǎo　15. 窈窕 yǎo tiǎo　16. 发虐子 yào

17. 耀武扬威 yào　18. 因噎废食 yē　19. 揶揄 yé yú　20. 陶冶 yě

21. 呜咽 yè　22. 摇曳 yè　23. 拜谒 yè　24. 笑靥 yè

25. 甘之如饴 yí　26. 颐和园 yí　27. 迤逦 yǐ lǐ　28. 旖旎 yǐ nǐ

29. 自怨自艾 yì　30. 游弋 yì　31. 后裔 yì　32. 奇闻轶事 yì

33. 络绎不绝 yì　34. 造诣 yì　35. 友谊 yì　36. 肄业 yì

37. 熠熠闪光 yì　38. 一望无垠 yín　39. 荫凉 yìn　40. 应届 yīng

41. 应承 yìng　42. 应用文 yìng　43. 应试教育 yìng　44. 邮递员 yóu

45. 黑黝黝 yǒu　46. 良莠不齐 yǒu　47. 迂回 yū　48. 向隅而泣 yú

49. 愉快 yú　50. 始终不渝 yú　51. 逾越 yú　52 年逾古稀 yú

53. 娱乐 yú　54. 伛偻 yú lǚ　55. 舆论 yú　56. 尔虞我诈 yú

57. 囹圄 yǔ　58. 参与 yù　59. 驾驭 yù　60. 家喻户晓 yù

61. 熨帖 yù	62. 寓情于景 yù	63. 鹬蚌相争 yù	64. 卖儿鬻女 yù
65. 断瓦残垣 yuán	66. 苑囿 yuàn yòu	67. 头晕 yūn	68. 允许 yǔn
69. 晕船 yùn	70. 酝酿 yūn niàng		

Z

1. 扎小辫 zā	2. 柳荫匝地 zā	3. 登载 zǎi	4. 载重 zài
5. 载歌载舞 zài	6. 怨声载道 zài	7. 拒载 zài	8. 暂时 zàn
9. 臧否 zāng pǐ	10. 宝藏 zàng	11. 确凿 záo	12. 啧啧称赞 zé
13. 谮言 zèn	14. 憎恶 zēng	15. 赠送 zèng	16. 驻扎 zhā
17. 咋呼 zhā	18. 挣扎 zhá	19. 札记 zhá	20. 咋舌 zhà
21. 择菜 zhái	22. 占卜 zhān	23. 客栈 zhàn	24. 破绽 zhàn
25. 精湛 zhàn	26. 战栗 zhàn	27. 高涨 zhǎng	28. 涨价 zhǎng
29. 着慌 zháo	30. 沼泽 zhǎo	31. 召开 zhào	32. 肇事 zhào
33. 折腾 zhē	34. 动辄得咎 zhé jiù	35. 蛰伏 zhé	36. 贬谪 zhé
37. 铁砧 zhēn	38. 日臻完善 zhēn	39. 甄别 zhēn	40. 箴言 zhēn
41. 缜密 zhěn	42. 赈灾 zhèn	43. 症结 zhēng	44. 拯救 zhěng
45. 症候 zhèng	46. 诤友 zhèng	47. 挣脱 zhèng	48. 脂肪 zhī
49. 踯躅 zhí zhú	50. 近在咫尺 zhǐ	51. 博闻强识 zhì	52. 标识 zhì
53. 质量 zhì	54. 脍炙人口 zhì	55. 鳞次栉比 zhì	56. 对峙 zhì
57. 中听 zhōng	58. 中肯 zhòng	59. 刀耕火种 zhòng	60. 胡诌 zhōu
61. 啁啾 zhōu	62. 压轴 zhòu	63. 贮藏 zhù	64. 莺啼鸟啭 zhuàn
65. 撰稿 zhuàn	66. 谆谆 zhūn	67. 弄巧成拙 zhuō	68. 灼热 zhuó
69. 卓越 zhuó	70. 啄木鸟 zhuó	71. 着陆 zhuó	72. 穿着打扮 zhuó
73. 恣意 zì	74. 浸渍 zì	75. 作坊 zuō	76. 柞蚕 zuò

附录二　经典励志名人名言

1.夫学须志也，才须学也，非学无以广才，非志无以成学。——诸葛亮

2.每一个人要有做一代豪杰的雄心斗志！应当做个开创一代的人。——周恩来

3.三军可夺帅也，匹夫不可夺志也。——孔丘

4.有志者事竟成也！——刘秀

5.志不立，天下无可成之事。——王阳明

6.古之立大事者，不惟有超世之才，亦必有坚忍不拔之志。——苏轼

7.一个人如果不到最高峰，他就没有片刻的安宁，他也就不会感到生命的恬静和光荣。——肖伯纳

8.燕雀安知鸿鹄之志。——司马迁

9.战士自有战士的抱负：永远改造，从零出发；一切可耻的衰退，只能使人视若仇敌，踏成泥沙。——郭小川

10.最糟糕的是人们在生活中经常受到错误志向的阻碍而不自知，真到摆脱了那些阻碍时才能明白过来。——歌德

11.天将降大任于斯人也，必先苦其心志，劳其筋骨，饿其体肤，空乏其身，行拂乱其所为也，所以动心忍性，增益其所不能。——《孟子》

12.人无善志，虽勇必伤。——《淮南子》

13.坚志者，功名之主也。不惰者，众善之师也。——《抱朴子》

14.人患志之不立，亦何忧令名不彰邪？——刘义庆

15.大丈夫处世，当扫除天下，安事一室乎！——《后汉书》

16.志向和热爱是伟大行为的双翼。——歌德

17.水激石则鸣，人激志则宏。——秋瑾

18.不登高山，不知天之大；不临深谷，不知地之厚也。——荀况

19.会当凌绝顶，一览众山小。——杜甫

20.真正的才智是刚毅的志向。——拿破仑

21.贫而懒惰乃真穷，贱而无志乃真贱。——罗丹

22.让自已的内心藏着一条巨龙，既是一种苦刑，也是一种乐趣。——雨果

23.得进一寸进一寸，得进一尺进一尺，不断积累，飞跃必来，突破随之。——华罗庚

24.学者须先立志。今日所以悠悠者，只是把学问不曾做一件事看，遇事则且胡乱恁地打过了，此只是志不立。——朱熹

25.立志是读书人最要紧的一件事。——孙中山

26. 志不真则心不热，心不热则功不紧。——颜元

27. 立志在坚不欲说，成功在久不在速。——张孝祥

28. 没有坚定不移的信心，任何行动都会失败。——华·欧文

29. 人生是一场无休、无歇、无情的战斗，凡是要做个够得上称为人的人，都得时时向无形的敌人作战。——罗曼·罗兰

30. 只要朝着一个方向努力，一切都会变得得心应手。——勃朗宁

31. 伟大的人物都走过了荒沙大漠，才登上光荣的高峰。——巴尔扎克

32. 谁有进取的意志，谁就干得成。——罗曼·罗兰

33. 一个从不怀疑生活方向和目标的人，绝对不会绝望。——莫里亚克

34. 志不立，如无舵之舟，无衔之马，漂荡奔逸，何所底乎？志不立，天下无可成之事。虽百工技艺，未有不本于志者。——《训欲遗规》

35. 人品、学问，俱成于志气，无志气人，一事做不得。——申居郧

36. 咬定青山不放松，立根原在破岩中，知磨万击还坚韧，任尔东西南北风。——郑板桥

37. 凡事都要脚踏实地去作，不驰于空想，不骛于虚声，而惟以求真的态度作踏实的工夫。以此态度求学，则真理可明，以此态度作事，则功业可就。——李大钊

38. 凡是新的事情在起头总是这样，起初热心的人很多，而不久就冷淡下去，撒手不做了。因为他已经明白，不经过一番苦工是做不成的，而只有想做的人，才忍得过这番痛苦。——陀思妥也夫斯基

39. 一日一钱，千日千钱，绳锯木断，水滴石穿。——班固

40. 欲速则不达，见小利则大事不成。——春秋孔丘弟子

41. 虽有天下易生之物也，一日曝之，十日寒之，未有能生者也。——孟轲

42. 正路并不一定就是一条平平坦坦的直路，难免有些曲折和崎岖险阻，要绕一些弯，甚至难免误入歧途。——朱光潜

43. 忧劳可以兴国，逸豫可以亡身，自然之理也。——欧阳修

44. 白首壮心驯大海，青春浩气走千山。——林伯渠

45. 青年人首先要树雄心，立大志，其次就要决心为国家、64. 人民作一个有用的人才；为此就要选择一个奋斗的目标来努力学习和实践。——吴玉章

46. 落拓而无成者，皆自谓不痴者也。——蒲松龄

47. 天行健，君子以自强不息。——《易经》

48. 志之难也，不在胜人，在自胜。——《韩非子》

49. 人若志趣不远，心不在焉，虽学无成。——张载

50. 生当作人杰，死亦为鬼雄，至今思项羽，不肯过江东。——李清照

附录三　标点符号正确使用方法大全

顿号

1.用于并列的词或短语之间。

例1:中国共产党是光荣、伟大、正确的党。

例2:周恩来是民族英雄、党的领袖、开国元勋、人民公仆、世界伟人。

2.数字相连表概数,中间不用顿号。

例3:我刚要跨过大门,被一个十二三岁的女孩子捉住了。七八个人/三四个月/三、四月份/三五之夜/年方二八/三八妇女节/诗的三、四联/退居二、三线的老同志

3.集合词语内不用顿号。

例4:别不分青红皂白,见人就埋怨。工农业/指战员/科学技术/调查研究/教职员工/男女老少/父母/师生

4.顿号与连词不能同时使用。

例5:孩子们给在地里劳动的父母送来了开水、地瓜和煎饼。所谓同时使用是指用于一处,起相同作用。例如:开水、地瓜、和煎饼。

5.并列成分后带有语气词不用顿号。

例6:这里的山啊,水啊,树啊,草啊,都是我从小就很熟悉的。

6.并列成分出现不同层次,大并列用逗号,小并列用顿号。

例7:过去、现在、未来,上下、左右,中国、外国,都是互相联系、互相影响、互相制约的。

7.并列的主语、宾语根据并列成分短长选用顿号或逗号。

例8:他是我们中国共产党的英明领袖,中华人民共和国的开国元勋。

例9:这翻滚的麦浪,这清清的河水,这鲜艳的山花,使年轻人深深地陶醉了。

8.并列的定语、状语间一般用顿号。

例10:年仅三十岁、无儿无女、重病在身的老王,是个老红军。

例11:他也跟着大摇大摆、若无其事地走进会场。后置的并列定语间用逗号。/并列的介宾短语作状语,之间一般用逗号。

9.并列的谓语、补语间一般用逗号。

例12:我走后,你要不断进步,识字,生产。

例13:这个故事讲得真实,感人。共带一个宾语的并列谓语间用顿号。/并列补语不需要强调时,之间用顿号。

标题中的并列一般用空格或连词表示而不用顿号。/复指造成的并列成分间一般用

逗号。

逗号

1.不要在不该停顿时用逗号。

例14:俗话说,“礼多人不怪”嘛。使句子支离破碎。

2.该用句号作结时不要用成逗号。

例15:中国领导人决心防止“非典”的再次爆发,卫生部长吴仪表示愿意改革中国的卫生保健体系,这给国际卫生官员留下了深刻的印象。这样会使文章一逗到底。这是作文书写中的常见毛病。

3.逗号不要和顿号、分号、冒号混淆。

4.逗号和标号同时使用时位置要得当。

分号

1.并列复句的分句间和非并列关系的多重复句的第一个层次间一般用分号。

例16:惨象,已使我目不忍视了;流言,尤使我耳不忍闻。

例17:这样的人往往经验很多,这是很可宝贵的;但是,如果他们就以自己的经验为满足,那也很危险。多重复句辨别第一层次位置是关键,也是难点。

2.并列分句中没用逗号,不能径直使用分号。

例18:虚心使人进步;骄傲使人落后。只要有一个分句内用了逗号,分句间就可以用分号。

3.分条陈述时,每一条不管是词、短语还是句子,每条内部不管有没有逗号,之间都可用分号。

例19:农民对一个好的农村干部的要求是:一、办事公道;二、自己不要吃得太饱;三、有经济头脑。

冒号

1.一般有提示下文和总结上文两种作用。

例20:今天晚上有如下节目:舞蹈、独唱、二重唱、相声和杂技。

例21:做,要靠想来指导;想,要靠做来证明:想和做是紧密联结在一起的。

2.冒号提示下文时不能用在非提示语后面。

例22:通过这件事,我深深地体会到:依靠群众,坚持调查研究的重要性。不能在没有明显停顿的地方用冒号,而非提示语后面没有明显停顿。

3.冒号一般不能套用。

例23:事实证明:我们应该坚持我们的基本路线:一个“方针”、两个“基本点”。

4.冒号一般只管到一句话结束,不能管几个句子。

例24:农民对一个好的农村干部的要求是:一、办事公道。二、自己不要吃得太饱。

三、有经济头脑。提行处理或加引号处理例外。

5.如果提示的内容不是句子全部，而是部分的话，则不能用冒号。

例25:本市的三位女杰:王安忆、王小鹰、程乃珊在一起谈笑风生。

例26:林则徐宣称:“若鸦片一日未绝，本大臣一日不回，誓与此事相始终，断无中止之理”，表示决心禁绝鸦片。写作中只引用别人的一部分话，引文前不用冒号，亦即冒号后一般是完全引用。

6.“某某说”等提示语在引文前用冒号，在引文中用逗号，在引文后用句号。

例27:他环视了一下会场说:“大桥就要通车了，请大家咬紧牙关，做最后冲刺。”

例28:“大桥就要通车了，”他环视了一下会场说，“请大家咬紧牙关，做最后冲刺。”

例29:“大桥就要通车了，请大家咬紧牙关，做最后冲刺。”他环视了一下会场说。

感叹号

1.两个以上叹词相连使用，一般只在最后用一个叹号。

例30:“啊，啊!”伊又吃了惊……也有两个叹词后都用的，如:“救命啊！救命啊!”一个声音在呼喊。

2.叹词句和感叹句连用，一般只在最后用一个叹号，叹词后用逗号。注意倒装

例31:啊，这赠品是多么丰饶啊!

问号

1.选择问一般只在末尾用一个问号。

例32:你同意呢，还是不同意呢？区分连续问。

2.主谓倒装的句子只在句末用一个句末点号。

例33:怎么了，你?

例34:出来吧，你们!

例35:真好看，这只猫。

其他倒装句也是如此，如:荷塘四面长着许多树，蓊蓊郁郁的。/应该是这样，我想。

引号

1.完全引用的句末点号放在引号里;不完全引用的引文后如用点号放在引号外。

例36:爱因斯坦说:“想象力比知识重要。”

例37:徐悲鸿笔下的马，正如有人所评的那样，“形神兼备，充满生机”。引文完整且独立成句，为完全引用;引文不完整或完整不独立，为不完全引用。

2.意引不用引号。

例38:小姑娘告诉我:“她的家就在附近，每天她都会看到月亮湾的珠玑，看到无数采珠宝的客人们。”引用包括直引和意引。/转述属于意引。

3.引文内还有引文，里面用单引号。

例39:他站起来问:“老师,‘有条不紊’的‘紊’是什么意思?”

4.引文的范围要准确。

例40:当太阳完全被月亮的身影遮住时,与神女般若隐若现的“海尔—波谱”彗星相比,清晰的水星亮晶晶地伴在被遮黑的太阳旁边,金星、木星也同时出现在天宇。“哈雷彗星”/“拿来主义”/“希望工程”

5.以地名来命名的厂、路、站、工程等均不需引号。

例41:我过第一座自主设计、自行建造的国产化商业核电站“秦山第二核电站”的2号机组反应堆首次临界试验获得成功,将于年内并网发电。“京广铁路”/“大亚湾核电站”/定州“北雁商城”

括号

1.句内括号紧贴在被注释部分之后,如被注释部分这里需用点号,挪到括号后。

例42:中国猿人(全名“中国猿人北京种”,或简称“北京人”)在我国的发现,是对古人类学的一个重大发现。

例43:这就是中国猿人(全名“中国猿人北京种”,或简称“北京人”)。

例44:我们在田间,可以看到有些瓜果、蔬菜的叶子(如丝瓜、番茄)是平伸的,有些作物的叶子(如水稻、小麦)是直立的。注释句中某一部分的用句内括号。/句内括号内部文字末一般不用点号(叹号、问号除外)。

2.句外括号放在句末点号后。

例45:写研究性文章跟文学创作不同,不能摊开稿纸“即兴”。(其实文学创作也要有素养才能“即兴”。)注释全句的用句外括号。/句外括号内部文字末点号要原样保留。

省略号

1.引文的省略,用省略号标明。例如:

例46:她轻轻地哼起了《摇篮曲》:“月儿明,风儿静,树叶儿遮窗棂啊……”

2.省略号前的列举一般不能少于三项。

例47:在广州的花市上,牡丹、水仙……春秋冬三季的鲜花都挤在一起啦。“等”前的列举不能少于两项。

破折号

1.要正确区分破折号和括号。

例48:假如我有一首诗——不敢奢望一首以上——能像《唐诗三百首》的任何一首那样,为后世所认可,为子孙所传播,我也就死而无憾了。

例49:每个汉字都凝结着先人对已知世界的渐悟(它积淀着几经迷失的文化传统及富有民族个性的道德伦理尺度)和对未来世界的哲思。如注释内容较重要,需与正文一起读出来,就用破折号;如注释内容不重要,不需与正文一起读出,就用括号。

2.要正确区分破折号和冒号。

例 50:我国的四大发明——火药、印刷术、指南针、造纸术,对世界历史的发展有伟大的贡献。

例 51:今天晚会上有如下节目:舞蹈、独唱、二重唱、杂技和相声。用破折号注释,中间没有停顿或停顿很短,删去注释部分,句子仍完整;冒号表总分时,分说部分不能去掉,且冒号停顿时间较长。

3.要正确区分破折号和逗号。

例 52:我就是我——一名普通的幼儿教师。

例:对于这个城市,他并不陌生。破折号比逗号停顿时间长,强调作用强;破折号多强调以后成分,而逗号多强调以前成分。

4.破折号不要和"是"等赘余。

例 53:我的母亲——是一个普通劳动妇女,含辛茹苦却毫无怨言。

书名号

1.书名号标明书名、报名、刊名、篇章名、剧目名、歌曲名、文件名等。

例 54:《红楼梦》/《语文报》/《读者》/《序言》/《小兵张嘎》/《懂你》/《标点符号用法》/"东方时空"/"理想"主题班会要区分引号和书名号。/封面、书脊、书刊版权页、正文标题等都不用书名号。

2.书名内的书名用单书名号;注意书名和篇名连用。

例 55:《〈宽容〉序言》/《读〈石钟山记〉有感》/《史记·廉颇蔺相如列传》/《念奴娇·赤壁怀古》要分清书名范围。如:"《求是》杂志"/"《同学》编辑部"/《琵琶行(并序)》

说明:问号、叹号兼有标号作用,破折号、省略号兼有点号作用,其特殊用法本表不涉及。

参考答案

第一讲　练习答案

一、1.C　2.B　3.C　4.D　5.D　6.C　7.D　8.C　9.C　10.C　11.C　12.D　13.C　14.D　15.B　16.D　17.D　18.A　19.D　20.C

二、1.D　2.B　3.D　4.A　5.A　6.C　7.D　8.B　9.B　10.A　11.C　12.D　13.C　14.C　15.D　16.C　17.A　18.D　19.D　20.A

21.马首是瞻　马不停蹄　伯乐相马　秣马厉兵　快马加鞭　金戈铁马　横刀跃马　驷马难追　策马奔腾　牛头马面

22.(1)西风落叶　(2)桐叶知秋　(3)天高气爽　(4)秋高气爽　(5)金风飒飒　(6)江枫渔火　(7)林寒涧肃　(8)秋风萧瑟

23.闭月羞花　沉鱼落雁　出水芙蓉　美如冠玉　倾国倾城　国色天香　弱不禁风　鹤发童颜　眉清目秀　心慈面善

三、1.C　2.B　3.A　4.C　5.D　6.D　7.C　8.A　9.C　10.B　11.C　12.B　13.B　14.B　15.D　16.D　17.B　18.A　19.B　20.B

第五讲　练习答案

一、1.你正在听什么？听歌呢，我让你好好听讲，是听老师讲课啊，这是一回事吗？

2.值日不仅仅是打扫卫生，还要维护好环境卫生，让大家有一个干净整洁的学习环境；你乱扔废纸是一种坏习惯，既没有尊重别人的劳动，又影响了环境，违背了社会公德。

3.列宁的确说过：不会休息的人就不会工作；但他从来没说过"为了休息好，可以耽搁学习时间"这样的话呀，再说你老是迟到睡过头，也没怎么见你更好地学习啊。

二、开口便叫孙娘子，定知房内无丈夫。

三、略　四、略　五、略

六、1.活动要求及步骤：

通过这三场辩论活动，使同学们能够围绕某一问题进行立论或反驳，注重临场应变和团队配合，做到观点鲜明，思路清晰，论据充分，有一定的说服力和感染力。

步骤一：确定辩题及辩手，选出主持人、计时员和评委；

用抽签方式确定正反方，每方各确定 4 名同学作为辩手并明确分工；选出主持人 1 人（也可以由教师担任），掌握调节赛场气氛和节奏；计时员 1 人，记录、提醒双方发言时间；评委 3～5 名，评定双方得分。

步骤二：拟定比赛规则；

比赛规则包括辩论时间、辩手发言先后顺序等内容（如要调动全班同学参与意识，避免冷场，经主持人许可，双方支持者也可参加自由辩论，发言时间不计入双方辩论时间）。

步骤三：成绩评定与赛后讨论交流；

双方成绩由个人分数和团体分数两部分组成，可参考以下标准：

个人分数(100 分)

内容表现(30 分)：对辩题分析准确，言之成理；论据充分，有说服力，结论合乎逻辑。

辩驳能力(30 分)：能敏锐抓住对方破绽予以反驳。

表达能力(30 分)：语言明白晓畅，生动幽默，普通话发音标准，能恰当地运用形体语言。

赛风展示(10 分)：用语得体，不向对方进行人身攻击或人格侮辱，服从主持人的调度安排。

团体分数(50 分)

全队注重整体配合、分工协作，自由论辩中没有出现抢辩或冷场。

步骤四：辩论结束后，同学之间交流辩论体会，做出自评和互评，教师可适当点评。

2. 略

七、略

第六讲　练习答案

一、朗读练习

(一) 这段文字不足 130 个字，但涉及了较多的多音多义字，而读准字音是朗读最起码的要求，一本《新华字典》是必不可少的朗读伴侣。如：

冠 guān：冠心病　冠状动脉　冠冕堂皇

冠 guàn：冠军

供 gōng：供应　供氧　提供　供销　供参考　供给制

供 gòng：供佛　上供　口供　招供　供认

血 xuè：血管　血流　血压　出血　血性

血 xiě：血淋淋　血晕　缺血

塞 sè：闭塞　阻塞　塞责

塞 sāi：堵塞　塞子　塞住

塞 sài：边塞　要塞　塞外

冠(guān)心病是冠(guān)状动脉粥样硬化性心脏病的简称。它是由于供(gōng)应心脏营养物质的血(xuè)管——冠状动脉发生了粥样硬化所致，这样粥样硬化的斑块，堆积在冠状动脉内膜上，越积越多，使冠状动脉管腔严重狭窄，甚至闭塞(sè)，从而导致了心肌的血(xu)流量减少，供(gōng)氧不足，产生一系列缺血(xiě)性表现。

(二)略　(三)略　(四)略　(五)略

二、演讲练习

本节能力训练的思路是按照从登台演讲的体态到开场白的设计、从命题演讲到即兴演讲、从欣赏观摩到亲历实践这样由易到难由浅入深的过程，力图使学生通过循序渐进的训练掌握演讲的基本方法，从而提高口语表达水平。

(一)略　(二)略　(三)略

(四)《学问之趣味》简析

梁启超(1873—1929)，字卓如，号任公，又号饮冰室主人，广东新会人。近代维新派领袖、学者，其著作编为《饮冰室合集》。梁启超先生不但是我国近代的国学大师、改革家，还是一位非常出色的演讲家。他的演讲旁征博引、深入浅出，让人听着轻松，感受深刻，处处闪耀着智慧的光芒。

这是一篇论说求取学问趣味方法的演讲，梁启超先生谈的是自己的真实体会。演讲首先从"趣味"谈起，认为人的一生应该生活于趣味之中，因为这是一种有价值的生活。倘若只把生活作为消遣，"我劝他不如早日投海"。说明白点，就是不如不活着。那么什么是"趣味"呢？梁启超举了人们生活中经常接触的赌钱、吃酒、做官这三个例子，认为这些都不应该是趣味，真正的趣味应该是以趣味始、以趣味终的做学问。

但是做学问的趣味如何才能尝得？也就是说获取趣味的方法是什么？梁启超认为首先要"无所为"，即不能带有任何功利的目的；其次要"不息"，即持之以恒，不能有丝毫的懈怠；第三是要进行"深入的研究"，不能浅尝辄止，停留在问题的表面，或仅仅是一知半解；第四要"找朋友"，这个朋友不是一般意义上的朋友，而是在做学问的道路中能够从专业上或精神上相互支持和促进的朋友。如果具备了这四点，也就寻求到了获得做学问之趣味的方法。由于联系了自己的亲身经历，有理有据，谈的深、论的真，因而让人心悦诚服。

清晰的结构和合理的铺垫是这篇演讲的第二个特点。这篇演讲的主要内容是讲述了四点寻求趣味的方法，这些内容很有条理，但是开头的两段绝不是可有可无的。没有这两段的恰当铺垫，后面的论述就不会像现在这样深入透彻。必要的铺垫和过渡，避免了突兀、生硬的毛病。

鲜明生动的语言是这篇演讲的又一特色。且不说演讲中使用了比喻、设问、反问等修辞方法，那娓娓叙谈的语气、通俗浅显的语言，也都令人为之动情。

《宜将寸草报春晖》简析

这篇演讲稿是印度姑娘拉米雅沙尔玛参加第二届全国华语演讲比赛时使用的，她曾就读于湖南师范大学中文系对外汉语专业。

寸草，比喻子女；晖：阳光，形容母爱如春天和煦的阳光。儿女孝心如同春天小草，怎能报答春晖般的慈恩。这篇演讲稿的中心论述了中国的传统美德。演讲者从自己的母亲写起，首先写到天下的父母为子女作出的牺牲和奉献，从而引出演讲的主题：孝敬父母，天经地义。然而，这个本不应该成为问题的问题却成了古往今来一个共同的社会问题。接着演讲者把父母对子女的无私的爱和奉献与子女对父母的冷酷、自私进行对比，产生了强烈的震撼效果。最后谈到子女应该如何孝敬老人。收尾处引用孟郊的《游子吟》诗可谓水到渠成，卒章显志，使文章余音袅袅，意味深长。全篇主旨明确，条理清晰，一气呵成，富有感染力和号召力。

这篇演讲稿最大特点之一是选择了大量的典型生动、有说服力的材料，古今中外，事例名言各有千秋。不仅所举的典型事例十分感人，并恰到好处地进行了抒情议论，情理相生，以启迪听众的心灵。文章引用孔孟的哲言，说理透彻，含蓄隽永。

演讲稿在讲述了两位母亲的感人事迹之后有几句最富震撼力的话："面对苍天，面对高山，面对大海，我们都要记住：孝敬父母，天经地义！"演讲中这里应该紧承前面的叙述语气，转入凝重，一句比一句重地说出前面三个排比句，造成一种排山倒海的气势。说完"我们都要记住"之后稍作停顿，让听众产生期待感。说"孝敬父母"这句时，音量稍低，但低而不弱，以便突出最后一句。说"天经地义"时，应一字一顿，音量加大，有斩钉截铁之势，加上强有力的手势配合，就会自然形成高潮。

（五）略　（六）略

第七讲　练习答案

一、招聘现场常见的问题有：

1. 请你自我介绍一下：

这是面试的必考题目，介绍内容要与个人简历相一致，表述方式上尽量口语化，要切中要害，不谈无关、无用的内容，条理要清晰，层次要分明，可以事先写好背熟。

2. 谈谈你的家庭情况：

该问题主要是想了解应聘者的性格、观念、心态等情况，回答时可以先简单地罗列一下家庭成员，再介绍温馨和睦的家庭氛围，强调父母对自己教育的重视和家庭成员对自己工作的支持，强调自己对家庭的责任感。

3. 你最崇拜谁？

不宜说自己谁都不崇拜或者说只崇拜自己；也不宜说崇拜一个虚幻的、明显具有负面影响的或是不知名的人。最好说出自己所崇拜的人的哪些品质、哪些思想感染着自己、鼓舞着自己。所崇拜的人如果能与自己所应聘的工作能"搭"上关系则更好。

4. 你是应届毕业生，缺乏工作经验，如何能胜任这项工作？

作为应届毕业生，我在工作经验方面的确会有所欠缺。在校读书期间我一直利用各种机会，在这个行业里做兼职。我也发现，实际工作远比书本知识丰富、复杂；但我有较强的责任心、适应能力和学习能力，而且比较勤奋，所以在兼职时均能圆满完成各项工作，从中获取的经验也令我受益匪浅。请贵公司放心，学校所学知识及兼职的工作经验使我一定能胜任这个职位。

5. 你是独生子女吗？

1：不是的，我还有一个弟弟，现在读初三。所以我们家现在正处在关键时刻，弟弟要考高中，我要找工作。希望我能给弟弟开个好头，呵呵！（挺温馨的回答，挺有责任心的姐姐）

2：是的，我是家里的独生子。小时候不懂事，只觉得特幸福，现在感到压力挺大的。我爸妈都是普通工人，将来只能靠我养家呀。所以呢，要努力工作才行。（一个懂事的孩子，不可能太娇气）

6.你有什么问题要问我吗?

1:您是总经理,肯定特别忙,我就不提问了吧。其实在前几轮的面试里,××主任已经回答了我不少问题了,呵呵!

2 :马上就 12 点了,您该午休了,我就问一个特别简单的问题吧。我想知道如果我能通过您今天的面试,未来还有几轮面试呢? 呵呵!

3:我刚才在等面试的时候读了一下我们的月报,上面说我们银行的数据中心用的很多设备都是 IBM 的小型机 AS400, RS6000,这些设备我们从来没有接触过。我想知道,公司会对我们先进行系统培训吗? 还是需要我们边工作边学习?(针对未来的工作内容进行提问,比较容易赢得面试官的好感)

二、甲同学可以这样说:跳槽固然是一次机会,但未来不可预知的风险也同样需要自己承担,如果没有准备充分,很可能自己原有的一切都会付诸东流。再说,我相信我们的公司将来也会不断发展壮大,更上一层楼 ,我在公司内部就能找到"高处",实现自己的人生价值,何必要冒着风险去别的公司呢。

三、略

四、略

五、活动步骤 1:活动前,教师进行必要的辅导和交代,提出相关要求,注意纠正学生在面试过程中可能暴露出来的各种不良习惯;学生查阅资料,自行拟定面试试题及过程,设计模拟应聘面试评分表;

步骤 2:以小组为单位,由 3—4 名学生组成面试主考方,该组其他学生为应聘方,逐一参加面试,面试时间约 5 分钟,主考方填写模拟应聘面试评分表。之后双方同学互换角色,重新开始面试。活动过程中教师担任评判,指导活动顺利进行;

步骤 3:整个一轮结束后,组织学生就不同角色进行互评、讨论,教师应及时归纳总结,肯定成绩,纠正错误。

六、略

七、三步上篮的动作要领可用"一大、二小、三跳"六个字进行概括,既简明扼要,又便于记忆。以右手单手投篮为例:右脚跨出一大步的同时接球(即一大),接着左脚跨出一小步并用力蹬地起跳(即二小),然后右腿屈膝上抬,同时举球至头右侧上方,当身体腾空接近最高点时,右臂向前上方伸出,手腕前屈,手指用力拨球将其投出(即三跳)。与此同时,两脚落地,三步上篮动作完成。

八、略　九、略　十、略　十一、略

第八讲　练习答案

一、介绍与交谈

(一)要求:1. 用普通话,表述清楚,有重点(个性特征、爱好特长等),有条理;

2. 声音适量,举止大方,表情自然。

(二)提示:1. 要注意场合,热情友好,叙谈友情等可待会后进行。

2. 把握时机,恭敬有礼,自然大方,先用简洁的语言介绍自己,视对方的反应,再决定是否继续交谈。

3. 话题很多，比如：回忆过去经历的趣事、趣人，关心当下各自的生活和学习，畅谈理想与未来等等，总之要热情友善、真诚乐观、幽默风趣。

4. 先了解双方是否有认识的愿望，若有，再居中介绍；引见后可以双方共同的爱好、共同认识的朋友或相似的工作经历等为话题进行交谈。

5. 礼貌地向女营业员打招呼，拿出鞋子和发票，清楚地说明情况、表达诉求，相信一定能解决问题。

6. 要选择适当时机（比如情绪较平静时），对袁帅演讲中的长处加以肯定、赞美，也可适当地指出不足，表示愿意一起努力，争取共同进步。告诉家人时，方式很多，只要让家人分享你的喜悦即可。

7. 介绍方式很多。注意区别口语和书面语，“徐凡”后面要加称呼，突出徐凡的教授身份、红学界后起之秀（转换为“研究专家”），徐凡的成就、成果可根据文学社同学的实际水平作相应介绍，介绍时语调热情，声音响亮，吐字清晰，要表达欢迎和感谢之意。

（三）1. 答案不唯一。方某某先礼貌地向评委问好，然后自我介绍，包括：专业能力、对中职教育的认识、爱好特长等，面试时要注意仪容仪表，举止得体，用词准确，口齿清楚，结束时，要表示感谢。

2. 武某某应先向老师介绍自己的老公、孩子，再向老公、孩子介绍老师；交谈内容包括：关心老师身体；介绍自己这些年的工作、生活；谈谈校庆活动等都可。

3. 提示：张力的劝慰要真诚友爱，发自内心，且有具体的帮助方法。

4. 提示：马羚要以温和的态度，有礼有节地劝说。

5. 提示：李强要心平气和，态度诚恳，让父母了解食品专业的优势及自己的爱好，结合现实事例，说明这个专业并非不体面、没出息，争取父母的理解。

6. 提示：小郝首先要压住怒气，避免发生争吵。可以正面指出对方的错误，也可用幽默的言语提醒对方。

（四）1. 该男生搭讪方式过于直接，不够礼貌，且用词不当，“吃那么多，小心长胖”犯了女生忌讳。

2.（1）前者明白此时朱元璋的身份及自己说话的场合，使用一系列的形象比喻，恭维而隐晦的话语既倾诉和朱元璋的交情，又维护了皇帝的尊严、面子，而后者恰恰相反，所以二人的待遇自然不同。

（2）虽然二人说的是同一件事，但前者形象地比喻，巧妙地赞美；后者口无遮拦，毫不顾忌，触碰了朱元璋的雷区。

3. 吴某和乘务员都没能做到礼貌用语，且态度不友善。

4. 他们的做法都不正确。荣总未了解对方的意愿，未选择恰当的时机贸然自我介绍；而牛董的漫不经心，缺少应有的社交礼仪。

5. 女方因受领导批评而恼火，男方此时谈结婚时机不对。

6. 刘琦营造了适当的交谈时间和地点，使得诸葛亮无法推辞。

7.此人说话不看场合和对象,没有注意到环境,说了“死”字犯了大忌。

二、拜访与接待

(一)略　(二)略

(三)小王拜访前准备充分,拜访中观察细致,寒暄自然,业务精通,拜访结束时,礼貌告别,并巧妙地预约了下次拜访时间。

(四)1. 答案不唯一。你不能直接询问对方的需求,以免对方难堪,可以先聊聊其他的话题,适当的时候再引入正题。

2. 方法不一。你可以看看钟表给对方暗示,可以委婉地提醒时间很晚,可以关心对方注意身体,使对方心领神会等。

3. 答案不唯一。你可以委婉地推说“茶太烫”,就势放下,或借聊天等茶凉了再更换,总之,一定要顾全女主人的面子。

4. 小利首先电话联系经理确认老友身份,再礼貌、周到地接待客人。

5. 例:接电话——小周:您好! 这里是XX公司,请问您有什么事? ……您好! X经理,要来公司考查? ……好的。要接机? 什么时间? 多少人? ……好的,我马上汇报,有什么情况,随时联系。再见,X经理!

接机——(机场出口)小周:X经理,您好(主动握手)! 辛苦啦! (接过行李)车子在那边,请跟我来。(引至车边,以5座轿车为例,安排X经理坐在司机后排右手位)。

(五)1.某人说话不看对象,不分场合,咬文嚼字,不使用日常生活语言,乱用敬辞,让人难以听懂,哭笑不得。

2.李太太可以说:“太太说出了一个事实,中日的文明是同源的,中国的文明哺育了日本人民”。含蓄得体,符合交际场合,且顾全了对方的尴尬。

3.小郑没有预约,冒失闯入,且不顾对方意愿,夸夸其谈,盲目推销,最后只能灰溜溜地离开。

4.不对。接待工作要求:礼貌接待,不做与接待无关的事,认真倾听,若想结束接待也应委婉表达,而不是冷嘲热讽。

5.总理的恼火是因为工作人员未能做到礼貌送客,违背了外交礼仪,有损国家形象和声誉。

6.小胡的举止不合礼仪。见到重要客人未主动伸手,虽帮客人拿了行李,但动作粗鲁。客人的乘车座位安排错误,与客人的谈话涉及别人隐私,自然引起客人的反感。

三、赞美与批评

(一)1.对　2.对　3.错　4.错　5.错　6.对　7.对　8.对　9.对　10.错

(二)略　(三)略

(四)1. 答案不唯一。注意不能直接批评,可先找出演讲稿的优点加以赞美,然后以“若能这样可能更好”转折,引出修改意见。

2. 答案不唯一。先对A同学热爱劳动、关心集体的行为加以表扬,再和他一起动手贴墙纸,似不经意中修正贴歪的部分。

3. 答案不唯一。可以关心某同学的安全和身体为由，建议他不要晚归，委婉地指出他对其他人的影响及别人的感受。

4. 答案不唯一。作为主管首先要身体力行，针对刘小云可先表扬她穿便装很漂亮，然后委婉地指出上班时间要遵守公司的规章制度。

（五）1. 略。

2.外语教师运用了委婉含蓄的批评方式，让同学们意识到自己的错误，并欣然接受批评。

3.科长的批评太过直白，小胡很难堪，也难以接受。先找出小胡的优点加以赞美，再批评其写字不工整，赞美中夹杂着批评更能让人信服。

4.正手按规章制度办事，面对副手的牢骚，他没有针锋相对地争辩，而是和颜悦色，理解和照顾了对方的情绪；而副手知错就改，真诚道歉，换来了双方更加深厚的友情。

5.教师巧借教学内容幽默风趣地批评了违纪的同学，含而不露，着实高明。

第九讲　练习答案

一、壹、贰、叁、肆、伍、陆、柒、捌、玖、拾、佰、仟。

二、1.“96”、“82”是物品数量，要大写。

2.“3000 元”要大写。

3.语言不规范。

4.“贵体欠安”用语不得体。

5.语言不简洁，条理不清晰。

6.不能事后请假 。

7.语言不规范。

8.“尽快来”用语不得体。

9.“李某借周某现金人民币壹万圆整”表达有歧义。

三、1.欠条　2.借条　3.欠条　4.欠条

七、1.(1)称谓　(2)问候语　(3)正文　(4)结束语　(5)署名　(6)日期

2.第一处是：问候语　应改为：问候语应写在称谓的下一行，前面空两格。

第二处是：正文　应改为：××××××。你想来参加大会，我们十分欢迎。（改为，）只要你们单位领导同意你来，（改为。）

第三处是：结束语　应改为：结束语分两截，前一截连接正文，或另起一段，空两格写；后一截必须另起一行，顶格写。

第四处是：日期　应改为：日期应当年、月、日都写出

八、③删去“专家学者”，④“围绕”后加“与”，⑥“同事”改为“同仁”，⑦删去“务必”

九、格式上：1.没有标题；2.“您好”位置不对；3.落款的日期处没有写年、月、日。

内容上：1.整体上，夸夸其谈，不谦虚；2.避重就轻，没有重点介绍胜任职位的能力，反而对自己的体育技能一再强调；3.态度不诚恳，语气强硬；4.没有附上有力的证明材料；4.未留联系方式。

第十一讲　练习答案

一、评改例文：

1. 导语与主体的内容重复。导语应是主体的"浓缩"，而不是"重复"。在导语中，把"绿色通道"这个核心点出来就够了，没有必要把它展开，展开则是主体的职责。另外，由于导语中提到的"初级职称不再评审，全部实行考核认定"，不能认定是否属于"绿色通道"之列——"考核"与"评审"究竟谁易谁难不能确定。所以，在这篇报道中可以不写有关初级职称的内容。

可修改为：据深圳市职称管理办公室透露，从今年起，深圳市专业技术资格评审工作将进行重大改革，对部分高中级职称评审、申报开辟"绿色通道"。

2. 这篇报道的导语在开头独立成段；作者采用概括式写法，概述了该消息的基本内容。

二、(1)现代信息技术为公安系统提供了方便，而生活在信息时代，老百姓的日常生活也变得更加方便了。据〈解放日报〉报道：

(2)今天的信息还不止这些。下面关于扑灭禽流感疫情的消息，想必是大家更关注的。据新华社报道：(意对即可)

三、安南与布雷默商讨联合国重返伊拉克问题

四、旅顺警方大力整治学校周边环境。

五、法国队意外落马，中国队轻松过关。

六、"提高全社会的环保意识、生态意识刻不容缓"或"加大库区'清漂'工作的力度"。

七、当年曾在徐州生活、战斗过的 9 名八旬老人从全国各地齐聚徐州，共忆往昔峥嵘岁月。

八、①淮河大桥今天举行通车典礼；

②这是一座铁路公路两用桥；

③它的落成使淮南市到淮北市的路程缩短了几百公里；

④省委领导同志参加了这个典礼。在省委领导同志参加下举行了通车典礼。

九、(第一句)昨天下午，七年级五班组织了"放飞理想"主题班会活动，教室里热闹非凡。(第二句)在阵阵掌声伴着欢快的笑声里，学生们先后上场，尽情表达(改为：展示)自己的特长，倡(改为：畅)谈自己的理想。(第三句)有的同学大方地走上来，深情款款地朗诵着；有的同学则把自己的满腔热情，借着笔墨，尽情挥洒成心爱的书法作品，献给大家……(第四句)这场班会课不是学生才艺与特长的展示，就是他们理想和心情的放飞。(改为：这堂班会课既是学生才艺与特长的展示，又是他们理想和心情的放飞。病因：关联词不当)

十、B

十一、1. 这种所谓的"文明惩罚"，有时候会叫你继续到两个小时以上。(原题目更正为：这种"文明惩罚"，有时候会叫你继续到两个小时以上。)

2. 这些产品全部都不合格。

3. 出席讨论会的有两位省劳模，他们分别是山西矿务局的傅昌旺和灵邱县的刘栓璧。

4. 如果想对中国古代史的史料有一个初步的了解，可以参阅1957年古典文学出版社出版的《四库全书简明目录》史部的有关部分。

5. 书中的错误和疏漏是免不了的。

6. 我靠着船舷向远处望去，只见江水滚滚。

7. 他做木工活已经十分熟练。

8. 书目是打开知识宝库的钥匙。

十三、到发稿时已捐款3万多元，图书文具一批。据了解，这批捐款及图书文具将在最近送到清远市的希望小学。

十四、①今天去三亚旅游，如果能带上一些防晒物品，会使您更加惬意。比起在三亚来，黑龙江的漠河却是另一派风光。飞舞的雪花会记南方的朋友欣喜不已。但请您一定多穿些衣服，以防感冒。具体天气是

②北方的漠河用洁白的雪花迎接来访的客人，西南的大理则以温柔的小雨期待您的光临，加上舒适的温度，今天登临苍山，泛舟洱海，相信朋友们会流连忘返。提醒您带上雨伞。大理具体天气情况是

第十二讲　练习答案

一、诉讼文书

1. 民事原告 侵害 事实和法律 裁判

2. 首部 正文 尾部 附项

3. 标题 基本情况

4. 民事案件 独立请求权的第三人 上诉期限 判决或裁定不服 撤销 变更

5. 首部 正文 尾部 附项

6. 标题 基本情况 案由

7. 诉讼请求 事实 理由 证据

8. 请求 理由

9. 致送人民法院的名称 起诉人签名

10. 上诉状副本份数 书证件数 物证件数

11. 平等民事主体的当事人 经济目的 权利 义务关系

12. 标题 约首 正文 约尾

13. 经济 法律

14. 全称 甲方 乙方

15. 表格式 条文表格结合式

16. 合同性质 文种

17. 标的　数量和质量　价款或酬金　履行期限　地点和方式　违约责任

18. 确定合同标的的具体条件，是区别其他标的的具体特征

19. 合同当事人因不履行合同义务或者履行合同义务不符合约定，而向对方承担的民事责任

20. 合同权利义务指向的对象

二、1. C　2. B　3. D　4. A　5. B　6. A　7. A　8. C　9. C　10. A　11. B　12. D　13. D　14. B

15. D　16. C　17. D　18. D　19. B　20. A　21. D　22. C　23. B　24. D

三、1. DE　2. ABCD　3. ABCDE　4. ABC　5. ABC　6. ABC

四、1. 错　2. 对　3. 对　4. 对　5. 错　6. 对　7. 错　8. 对　9. 错　10. 对

五、1. 原告的基本情况，若为公民，则写其姓名、性别、年龄、民族、工作单位、职业、住址、身份证号、联系方式等；若系法人或者其他组织，则写明单位名称、所在地地址及法定代表人或者主要负责人的姓名、职务、联系方式。

2. 被上诉人的基本情况，包括姓名、性别、年龄、民族、职业、工作单位、住址、身份证号、联系电话等；被上诉人若系法人或者其他组织，则写明单位名称、所在地地址及法定代表人或者主要负责人的姓名、职务、联系方式等；

特别注意：在当事人称谓上，应标明他们在原审的诉讼地位。如“上诉人（原审被告）”或“被上诉人（原审原告）。

3. 上诉理由可从以下三个方面或其中之一来阐述。(1)认定事实不实、不清、不准、不当甚至全部错误；(2)适用法律条文不当或错误，定性不当；(3)认为原审裁判违反民事诉讼程序。

4. 诉讼请求的写作要明确、合法、具体、简明扼要，切忌含糊、笼统。

5. 民事上诉是向一审法院的上一级提出，上一级法院必须受理，作出二审判决或裁定。

6. 民事起诉状的附项包括：(1)本诉状副本份数（按被告人数确定）；(2)物证件数；(3)书证件数；(4)证人姓名、住址。

7. 民事上诉状的尾部要写明：(1)致送人民法院的名称；(2)上诉人签名；(3)上诉日期。

六、1. 存在的问题：

(1)格式错误。如没有原被告的基本情况、递送地方人民法院的位置错误、没有诉讼日期和附项内容。

(2)文字表达不准确。如标题笼统、诉讼请求不够明确、具体；事实部分、证据叙述不够详细、有力。

2. (1)改为：甲乙双方签订了一份《加工承揽合同》，约定的交货时间是：“2013 年 8 月 10 日”。

(2) 改为：某外贸公司从国外进口原木，合同规定的质量标准为“原木长×××cm，小头直径 50 厘米以上”。

(3)改为:某合同规定:“交货地点:上海××××(地点)。”

(4)改为:某合同中的“违约责任”写到:“乙方不能按期交货,每延期一天,应偿付甲方合同金额5%的违约金。”

3.修改如下

买卖合同

甲方:安庆××公司(买方)

地址:

法定代表人:

电话:

乙方:武汉××集团(卖方)

地址:

法定代表人:

电话:

甲、乙双方在平等、自愿的基础上,经充分协商,就甲方购买乙方产品达成以下买卖合同条款。

(1)产品名称数量:××品牌洗发水五千(5000)瓶;

(2)产品质量:……

(3)产品价款与支付:单价十五(15)元,总价为柒万五千(75000)元整。甲方应在本合同书签订×日内向乙方预付货款三万(30000)元整,余款由甲方在收到乙方产品之日起5天内付清。

(4)产品交付,验收方法:纸箱包装、乙方代办运输;武汉至安庆的运输费由甲方负担。乙方于2011年8月10日以前将货物分两次送至安庆市××公司仓库。安庆市××公司仓库清点数目、核查验收

(5)合同的解除与终止:……

(6)违约责任:……

(7)争议解决:……

(8)合同期限:自签订之日至2011年9月10日止。

(9)本合同一式两份,甲乙双方各执一份。

甲方(盖章):安庆××公司(买方)　　乙方(盖章):武汉××集团(卖方)

代表(签字):　　代表(签字):

2011年2月29日　　2011年2月29日

4.存在问题:

(1)主体不合法。签约双方当事人都是内部职能科室,不具备法人资格;

(2)撰写不合格。如标题笼统、缺少违约责任条款;

(3)文字表达不准确。如标的、履行期限、履行方式,表述含糊,漏洞明显。

七、略